비용편익분석에 대한 법원의 심사 기준 및 방법

비용편익분석에 대한 법원의 심사 기준 및 방법

손 호 영

경인문화사

책을 내면서

대학원에 진학할 예정도, 의지도 없다고 호기롭게 장담하던 시절이 있었습니다. 도외시했던 대학원 문을 절박하게 두드렸던 때는 한계를 선명히 느낀 이후입니다. 이 정도면 됐겠지, 충분하겠지 자신했던 공부는 단단히 뿌리내리지 못해 무참히 흔들렸습니다. 다시 처음으로, 기본으로 돌아가자, 마음을 다그쳐 잡으며 떠올린 해법이 학교였습니다. 그토록 부인하던 대학원생이 되고자 하는 스스로가 겸연쩍으면서도 부족함을 채우고 모자람을 메꾸기 위한 뼈저린 선택이었습니다.

입학하고 나서 얼마 지나지 않았을 무렵까지 어물어물했던 공부가 자세를 조금씩 잡아가기 시작한 것은 지도 교수님을 만나 뵙고 나서입니다. 첫 수업에서 발제했던 연방대법원 판례와 당시 품었던 의문과 문제의식이 가다듬어지고 정제되어 박사학위논문 주제로 발전한 것은 지금도 신기할 따름입니다. 단계를 넘어서고 도약할 수 있도록 여러 기회를 건네주시고 기다려주시며 넉넉히 제자를 이끌어주신 허성욱 교수님께는 감사한 마음뿐입니다.

대학원에 적을 둔 지 정확히 10년, 꼬박 10년을 채워 박사 학위를 받고 마침내 졸업했습니다. 지난 시간을 허투루 보내지 않았음을 증명한 듯해 다행입니다. 기쁨을 앞세우지 않고 들뜨지 않으려는 까닭은 혼자만의 성취가 아님을 알고 있기 때문입니다. 주위의 도움이 있었기에, 드문드문한 걸음으로나마 배움을 통해 공부와 궁리를 계속해나갈 수 있었습니다.

학생이라는 오랜 정체성을 놓게 되면서 서운함이 남기도 합니다. 학문적 응석을 더는 부릴 수 없겠구나 하는 생각에 책임감이 무겁습니다. 그래도 심사를 받을 때 논문 심사 위원님들께서 해주신 격려를 붙들고 용기 내 학문을 계속하고자 합니다. 실무와 이론이 원활히 연결되는 데 일정한 역할을 해보고자 합니다. 한 연구자로서 자리매김하고 설 수 있도록 도와주신 지도 교수님, 논문 심사 위원님들, 학우들, 그리고 곁에서 지지가 돼 준 아내와 가족들에 다시 한 번 고마움을 표합니다.

※ 이 책은 저의 박사학위논문인 「비용편익분석에 대한 사법심사 기준 및 방법에 관한 연구 : 미국의 논의와 그 시사점을 중심으로」를 가독성 측면에서 다소 정리한 책입니다. 아무쪼록 저의 연구가 사회에 보탬이 될 수 있길 바랍니다.

※ 위 「책을 내면서」는 서울대학교 대학신문 2029호(2021-8-23)의 '교문을 나서며'에 게재한 글을 다듬은 글입니다.

머 리 말

이 책은 우리나라 사법심사 체계 하에서 비용편익분석에 대한 적절한 사법심사 기준 및 방법을 정립하는 것을 연구 목적으로 한다.

수많은 이해관계가 얽힌 사업(규제)을 행정청이 추진할 경우, 그 기저에 놓인 가치관의 대립으로 정치적 갈등이 발생하고, 정치적 해법을 찾기 힘들 정도로 사업에 대한 찬반양론이 극심히 대립하게 되면, 정치적 갈등은 법적 분쟁으로 진화된다. 이때 사업(규제)에 대한 행정청의 의사결정 토대가 된 비용편익분석이 사법심사의 핵심 쟁점이 될 수 있다.

우리나라 법원이 비용편익분석을 심사한 판례를 살펴보면, 비용편익분석에 대한 별도의 사법심사 기준 및 방법을 세우지 않고, 종래 형량명령 원칙 심사 또는 비례원칙 심사로 귀결·통합시키고 있음을 알 수 있다.

그러나 규제의 이익·불이익에 대한 질적·정성적 평가인 비례원칙 심사·형량명령 원칙 심사는 정식 비용편익분석의 특성(정량화, 화폐가치화)을 심사하는 데 반드시 적합하다고 볼 수는 없고, 행정청의 비용편익분석을 전면적으로 대체하는 강도 높은 심사를 하거나, 행정청의 판단을 존중한다는 법리 하에 평면적으로 심사를 하게 되는, 양극단의 심사가 이루어진다는 구조적·운용적 문제점을 야기할 수 있다.

행정명령을 통해 비용편익분석 제도를 확립하고, 우리나라의 비용편익분석 제도에 큰 영향을 미친 미국에서는 비용편익분석에 대한 사법심사 논의를 심층적이고 단계별로 하여 왔다. 따라서 미국 연방법원의 논의 흐름을 살펴보면, 우리나라에서의 비용편익분석에 대한 심사 기준 및 방법을 정립하는 데 시사점을 얻을 수 있다.

우선, 미국에서는 비용편익분석의 규범적 지위가 재설정되었다. 비용편익분석에 대하여는, 비용편익분석이 무용할 뿐만 아니라 옳지 않다고 주장하는 가치 이론적 관점에서의 근본적 반대론과 제도적 한계를 지적하는 방법론적 비판론이 존재한다. 그럼에도, 정량화·화폐가치화를 핵심 특성으로 하는 비용편익분석은 가치 상호 간 교환이라는 개념을 허용함으로써 한정된 자원 아래에서 최적의 선택을 하는 데 적합할 뿐만 아니라, 의사결정의 토대가 된 정보를 투명하게 제공한다는 강점을 통해 의회·법원이 행정청을 객관적으로 견제할 수 있게 한다. 미국에서는 이와 같은 비용편익분석의 유용성에 대한 공감대가 형성되었고, 비용편익분석 자체의 방법론도 발전하고 있음에 따라, 비용편익분석은 '한계가 있고 완벽하지는 않지만, 경제적 타당성을 달성할 수 있는 유용한 의사결정수단'으로 규범적 자리매김을 확고히 하게 되었다.

이러한 변화는 연방법원의 비용편익분석 선호로 이어졌고, 이는 법원이 '해당 규제법이 행정청에게 요구하는 비용편익분석의 정도'를 해석함에 있어, '약식 비용편익분석 활용이 금지된다.'는 단계에서, '약식 비용편익분석 활용이 필수적이다.'는 단계로 변화되는 것에 반영되었다.

연방항소법원은 여기서 한 걸음 더 나아가 '정식 비용편익분석 활용이 필수적이다.'고 보면서, 행정청의 정식 비용편익분석을 심사 대상으로 확정하고, 법원이 이를 실체적 심사하여야 한다는 입장을 취했고, 연방대법원도 그에 보조를 맞추는 듯한 판결을 하였다. 이는 최근 미국 연방대법원이 행정청의 재량판단에 대한 사법심사의 기준에 대하여 행정청-법원 간 역학관계 내에서, 법원에 무게중심을 두기 시작하여, 법원의 역할을 재조명하기 시작한 것과 연관이 깊다.

우리나라는 미국과 달리 행정명령이 아닌 규제 기본법 차원에서 비용편익분석 제도를 명시적으로 도입하였으므로, 법원의 비용편익분석 선호는 명확하다. 다만 법원의 심사 기준 및 방법에 대해서는 미국에서의 논의와 마찬가지로 행정청-법원 간 역학관계를 중심으로 하되, 비용편익분석의 특성(정량화, 화폐가치화)을 고려하여, 검토할 필요가 있다.

현재 우리나라 사법체계 하에서, 비례입헌주의적 관점, 국회의 의도, 사법심사의 비경제성을 고려하면, 법원은 행정청이 행한 비용편익분석에 대한 심사를 할 때, 그 비용편익분석을 법원 스스로 행한 비용편익분석으로 대체할 수는 없고, 단지 재량권 일탈·남용 여부만을 심사할 수 있을 뿐이다(행정청 판단 비대체 방식). 그러나 권력분립의 원리에 따라 요구되는 법원의 행정청에 대한 견제 역할, 행정청의 전문성이 발휘되고 있다고 보이지 않는 실제 현황, 민주주의를 보완하고, 편의를 교정하는 법원의 역할, 나아가 정식 비용편익분석에 대한 법원의 충분한 심사 역량과 심사 유인을 종합하여 고려하면, 행정청이 실시한 비용편익분석에 대하여 법원이 행정청의 판단을 존중할 필요는 없다고 봄이 타당하다(행정청 판단 비존중 방식).

이와 같은 행정청 판단 비대체-비존중 심사 방식에 의하면, ① 국회가 고려하기를 의도하지 않았던 요소에 의존하거나, ② 문제의 중요한 측면(즉, 국회가 고려하기를 요구했던 요소 또는 행정청이 스스로 설정한 기준이나 지침)을 고려하는 데 실패하거나, ③ 결정에 대한 설명이 행정청 앞에 제시된 증거에 반하거나, ④ 견해의 차이나 전문지식 때문이라고 할 수 없을 정도로 설득력이 없는 경우, 그 비용편익분석은 위법하다고 볼 것인데, 비용편익분석의 위법으로 인하여 ① 순현재가치가 음(-)의 값을 가지거나(순현재가치 방식), 편익/비용 비율이 1보다 작음에도(편익/비용 비율 방식), 또는 내부수익률이 사회적 할인율보다 작음에도(내부수익률 방식), 규제가 발령·선택되거나 ② 여러 규제안 중 순현재가치, 편익/비용 비율, 내부수익률 값이 가장 크지 않음에도 그러한 규제안이 선택된 경우, 이를 규제의 취소사유로 보면 될 것이다.

이 책의 제언과 같이, 행정청의 비용편익분석에 대한 법원의 심사 기준 및 방법이 정립된다면, 무엇보다 법원은 행정청의 비용편익분석을 평면적으로 받아들이지 않고 구체적이고 명확하게 실체 심사할 수 있을 것이고, 비용편익분석의 특성이 법원의 심사 과정에서 분명히 고려될 수 있으며, 현재 실증적으로 부실하게 비용편익분석을 실시한다고 비판받고 있는 행정청으로 하여금 사법심사에 대비하여 법과 지침에 적합한 정식 비용편익분석을 충실히 하도록 하는 유인을 제공할 수 있다. 이를 통해, 행정청과 법원이 서로 균형을 이루며 비용편익분석이라는 투명한 의사결정수단을 제대로 활용한다면, 한정된 자원의 효율적 활용을 기대할 수 있고, 종국적으로 국민의 권익 보호가 이루어질 수 있을 것이다.

차 례

제1장

연구의 목적·방법 및 순서

제1절 연구의 목적·방법

비용편익분석은 한정된 자원을 효율적으로 분배함을 목표로 하여, 규제로 인한 편익이 비용보다 더 큰 경우에만 그 규제를 정당화시켜 비효율적 규제를 방지 또는 철폐하는 역할 또는 다양한 대안 중에서 상대적으로 더 높은 경제적 효율성을 가져다줄 수 있는 규제를 선택할 수 있는 기준이 되어 주는 역할을 수행한다.

비용편익분석은 규제에 수반되는 비용과 편익을 화폐가치라는 단일한 단위로 환산하는 과정을 거치고, 이를 현재가치로 할인하여 비교·형량하는바, '정량화' 및 '화폐가치화'를 핵심 특성으로 하므로 객관적·전문적이며 투명한 의사결정수단으로 현대 행정에서 선호된다.

종래 우리나라에는 행정 분야의 비용편익분석에 대하여 규제 단계에서 어떻게 적용하고 활용할지에 관하여 논의가 여럿 있었고, 비용편익분석을 규정한 규제영향분석, 예비타당성조사 각각에 대한 사법심사에 관하여 개별 연구가 있어 왔다. 그러나 이들 제도의 공통분모로서 비용편익분석의 특성을 고려하여 비용편익분석에 대한 사법심사 기준과 방법을 본격적으로 심도 있게 다룬 연구는 찾아보기 어려웠다.

이 책에서는 기존 연구가 이미 논의했던 부분을 발전시키는 한편, 미진했던 부분 중 특히 비용편익분석에 대한 사법심사 기준과 방법을 체계화 및 구체화하는 시도를 하는 것을 주된 목적으로 한다.

비용편익분석에 대한 사법심사 기준 및 방법을 연구할 필요가 있는 이유는 다음과 같다.

수많은 이해관계가 얽힌 사업(규제)을 행정청이 추진할 경우, 그 기저에 놓인 가치관의 대립으로 정치적 갈등이 발생하고, 정치적 해법을 찾기 힘들 정도로 사업에 대한 찬반양론이 극심히 대립하게 되면, 정치적 갈등은 법적 분쟁으로 진화된다. 이때 사업(규제)에 대한 행정청의 의사결정 토대가 된 비용편익분석이 사법심사의 핵심 쟁점이 될 수 있다.

따라서 법원으로서는 비용편익분석에 대한 사법심사 기준과 방법을 명확히 정립할 필요성이 커지는데, 비용편익분석에 대한 사법심사가 필요한지, 타당한지, 가능한지, 나아가 현재 어떠한 방식으로 이루어지고 있는지, 그에 대한 문제점은 무엇인지, 바람직한 방향은 무엇인지에 관한 논의가 법원 내에서조차 심도 있게 진행되지 않고 있다.

우리나라 법원이 비용편익분석을 심사한 판례를 살펴보면, 비용편익분석에 대한 별도의 사법심사 기준 및 방법이 정립되지 않은 채, 종래 형량명령 원칙 심사 또는 비례원칙 심사로 귀결·통합되고 있음을 알 수 있다. 그러나 규제의 이익·불이익에 대한 질적·정성적 평가인 비례원칙 심사·형량명령 원칙 심사는 정식 비용편익분석의 특성(정량화, 화폐가치화)을 심사하는 데 반드시 적합하다고 볼 수는 없고, 행정청의 비용편익분석을 전면적으로 대체하는 강도 높은 심사를 하거나, 행정청의 판단을 존중한다는 법리 하에 평면적으로 심사를 하게 되는, 양극단의 심사가 이루어진다는 구조적·운용적 문제점이 확인된다.

또한 이와 같은 심사 태도는 비용편익분석과 대등한 지위를 가지는 환경영향평가에 대한 사법심사에 대하여 별도의 심사 기준과 방법을 마련하고 있는 법원의 태도와도 상반된다. 환경영향평가와 비용편익분석은 그 고려 가치(환경가치 또는 경제적 가치)가 상이할 뿐, 규제(행정행위) 전에 이루어지는 의사결정도구라는 점에서는 동일한데, 대법원은 환경영향평가에 대해서는 별도의 심사 기준과 방법을 마련하고 있다.

나아가 현재 우리나라의 비용편익분석이 활용되는 실제는 그 규범적 모습에 미치지 못하는 모습을 많이 보이고 있는 실정임을 고려하면, 비용편익분석에 대한 사법심사 기준 및 방법을 구체적으로 정립함으로써, 법이 행정청으로 하여금 비용편익분석을 실시하도록 하는 취지와 의의를 살릴 필요도 있다.

이를 위하여 이 책은 우선, 우리나라 법원이 비용편익분석을 심사한 대표적 판례를 분석하여 그 쟁점 및 과제를 도출하고(제2장), 심사대상으로서 비용편익분석에 대하여, 비판론에 대응하여 발전하는 모습을 포함하여 그 내용을 간략히 살펴본 뒤, 사법심사 필요성·타당성·가능성을 짚어보기로 한다(제3장).

이후 이 책은 비용편익분석에 대한 사법심사 기준 및 방법을 정립하기 위하여, 비교법적 연구방법을 주로 사용하기로 하고, 행정청의 재량판단[1]에 대한 미국 사법심사의 기준 및 방법(제4장)과 미국의 연방법원이 비용편익분석을 심사한 판례를 검토하기로 한다(제5장). 비교법적 논의 대상으로 미국의 이론과 판례를 선택한 이유는 다음과 같다.

첫째, 우리나라의 비용편익분석(특히 규제영향분석)이 미국의 그것에 의해 영향을 받았기 때문이다.[2] 따라서 그 본류인 미국의 비용

---

1) 이 책에서는 '법 해석' 문제와 '재량판단'에 대한 문제를 동일선상에서 통합적으로 논의한다. 이는 재량의 범주를 행정행위에 한정할 필요가 없고, 법 해석 또한 재량에 속할 수 있는 점을 고려하였기 때문이다[허성욱, 행정재량에 대한 사법심사 기준에 관한 소고 -미국 행정법상 쉐브론 원칙(Chevron Doctrine)과 해석규범(Canon)의 기능과 상호관계를 중심으로, 공법연구 41편 3호(2013), 529면; 이영창, 환경소송에서 행정청의 재량에 대한 사법심사의 방법과 한계, 사법논집 49집(2009), 277면].

2) 조홍식, 리스크 법 -리스크관리체계로서의 환경법-, 서울대학교 법학 43권 4호(2002), 31-32면

편익분석과 그에 대한 사법심사 기준 및 방법을 검토함으로써 우리나라에 대한 시사점을 얻을 수 있다.

둘째, 미국은 행정청의 비용편익분석에 대한 사법심사 기준 및 방법에 관하여 그 논의가 심층적으로 있어 왔다. 비용편익분석에 대한 사법심사에서 고려될 필요가 있는 것은, 특히 비용편익분석의 규범적 지위 또는 법원의 비용편익분석에 대한 선호 정도와 행정청-법원 간 역학관계인데, 미국에서는 이 책이 고민하여야 하는 위 주제에 대하여 심도 있게 논의되어 왔다. 따라서 미국의 판례와 관련 논의를 참고함으로써 우리나라의 비용편익분석에 대한 사법심사의 기준 및 방법을 정립할 때, 시사점을 얻을 수 있다.

미국의 비용편익분석에 대한 사법심사 태도(제5장)를 우선 분석하기 이전에, 일반적인 행정청의 재량판단에 대한 사법심사의 기준 및 방법(제4장)을 분석할 필요가 있는데, 그 이유는 다음과 같다.

첫째, 비용편익분석도 넓게 보아서는 행정청의 재량판단에 의해 이루어지는 것이기 때문이다. 미국에서는 비용편익분석 사법심사에 대한 논의가 활발히 이루어지고 있는데, 이는 모두 행정청의 재량판단에 대한 사법심사 기준 및 방법에 대한 이해를 전제로 한다. 따라서 비용편익분석에 대한 판례를 분석하기 위한 토대로서 일반적인 행정청의 재량판단에 대한 사법심사의 기준 및 방법을 우선적으로 검토해볼 필요가 있다.

둘째, 행정청의 재량판단에 대한 사법심사 기준 및 방법을 검토함으로써 각 심사모델(엄격심사 원칙, Chevron 존중원칙, 전면적 재심사 원칙)이 정립된 과정, 변화되는 과정을 살펴보고, 행정청-법원 간 역학관계의 관점에서 그 흐름을 파악함으로써 현재 우리나라에 적용하기에 적합한 사법심사의 기준 및 방법을 살펴볼 수 있기 때문이다.

이와 같이 우리나라의 비용편익분석 심사 판례에서 도출되는 쟁

점 및 과제(제2장), 비용편익분석의 의의·특성 및 사법심사 필요성·
타당성·가능성(제3장), 미국의 재량판단에 대한 사법심사 기준 및 방
법(제4장), 미국의 비용편익분석에 대한 사법심사 태도(제5장)를 차
례로 검토한 뒤, 이들 내용을 종합하여 우리나라 사법심사 체계 하
에서 비용편익분석에 대한 적절한 사법심사 기준 및 방법을 고민하
고 정립하는 시도를 하는 것(제6장)이 이 책의 목표이다.

제2절 연구의 순서

이 책에서는 다음 순서로 연구를 진행한다.

제2장에서는 우리나라 법원의 비용편익분석 심사 판례에서 도출
되는 쟁점 및 과제를 다룬다. 종래 우리나라 법원이 비용편익분석을
심사해 온 기준 및 방법이 어떠했는지를 대표적 판례를 중심으로 살
펴본다. 그리고 이를 통해, 우리나라 법원이 비용편익분석에 대하여
별도의 사법심사 기준 및 방법을 정립하고 있지 않고, 비용편익분석
에 대한 사법심사를 형량명령 원칙 심사 또는 비례원칙 심사로 귀
결·통합시킴을 확인하고, 이러한 심사 방식이 법원이 비용편익분석
의 특성(정량화, 화폐가치화)을 심사하는 데 반드시 적합하다고 볼
수는 없으며, 행정청의 비용편익분석을 전면적으로 대체하는 강도
높은 심사를 하거나, 행정청의 판단을 존중한다는 법리 하에 평면적
으로 심사를 하게 되는, 양극단의 심사가 이루어진다는 구조적·운용
적 문제를 야기할 수 있음을 살펴보기로 한다. 나아가 이러한 문제
의식을 토대로, 구체적으로 우리나라 법원이 비용편익분석을 거친
행정청의 규제를 심사할 때 고려하고 염두에 두어야 할 지점들은 어

떠한 것들이 있는지 검토하기로 한다.

제3장에서는 비용편익분석의 의의·특성 및 사법심사 필요성·타당성·가능성을 살펴본다. 비용편익분석에 대하여 의의·이론적 배경·유형 등을 중심으로 간략히 소개하고, 비용편익분석이 실제로 수행되는 방법을 알아보는 한편, 이에 대한 비판론과 그에 대응한 비용편익분석 모델의 발전상을 살펴본다. 이후 사법심사 대상으로서 비용편익분석에 대한 사법심사 필요성·타당성·가능성을 확인해보기로 한다.

제4장에서는 행정청의 재량판단에 대한 미국의 사법심사 기준 및 방법을 살펴보기로 한다. 이는 미국 연방법원의 비용편익분석 심사 판례를 검토·분석하기 위한 전제가 된다. 특히 행정청-법원 간 역학관계 내에서, 사법심사의 기준 및 강도를 어떻게 설정하는지를 중심으로 검토하되, 그 흐름을 각 기준의 부상 시기 순으로 살펴보기로 한다.

제5장에서는 미국의 비용편익분석 심사 판례를 살펴본다. 이를 위해 우선 미국의 비용편익분석 현황을 검토하고, ① '해당 규제법이 행정청에게 요구하는 비용편익분석의 정도(즉, 행정청의 약식 비용편익분석 활용이 금지되는지, 필수적인지 또는 정식 비용편익분석 활용이 필수적인지)'를 법원이 어떻게 파악하고 있는지, ② 비용편익분석의 내용상 하자에 대하여 법원이 어떠한 기준 하에서 어떠한 방법으로 심사하고 있는지(즉, 행정청의 판단을 자제적·존중적으로 심사할지 아니면 실체적으로 심사할지)를 중심으로 주요 판례와 관련 논의를 검토하기로 한다. 각 쟁점은 비용편익분석의 규범적 지위와 이에 따른 법원의 비용편익분석에 대한 선호 변화 및 행정청-법원 간 역학관계 설정에 따른 심사 기준의 변화와 관련이 깊으므로, 이들과 연관하여 심도 있게 분석하고, 시대별로 요구되는 법원의 역할에 따라 각 판결에 서로 다른 사법심사 기준이 적용되었다는 점을

확인하기로 한다.

제6장에서는 앞서 제2장에서 확인한 사법심사에 있어 고려할 쟁점 및 과제들에 대하여 비용편익분석의 특성(제3장)과 미국의 비용편익분석에 대한 사법심사 논의(제4, 5장)를 참고하여, 우리나라 사법심사 체계 하에서 비용편익분석에 대한 적절한 사법심사 기준 및 방법을 고민하고 정립하는 시도를 해보기로 한다.

제7장은 앞서 다룬 논의를 모두 종합한 연후, 이 책이 가지는 의의를 밝히고, 향후 연구 과제를 확인해보기로 한다.

제2장
우리나라 법원의 비용편익분석
심사 판례에서 도출되는 쟁점 및 과제

제1절 개관

우리나라 법원이 비용편익분석을 심사한 판례를 살펴보면, 비용편익분석에 대한 별도의 사법심사 기준 및 방법을 정립하고 있지 않고, 비용편익분석에 대한 사법심사를 종래 형량명령 원칙 심사 또는 비례원칙 심사로 귀결·통합시키고 있는 것으로 나타난다. 이러한 심사 태도는 종래 법체계 하에서 정합성·일관성을 지킬 수 있다는 점에서 장점이 있지만, 사법심사 대상으로서 비용편익분석의 특성(정량화·화폐가치화)에 대하여도 충분한 주의를 기울일 필요가 있다는 점에서 반드시 적합하다고 볼 수는 없다. 또한 이러한 심사 방식은 행정청의 비용편익분석을 전면적으로 대체하는 강도 높은 심사를 하거나, 행정청의 판단을 존중한다는 법리 하에 평면적으로 심사를 하게 되는, 양극단의 심사가 이루어진다는 구조적·운용적 문제를 야기할 우려가 있다.

제2장에서는 우선 그동안 우리나라 법원이 비용편익분석을 심사해 온 기준 및 방법이 어떠했는지를 대표적 판례를 중심으로 살펴보면서 이 책이 가지는 위와 같은 문제의식이 과연 타당한지를 짚어보고, 구체적으로 우리나라 법원이 비용편익분석을 거친 행정청의 사업(규제)을 심사할 때 고려하고 염두에 두어야 할 지점들은 어떠한 것들이 있는지 확인하기로 한다.

제2절 우리나라 법원의 비용편익분석 심사 태도

Ⅰ. 비용편익분석을 심사한 판례

1. 드문 판례

우리나라는 1998년 행정규제기본법을 제정하여 미국의 규제영향 분석(Regulatory Impact Analysis, RIA)을 본따 규제영향분석 제도를 본 격적으로 도입하였고, 1999년부터 국가재정법에 대규모 신규 재정사 업에 대한 사전 타당성 검증의 일환으로 예산을 편성하기 전 예비타 당성조사 제도를 마련하였다(국가재정법 제38조). 규제영향분석과 예비타당성조사는 적용요건이 다르나, 공통적으로 정책(규제)의 경 제적 합리성을 달성하고자 하는 목표는 서로 동일하고, 이를 위해서 모두 비용편익분석을 각 절차의 필수적 요소로 포함시키고 있다.

비용편익분석이란 주지하듯, 한정된 자원을 효율적으로 분배함을 목표로 규제로 인한 편익이 비용보다 더 큰 경우에만 그 규제를 정 당화시키고, 가장 많은 순 편익을 발생시키는 규제안을 선택하게 하 는 의사결정수단이다(순현재가치 방식). 즉, 비용편익분석은 규제로 인한 모든 비용과 편익을 고려하고 이를 정량화하여 화폐가치화한 연후 이를 형량하는 과정을 거치는 경제적 타당성 분석 기법이다.

그러나 규제영향분석과 예비타당성조사가 명시적으로 적용·시행 된 지 대략 20년이 지난 현재까지도 이들 제도, 특히 그 공통분모로 서 비용편익분석이 직접적 법적 쟁점이 된 판례는 드물다. 다만 법 원은 다음 세 개의 사업에서 행해진 비용편익분석에 대하여는 이를 직접적·구체적 심사대상으로 삼았던바, 각 판례에서 법원이 드러낸 비용편익분석에 대한 심사 기준 및 방법을 분석할 필요가 있다. 물론 이들 판례를 분석하는 것만으로 현재 우리나라 법원이 가지는 비용편익분석에 대하여 가지는 심사 태도를 온전히 파악할 수는 없겠으나, 적어도 그 개략적이고 대체적인 모습을 가늠해 볼 수는 있다는 점에서 판례 분석의 의의가 있겠다.

2. 새만금 사업에 대한 비용편익분석 심사 판결(새만금 판결)

새만금 사업은, 농림수산부가 관계부처와의 협의를 거쳐 군산시, 김제시, 전북 부안군에 인접한 하구해역을 방조제로 막은 후, 토지와 담수호를 조성하는 것을 내용으로 하는 사업이다.

가. 관련법령

구 공유수면매립법 및 구 농촌근대화촉진법의 각 규정에 의하면, 농지개량사업의 기본계획과 사업시행계획에 '수지예산서, 공사비 내역, 사업효율 분석' 등이 포함되어야 하고, 매립기본계획에는 '매립예정지의 토지이용계획과 관련한 매립 전·후의 경제성 비교에 관한 사항'이 포함되어야 한다고 규정되어 있다.

나. 새만금 사업에 대한 경제성 분석[1]

1) 1988.경 한국산업경제원의 새만금 사업에 대한 경제성 분석

가) 대안 구분
○ 대안 1: 간척지를 모두 미곡 위주의 순 농경지로 활용하는 방안
○ 대안 2: 간척지를 모두 농경지로 조성하되 일부 토지를 전용 가능하도록 조성하는 방안
○ 대안 3: 농업용지, 공업용지 및 도시화 용지로의 복합개발방안

나) 편익과 비용 산정
○ 직접적인 편익: 소득 창출 효과(관광소득 포함), 토지자원 창출 효과, 수자원 개발 효과, 침수 및 홍수피해 방지 효과, 내수면 개발 효과
○ 간접적인 편익: 지역 간 균형발전 효과, 관련 산업 파급효과, 주변지가 상승효과, 항만건설에 따른 비용절감 효과, 배후지 배수개선 효과, 고용증대 효과
○ 직접투자비용: 건설공사비용, 용지매수 보상비, 어업권 보상비 등
○ 유지관리비용: 행정사무비용, 수선유지를 위한 자재비 및 노임
○ 사회적 비용: 환경오염, 생태계 변화(다만 이에 대해서는 구체적인 비용을 산정하지는 않음)

---

1) 대법원 2006. 3. 16. 선고 2006두330 전원합의체 판결의 원심인 서울고등법원 2005. 12. 21. 선고 2005누4412 판결 및 1심인 서울행정법원 2005. 2. 4. 선고 2001구33563 판결 참조

다) 할인율 10%를 적용할 경우 대안별 편익/비용 비율 및 내부수익률

	편익/비용 비율[2]	내부수익률(IRR)[3]
대안 1	1.08	10.68
대안 2	1.19	11.50
대안 3	2.14	17.04

라) 농림수산부장관의 새만금기본계획서 작성

위와 같이 새만금 사업은 농지조성을 전제로 하더라도 경제적으로 타당성이 있는 것으로 분석됨에 따라, 농림수산부장관은 위 경제성 분석결과를 기초로 1989. 11. 6.경 간척농지개발, 수자원확보 등을 사업목적으로 새만금사업기본계획을 확정하였고(위 대안 2 선택), 1991. 8. 13.경 사업목적을 간척종합개발·수자원개발으로 하는 새만금사업시행계획을 수립하였다. 이후 새만금 사업에 대한 공유수면 매립면허처분, 새만금사업 시행인가처분이 이루어졌다.

2) 경제성 분석에 대한 감사원의 감사결과

감사원은 새만금 사업의 추진실태에 대하여 특별감사를 실시하였고, 1998. 9. 위 한국산업경제원의 경제성 분석에 대한 오류를 다음과 같이 지적하는 내용의 감사결과를 발표하였다.

가) 각 대안별 편익·비용항목 등이 정확하게 산정되지 않았다. 즉,

---

2) 편익/비용 비율이 1.0이상(B/C ≥ 1.0)이면 경제성이 있다고 판단한다(예비타당성조사 수행 총괄지침 제47조 제1호 참조).
3) 편익과 비용의 현재가치로 환산된 값이 같아지는 할인율 R을 구하는 방법으로 사업의 시행으로 인한 순현재가치를 0으로 만드는 할인율이다. 내부수익률이 사회적 할인율보다 크면 경제성이 있다고 판단한다(예비타당성조사 수행 총괄지침 제47조 제3호 참조).

① 대안 2(농수산 중심 개발안)의 경우 ㉠ 관광 및 항만시설에 대하여 편익(2,021억 원 + 4,006억 원)만 계상되고, 투자비용은 누락되었으며, ㉡ 담수어 양식편익은 시행이 불투명함에도 6,307억 원으로 계상되었고, ㉢ 도시용지 잔존가치 267억 원이 이중계상되었다. ② 대안 3(복합 산업단지 개발안)의 경우 ㉠ 공업단지 및 도시용지의 성토공사비용 1조 6,712억 원이 과소계상되었고, ㉡ 공단용지 잔존가치(741억 원)와 도시용지 잔존가치(2,672억 원)가 이중계상되었으며, ㉢ 항만편익 및 양식편익에 대하여는 위 대안 2와 동일한 오류를 범하였다.

위와 같은 오류를 정정하면, 대안 2의 경우에는 내부수익률이 9.94%(편익/비용 비율은 0.99)이고, 대안 3의 경우에는 내부수익률이 12.48%(편익/비용 비율은 1.18)로, 경제적 타당성이 입증되는 내부수익률 13%에 미달되게 된다.

나) 또한 위 경제성 분석을 기초로 이루어진 농림수산부장관의 위 새만금사업기본계획에서는 대안 3이 검토되지 않았을 뿐만 아니라, 위와 같이 대안 2의 투자비용을 누락하거나 적게 계상하고, 편익을 과다 계상한 문제가 있다. 오류를 정정하면 내부수익률은 9.92%에 그친다.

3) 민관공동조사단의 경제성 분석

감사원의 특별감사에서 문제점이 지적되고, 환경관련 시민사회단체들로부터도 문제가 제기되자, 정부는 새만금 사업 시행에 따른 공사를 잠정 중단한 상태에서 민관공동조사단을 구성하여 1999. 5. 1.부터 14개월간 경제성에 대해 다시 조사를 실시하였다.

가) 사업 편익으로는 간척지의 농업편익, 담수호 수질개선 편익 등 13개 항목을, 비용으로는 인간 중심 가치, 생태계 환경가치를 의미하는 갯벌의 총 가치와 수산물의 생산손실액과 같은 사업시행 전

편익손실을 비롯하여 투자 사업비 조정액 등 사업비용 7개 항목을 고려하였다,

나) 미가(米價), 시장재화 및 환경생태학적 비시장재화의 가치손실 및 획득 등 7개 요인과 경제성 분과위원들 사이의 견해 차이를 고려하여 10개의 시나리오를 상정한 뒤, 시나리오별 비용·편익을 비교하였고, 주민들의 후생에 간접적으로 영향을 미치는 편익에 대해 새로이 계량화를 시도하는 한편, 조건부가치측정법(Contingent Valuation Method, CVM)을 사용하여 비시장재화(Non-market Goods)의 가치를추정하였다.

다) 이에 따르면 할인율을 8%로 할 경우, 편익/비용 비율이 1.25(최저)~3.81(시나리오 2)로 계산되어, 각 시나리오가 모두 경제성이 있는 것으로 분석되었다.

라) 그러나 조사위원들 사이에서도 편익·비용 항목 설정, 평가 방법 등에 견해 차이가 심하여 의견일치를 보지 못한 부분이 있고, 한 위원의 분석에 따르면 편익/비용 비율이 0.22~0.25로 계산되기도 하였다.

다. 법원의 사법심사 결과

1) 1심의 판단(서울행정법원 2005. 2. 4. 선고 2001구33563 판결)

가) 1심은 앞서 본 관련법령에 따라 새만금사업은 '사업성'을 기본 전제로 하므로, 경제적 타당성(편익≥비용)이 갖추어져야 한다고 하면서, 만약 공유수면매립면허 및 시행인가처분의 기초가 되는 경제성 분석의 타당성이 없다면 사업을 계속할 수 없는 중대한 사정변경에 해당할 수 있다고 하였다.

나) 1심은 농지조성을 전제로 한 당초 한국산업경제원의 경제성

분석에 대한 감사원의 특별감사 결과, 위 경제성 분석에 대하여 편익과대계상, 이중계상 등의 오류가 지적되었을 뿐만 아니라, 민관공동조사관의 경제성 분석 또한 전문가들 사이에서조차 오류가 있다는 비판이 제기되는 한편, 평가방법·평가항목 등 거의 전 범위에 걸쳐 상당한 견해 차이가 존재하고 있는 점을 근거로, 각 경제성 분석 결과를 그대로 받아들일 수 없다고 보았다.

이에 1심은 심도 있는 재검토가 필요하다고 하면서, ① 국토확장 효과나 고군산지역의 지가상승 등을 사업편익에 포함시킬 수 없고, ② 담수호 창출효과 등의 사업편익은 기대할 수 없으며, ③ 수질개선을 위한 비용은 계속 증가될 것인 점 등을 이유로 새만금 간척지를 농지로 조성하는 것이 경제적으로 타당하지 않다고 판단하였다.

결국 1심은 당초 농림수산부장관이 새만금 사업의 경제적 타당성을 인정하여 공유수면매립면허 및 시행인가처분을 한 것과 비교하여, 중대한 사정변경이 발생한 것으로 보고, 이러한 사정변경은 공유수면매립면허 및 시행인가처분의 취소신청 거부처분에 대한 취소사유에 해당한다고 보았다(무효사유에는 해당하지 않는다고 하였다).

2) 2심의 판단(서울고등법원 2005. 12. 21. 선고 2005누4412 판결)

가) 2심은 1심이 사정변경을 공유수면매립면허 및 시행인가처분의 취소신청 거부처분에 대한 취소사유에 해당한다고 본 것과 달리, 원고들이 이를 취소사유로 주장하지 않았을 뿐만 아니라 새만금사업 시행 이전의 경제성 분석이나 이후 경제성 재검토 오류 여부는 해석과 평가의 문제로 사후적 사정변경 사유는 아니라고 하여 취소사유 해당 여부에 대하여는 판단하지 않았다. 다만 원고들의 주장에 따라, 경제성 분석의 하자가 공유수면매립면허 및 시행인가처분의 취소신청 거부처분에 대한 무효사유에 해당하는지 여부를 판단하였다.

나) 2심은 위 관련법령에 대하여, 새만금사업에서 사업의 경제성이 공유수면매립면허 및 시행인가처분의 취소신청 거부처분의 위법성을 판단하는 요소가 된다는 해석을 도출하였다.

다) 이어 경제성 분석은 분석방법·고려요소·전문가의 견해 차이에 따라 그 결과가 크게 달라질 수 있어, 경제성 분석결과에 이론이 없을 정도로 명백한 오류가 있어 경제성이 없다고 평가할 경우를 제외하고는 근거법규가 요구하는 경제성을 결여한 것으로 볼 수 없고, 경제성 분석에 일부 하자가 있더라도 그에 기초한 규제(행정행위)의 중대한 흠으로서 객관적으로 명백한 무효사유에 곧바로 해당한다고 볼 수는 없다는 법리를 설시하였다.

라) 이에 따라 2심은 새만금사업의 경제성을 검토하였는데, 특히 감사결과에서 지적된 바와 같이 대안 2(농수산 중심 개발안)의 경우 일부 비용이 누락된 채 관광편익 및 항만편익이 계상되고, 시행이 불투명한 담수어 양식장 편익 등이 계상된 하자가 있음은 인정하였다.

그러나 그러한 감사결과에 의하여 오류를 수정하여 경제성을 재검토하면, 대안 2의 경우 할인율 10% 기준으로 편익/비용 비율이 0.99(내부수익률 9.94%)이고, 대안 3의 경우 편익/비용 비율이 1.18(내부수익률 12.48%)에 이르며, 이견과 비판이 있기는 하지만 사후적으로 행해진 민관공동조사단의 경제성 분석에 의하더라도 10개 시나리오 모두 경제성이 있는 것으로 나타난 점에 주목하여, '새만금사업이 경제성이 없어 당연무효'는 아니라고 판단하였다.

3) 3심의 판단(대법원 2006. 3. 16. 선고 2006두330 전원합의체 판결)

가) 대법원은 기본적으로 2심의 태도를 유지하면서 발전시켰다. 위 관련법령에 따라, 새만금 사업에는 경제성이 필요하여, 경제상의 가치를 갖추어야 한다며, 사업의 경제성이 공유수면매립면허 및 시

행인가처분의 취소신청 거부처분의 위법성을 판단하는 요소가 됨을 전제로 판단하였다.

나) 그리고 공공사업의 경제성 내지 사업성의 결여로 공유수면매립면허 및 시행인가처분이 무효가 되기 위해서는 그 결여가 중대하고 객관적으로 명백하여야 한다고 하였다. 즉, 사업으로 인하여 얻는 편익보다 비용이 훨씬 커서 현저하게 불균형하여 사업 목적이 실질적으로 실현할 수 없는 정도에 이르러야 한다고 보았다.

이때, 공공사업의 경제성 내지 사업성 여부에 대한 판단은 사업 시행 당시 법률 요건을 모두 충족하는지 여부에 따라 판단되어야 할 뿐만 아니라 당시 관련 법률의 목적과 의미, 내용 그리고 학문적 성과가 반영된 평가기법에 따라 가장 객관적이고 공정한 방법을 사용하여 평가되었는지 여부에 따라 판단되어야 한다고 하였다.

또한 간척지 매립사업과 같이 어떠한 항목을 편익·비용 항목에 포함시킬지 여부와 그 평가방법·기법에 관하여 확립된 원칙·정설이 존재하지 않는 한, 그 분야의 전문가들에 의해 가능한 한 가장 객관적이고 공정한 방법을 사용하여 경제성 내지 사업성 여부를 평가하는 것이 바람직하다고 하였다.

다) 이에 따라 대법원은 2심의 결론을 유지하는 한편, 민관공동조사단의 경제성 분석이 각 시나리오 설정 자체나 그 시나리오 전부가 합리성을 결여하였음이 입증되지 않는 한, 시나리오에 포함된 특정 일부 항목이 편익이나 비용에 잘못 산입되었다거나 그 평가방법이 잘못되었다 하더라도, 사업 전체의 경제성이 없다고 할 수는 없다고 판단하였다.

3. 4대강 사업에 대한 비용편익분석 심사 판결(4대강 판결)

4대강 사업은, 국토해양부, 환경부, 문화체육관광부, 농림수산식

품부가 합동으로 한강, 낙동강, 금강, 영산강 등 4대강을 정비하는 것을 내용으로 하는 사업이다.

가. 관련법령

국가재정법 제38조 제1항에 의하면, 기획재정부장관은 총 사업비가 500억 원 이상이고, 국가의 재정지원 규모가 300억 원 이상인 신규 사업 중 특정 대규모사업에 대한 예산을 편성하기 위해서는 미리 예비타당성조사를 실시하여야 한다고 규정되어 있다.

나. 4대강 사업에 대한 경제성 분석[4]

1) 4대강 사업에 대하여는 개별 사업별로 예비타당성조사가 실시되었는데, 모든 개별 사업에 대하여 실시된 것은 아니었다. 예컨대, 보의 설치, 준설, 강변저류지, 홍수조절지, 하구둑 배수문 증설 등에 대해서는 재해예방사업(국가재정법 제13조 제2항 제6호)에 해당한다는 이유로 제외되었고, 댐 건설에 대하여도 3개소 중 2개소만 시행되는 등 일부 사업에 대해서는 예비타당성조사가 실시되지 않았다.

2) 예비타당성조사가 이루어진 17개 세부 사업(생태하천 조성 사업, 낙동강 유역의 자전거도로 설치, 댐 건설, 농업용 저수지 사업 등)에 대하여는 편익/비용 비율이 0.93~3.46으로 나타나는데 15개 사업에서 1.0 이상이었고, 17개 사업의 계층화분석법(Analytic Hierarchy Process, AHP)[5] 지표는 0.508~0.777로 모두 0.5 이상이었다.

---

4) 대법원 2015. 12. 10. 선고 2011두32515 판결의 원심인 서울고법 2011. 11. 25. 선고 2011누5775 판결 및 1심인 서울행정법원 2010. 12. 3. 선고 2009구합50909 판결 참조

3) 위 예비타당성조사를 기초로 국토해양부장관의 위임을 받은 서울지방국토관리청장이 각 하천공사시행계획을 수립하였고, 국토해양부장관이 한국수자원공사에 대하여 한 실시계획을 승인하였다(이하 '하천공사시행계획 및 실시계획승인처분'을 이 사건 각 처분이라 한다).

다. 법원의 사법심사 결과

1) 1심 및 2심의 판단(서울행정법원 2010. 12. 3. 선고 2009고합50909 판결 및 서울고법 2011. 11. 25. 선고 2011누5775 판결)

가) 원고들은 이 사건 각 처분에는 예비타당성조사를 실시하지 않은 위법이 있으므로 취소되어야 한다고 주장하는 한편, 4대강 사업이 경제적 타당성이 없다고 주장하여, 예비타당성조사의 누락과 그에 대한 법적 평가(국가재정법 위반 여부)와 4대강 사업의 경제적 타당성 여부가 쟁점이 되었다.

나) 우선 예비타당성조사의 누락 주장에 대하여, 1, 2심은 4대강 사업 중 보의 설치, 준설 등 일부 개별사업에 대하여 예비타당성조사를 실시하지 않은 사실은 인정되나, 예비타당성조사는 이 사건 각 처분과 형식상 전혀 별개의 행정계획인 예산의 편성을 위한 절차일 뿐이고, 이 사건 각 처분이나 그 근거법규 자체에서 규정된 절차가

---

5) 복잡하고 비구조화된 문제들을 하위구성요소들로 분해하고 각 계층내의 구성요소들을 상대적 중요도에 대한 가중치를 이원비교 방식(pairwise comparison method)으로 할당하여 전체 요소들에 대한 복합가중치를 계산하는 기법이다. 예비타당성조사는 계층화분석 결과가 0.5 이상이면, 사업시행의 타당성이 인정된다고 판단하고 있으며, 정부는 이를 사업시행의 근거로 활용하고 있어 예비타당성조사 결과에 따라 사업시행여부가 결정되고 있다.

아니므로, 원칙적으로 누락 사실이 있다 하더라도 예산 자체의 하자일 뿐, 곧바로 이 사건 각 처분의 하자가 될 수 없다고 하였다.

나아가 예산 편성의 절차상 하자가 이 사건 각 처분에 승계되거나 영향을 미치는지에 대하여도, ① 예산은 이 사건 각 처분과 수립절차, 효과, 목적이 서로 다른 점, ② 이 사건 각 처분과 예산은 단계적인 일련의 관계에 있는 것이 아니라 서로 별개의 독립적인 것인 점, ③ 예산은 관련 행정청만을 구속할 뿐 국민에 대한 직접적인 구속력을 발생한다고 보기는 어려운 점을 근거로 이를 부정하였다.

다) 또한 4대강 사업의 경제적 타당성에 대하여, 1, 2심은 4대강 사업이 행정계획에 해당함을 전제로 형량 하자가 있는지를 검토하면서, 경제성 분석은 그 분석방법이나 고려요소 여하는 물론 분석을 담당한 전문가의 견해 차이에 따라 분석결과가 크게 달라질 수 있는 한계를 지적하고, 예비타당성조사가 이루어진 17개 세부 사업의 경우 대부분의 사업에서 경제성이 있으며, 계층화분석(AHP) 결과 모든 사업의 시행이 적절한 것으로 나타났다는 이유로(다만 편익, 비용의 누락 여부, 이중계상 여부, 과소·과대 계상 여부 등을 구체적으로 검토하지는 않았다), '이익형량을 전혀 행하지 아니하거나 이익형량의 고려 대상에 마땅히 포함시켜야 할 사항을 누락하였거나 이익형량을 하였으나 정당성과 객관성을 결여하였다.'고 할 수 없고, 광범위한 형성의 자유에 따라 이루어진 이 사건 각 처분에 재량권을 일탈·남용한 위법이 있다고 할 수 없다고 판단하였다.

2) 3심의 판단(대법원 2015. 12. 10. 선고 2011두32515 판결)

가) 대법원은 기본적으로 1, 2심의 태도를 유지하면서 발전시켰다. 우선, 예비타당성조사의 누락 주장에 대하여, 1, 2심과 마찬가지로 예비타당성조사의 누락은 예산 자체의 하자일 뿐 곧바로 이 사건

각 처분의 하자가 되지는 않는다고 보았다.

다만, 이와 같은 예비타당성조사의 누락(예산편성 절차상 하자)으로 국토해양부장관 등이 이 사건 각 처분을 하면서 '이익형량을 전혀 하지 아니하거나 그에 관한 이익형량의 고려 대상에 마땅히 포함시켜야 할 사항을 누락한 경우 또는 그에 관한 이익형량을 하였으나 정당성과 객관성이 결여된 경우'에 해당하는 구체적 사정이 인정되어 4대강 사업에 이익형량의 하자가 있다고 인정된다면, 이 사건 각 처분이 재량권을 일탈·남용에 해당하여 위법하다고 평가할 수 있다고 하였다.

나) 4대강 사업의 경제적 타당성에 대하여도, 대법원은 예비타당성조사의 핵심내용에 해당하는 경제성 분석이 어느 정도 이루어진 이상, 행정계획의 수립 단계에서 사업성 또는 효율성의 존부나 정도를 정확하게 예측하는 것은 과학적·기술적 특성상 한계가 있을 수밖에 없으므로 사업성에 관한 행정주체의 판단에 정당성과 객관성이 없지 않은 한, 이를 존중할 필요가 있다며, 이 사건 각 처분에 행정계획에 관한 이익형량의 하자, 재량권의 일탈·남용이 인정되지 않는다고 하였다.

4. 주차장 사업에 대한 비용편익분석 심사 판결(주차장 판결)

주차장 사업은, 서울특별시 중구청장이 구청장 공약사업의 일환으로, 성곽길 주변 서울 중구 신당동 일대에 공영주차장을 건설하고자 하는 것을 내용으로 하는 사업이다.

가. 관련법령

국토의 계획 및 이용에 관한 법률, 도시·군계획시설의 결정·구조 및 설치기준에 관한 규칙 및 주차장법의 각 규정에 의하면, 노외주차장 설치를 위한 도시·군관리계획은 해당 지역의 설치계획은 해당 지역의 설치계획 입안·결정 당시의 주차수요와 장래의 주차수요, 해당 지역의 토지이용현황, 노외주차장 이용자의 보행 거리와 보행자를 위한 도로상황 등을 종합적으로 고려하도록 규정되어 있다.

나. 주차장 사업에 대한 경제성 분석[6]

1) 주식회사 천일(이하 '천일'이라 한다)의 주차장 사업에 대한 경제성 분석

가) 천일은 사업지가 다산동에 속함에도, 신당동에 속한 것으로 보고 신당동을 기준으로 자동차 등록대수, 주차장 설치현황, 주차장 확보율 현황 등을 조사하였다.

나) 천일은, ① 사업대상지를 중심으로 반경 300m를 영향권으로 설정하면서, 성곽 너머 장충동의 신라호텔, 장충체육관 등을 포함시켰고, ② 사업지 영향권 내 주차면수에 대하여는, 성곽 너머 장충동의 신라호텔 등 주차면수는 사업지 영향권 내 주민들이 상시 이용할 수 없다는 이유로 제외하여 638면으로 특정하고, 자동차 등록대수에서는 신라호텔 등에 등록된 차량대수를 포함하여 1,183대로 산정하여, 주차수급률을 53.9%(= 638/1,183)로 평가하였다.

다) 이러한 내용을 기초로, 천일은 사업지에 지하 3층, 지상 4층 규모의 주차장(주차대수 199면) 및 근린생활을 설치하는 내용의 주차장 사업을 추진하는 것에 대하여 경제적 편익 총계 2,154,540,000원으로 평가하면서 비금전적 편익의 통행소음비용절감을 1,541,057,000

---

6) 대법원 2018. 6. 28. 선고 2018두35490, 35506 판결의 원심인 서울고법 2018. 1. 16. 선고 2017누54113, 56546 판결 및 1심인 서울행정법원 2017. 5. 19. 선고 2016구합55803 판결 참조

원으로 산정하였다. 그 결과 편익/비용 비율은 1.18이 되어 천일은 주차장 사업에 대하여 '경제성 검토 결과 초기 투자비용은 높으나 30년 후 잔존가치를 고려하면 경제성이 있는 것으로 산정된다.'는 내용의 경제성 분석을 하였다.

라) 서울특별시 중구청장은 위 분석 결과에 기초하여 주차장 사업에 관하여 일부 그 내용을 조정한 후 도시계획시설(녹지, 주차장) 중복결정을 하고, 주차장 사업에 대한 실시계획을 인가하였다(이하 위 중복결정과 실시계획인가를 '이 사건 처분'이라 한다).

2) 서울연구원 서울공공투자관리센터(이하 '서울연구원'이라 한다)의 주차장 사업에 대한 경제성 분석

1심은 서울연구원에 주차장 사업의 경제성 분석을 의뢰하였는데, 서울연구원은 '서울시 투융자심사의 경제성 분석을 위한 가이드라인 연구III(도로, 주차장)'에 근거하여, 소음감소 효과가 대기오염물질 저감효과에 비해 미미하여, 대기오염 절감편익만을 고려하여야 한다는 것을 근거로, 천일이 편익 항목에 포함한 '통행소음비용절감 항목'을 제외하였다. 주차장 사업의 약 71.52%에 해당했던 위 항목이 제외됨에 따라 주차장 사업의 편익/비용 비율은 0.23으로 산정되었다.

다. 법원의 사법심사 결과

1) 1심의 판단(서울행정법원 2017. 5. 19. 선고 2016구합55803 판결)

가) 1심은, 행정계획에는 형성의 자유가 인정되지만 이는 무제한적인 것이 아니고, 공익과 사익 사이, 공익 상호간, 사익 상호간 정당하게 비교교량하여야 한다는 제한이 있어야 하며, 행정주체가 주차장 설치계획을 입안·결정함에 있어서 '이익형량을 전혀 행하지 아니

하거나 이익형량의 고려 대상에 마땅히 포함시켜야 할 사항을 누락한 경우 또는 이익형량을 하였으나 정당성·객관성이 결여된 경우'에는 그 행정계획 결정이 재량권 일탈·남용에 해당한다는 법리를 재확인하였다. 그리고 주차장 사업에 있어 경제성 내지 효율성의 비교도 이익형량의 고려 대상에 포함시켜야 한다고 설시하였다.

나) 그리고 1심은 이 사건 처분의 근거가 된 천일의 경제성 분석에 대하여 다음과 같은 문제점을 지적한다. 즉, ① 주차장법 제3조, 주차장법 시행규칙 제1조의2 제1항에 의하면, 주차장의 수급 실태조사의 조사구역은 '같은 특성을 가진 지역'으로 설정되어야 하는데, 천일의 경제성 분석은 '노후불량 주거지 또는 구심지 단독 및 다세대 주택지' 이외에 성곽 너머 장충동 지역(신라호텔 등이 위치하여 자동차등록대수는 적은 반면 주차공급이 상대적으로 많은 지역)이 포함되어 사업 영향권이 설정되었다. ② 성곽 너머 장충동 지역이 영향권에는 포함되면서도, 주차면수에서는 이 지역이 제외되었고, 자동차 등록대수에서는 이 지역이 포함되어, 주차수급률이 평가된 오류(모순)가 있다.

이에 더하여 1심은 위 서울연구원의 분석 결과 편익/비용 비율이 0.23이라는 점 또한 근거로 하여 이 사건 처분의 기초가 된 경제적 분석의 사실조사가 정당하고 객관적으로 이루어지지 않았다고 하였다.

이후 1심은 공익상 필요 또한 뚜렷하거나 침해되는 사익보다 크다고 볼 수 없다는 점을 검토하고, 이 사건 처분에는 '정당성·객관성을 갖춘 이익형량이 이루어지지 않았다.'는 이유로 위법하고, 이에 따라 취소되어야 한다고 판단하였다.

2) 2심의 판단(서울고법 2018. 1. 16. 선고 2017누54113, 56546 판결)

가) 2심은, 1심의 결론을 유지하면서 개별 쟁점에 대해 보다 명확

히 하였다. 다만, 경제성 분석에 대한 심사 기준에 대해서, 2심은 1심이 설시한 데에서 더 나아가 '경제성 분석이 이 사건 처분의 가장 중요한 근거가 되었으므로, 주차장 사업과 같이 사유재산권이 침해될 것이 구체적으로 예상되고 그 침해의 정도가 중할 경우에는, 주차장 사업의 경제성 내지 효율성에 대한 판단은 보다 엄격하고 정확한 사실조사에 기초하여 이루어질 필요가 있다.'고 설시하였다.

나) 이러한 법리에 기초하여 2심은 1심의 판단을 수용하고, 이 사건 처분이 공익과 사익 사이에 정당한 형량이 이루어지지 않아 위법하여 취소되어야 한다는 결론을 유지하였다.

3) 3심의 판단(대법원 2018. 6. 28. 선고 2018두35490, 35506 판결)

가) 3심은 2심이 설시한 '주차장 사업의 경제성 내지 효율성에 대한 판단은 보다 엄격하고 정확한 사실조사에 기초하여 이루어질 필요가 있다.'는 부분은 인용하지 않고, 1심과 같이 '행정주체가 주차장 설치계획을 입안·결정할 때 이러한 이익형량을 전혀 하지 아니하거나 이익형량의 고려 대상에 마땅히 포함시켜야 할 사항을 누락한 경우, 또는 이익형량을 하였으나 정당성·객관성이 결여된 경우에는 그 주차장 설치계획 결정은 재량권을 일탈·남용한 것으로 위법하다.'는 법리를 설시하고 이를 기준으로 하여 이 사건 처분의 위법 여부를 판단하였다.

나) 그러나 구체적인 위법 여부 판단에 있어서는 1, 2심과 마찬가지로 천일의 경제성 분석이 정당하고 객관적으로 이루어지지 않았다고 하며, 이 사건 처분의 공익상 필요가 현저하거나 침해되는 사익보다 크다고 볼 수 없다고 하여 재량권을 일탈·남용하여 위법하고, 이에 따라 취소되어야 한다고 보았다.

Ⅱ. 판례 분석에 따라 도출되는 쟁점 및 과제

1. 비용편익분석에 대한 사법심사 논의의 촉발 배경과 그 함의

우리나라 법원에서 비용편익분석이 사법심사 대상으로서 전면에 드러난 것은 위 세 가지 판례가 대표적이다. 위 세 가지 판례를 제외하고서는 비용편익분석을 직접적 심사대상으로 삼은 사례는 찾기 어렵다.

주목할 만한 점은, 새만금 사업과 4대강 사업을 둘러싼 갈등은, 여느 정책 결정과 달리 개발(성장)과 환경이라는 중요한 가치 선택 문제의 성격이 강했고, 이에 따라 각 이해관계가 얽힌 정치 문제로 비화되어 사회적으로 큰 이슈가 되었다는 점이다(규모가 상대적으로 작아 영향력이 크지 않았던 주차장 사업은 별다른 이슈가 되지는 않았다). 개발(성장)을 지지하면서 새만금 사업과 4대강 사업을 찬성하는 측은 행정청이 의사결정의 토대로 삼은 비용편익분석을 근거로 내세웠는데, 각 사업을 반대하는 측은 해당 비용편익분석의 여러 한계와 문제점을 지적하며 의사결정의 정당성을 문제 삼았다. 상당한 갈등 끝에 새만금 사업, 4대강 사업에 대한 논란을 종식시키고 분쟁을 매듭짓기 위하여, 각 사업에 대하여 주민들이 그 취소 또는 무효를 구하는 행정소송을 제기하였고, 이에 따라 법원이 최종적인 분쟁해결의 역할을 맡게 되었다.

이처럼 비용편익분석은 일견 객관적·중립적인 의사결정도구로 보일 수 있음에도, 어떤 가치관을 가지느냐에 따라 그에 대한 평가가 다를 수 있고, 실제로 새만금 판결에서는 수차례 있었던 비용편익분석의 내용·결과가 서로 일치하지 않았음을 알 수 있다. 그렇다면 비용편익분석이란 어쩌면 고도의 정치적 함수에 의한 결괏값이라고 볼 여지가 있는 것이고, 나아가 비용편익분석에 대한 논란이란 결국 비용편익분석의 방법론 차원 문제를 넘어 그 이면의 정치적 결단에 대한 문제제기라고 볼 수도 있는 것이다.

따라서 법원은 비용편익분석을 심사할 때, 비용편익분석이 단순한 산수(算數)에 의하여 기계적으로 계산되어 산출될 수 있는 것인지, 아니면, 어떤 일정한 가치판단이 전제되어 일정 부분 정치적 선호가 반영되는 것인지를 우선 파악할 필요가 있다. 만약 후자에 해당한다면, 법원은 비용편익분석이 어떠한 맥락에서, 어떠한 가치관을 토대로 이루어졌는지를 살펴볼 필요가 있다고 할 것인데, 이는 곧 법원의 사법심사 역할과 그 한계 논의와 맞닿아 있다. 따라서 법원으로서는 행정청이 실시한 비용편익분석에 대하여 이를 대체하는 심사를 하는 것이 타당한지, 대체하지 않는다고 하더라도 이를 존중하는 것이 타당한지에 대한 고민이 필요하다.

그러므로 이 책에서는 이러한 고민을 심층적으로 하기 위하여 그 전제로 사법심사 대상으로서 비용편익분석의 의의·특성을 살펴보고(제3장), 새만금 판결, 4대강 판결과 주차장 판결에 이르기까지 우리나라 법원이 채택한 사법심사 태도가 무엇인지를 확인한 다음(아래 7.항), 관련 쟁점에 대하여 충분히 검토가 이루어진 미국에서의 논의를 살펴 참고해보고자 한다(제4, 5장).

2. 항고소송의 대상 및 심사 대상 확정

새만금 판결, 4대강 판결, 주차장 판결 모두 행정청이 행한 비용편익분석이 처분성을 가지고 있지 않음을 전제로, 이를 거친 행정청의 각 처분을 구체적인 항고소송의 대상으로 삼고 있음은 분명하다. 이와 같은 법원의 태도가 타당한지 여부에 대하여도 검토가 필요하다.

이 부분에 대하여는 비용편익분석에 대한 구체적 사법심사 기준 및 방법 정립을 시도하면서(제6장), 구체적으로 검토하기로 한다.

3. 비용편익분석에 대한 별도의 사법심사 기준 및 방법 정립 필요성

가. 새만금 판결의 심사 태도

앞서 본 새만금 판결의 1, 2, 3심에서는 '비용편익분석의 내용상 하자'가 있음을 인정하면서, 이러한 하자가 공유수면매립면허처분, 새만금사업 시행인가처분의 위법성을 판단하는 요소가 됨을 전제로 논의를 전개하였다. 다만 2, 3심은 비용편익분석의 내용상 하자가 위 각 처분의 취소사유에 해당하는지 여부에 대해서는 원고들이 이를 주장하지 않은 것을 고려하여 별도로 판단하지 않고, 그 하자가 위 각 처분의 중대·명백한 무효사유에 해당하는지 여부를 검토하였을 뿐이다(중대·명백한 무효사유는 아니라고 하였다).

그렇다면, 새만금 판결은 적어도 '비용편익분석의 하자'에 대하여 위 각 처분의 위법성을 판단하기 위한 요소로서, 별도로 심사할 필요가 있다는 것을 인정한 것으로 봄이 타당하다. 이는 3심에서 공공사업의 경제성 내지 사업성 여부를 평가하는 방법으로 '사업 시행 당시 법률 요건을 모두 충족하는지 여부에 따라 판단되어야 할 뿐만 아니라 당시 관련 법률의 목적과 의미, 내용 그리고 학문적 성과가 반영된 평가기법에 따라 가장 객관적이고 공정한 방법을 사용하여 평가되었는지 여부에 따라 판단되어야 한다.'고 설시한 것을 고려하면 더욱 그러하다.

나. 4대강 판결, 주차장 판결의 심사 태도

그런데 법원의 심사 태도는 4대강 판결의 1, 2, 3심, 주차장 판결의 1, 2, 3심에서 다르게 나타난다. 4대강 판결의 1, 2, 3심, 주차장 판결의 1, 2, 3심에서는 비용편익분석의 내용상 하자에 대하여 이를 행

정계획에 대한 이익형량 심사(형량명령 원칙 심사)를 한다. 즉, 형량
명령 원칙에 따라 행정계획이 '이익형량을 전혀 행하지 아니하거나
이익형량의 고려 대상에 마땅히 포함시켜야 할 사항을 누락하였거
나 이익형량을 하였으나 정당성과 객관성을 결여하였는지' 여부를
살펴보면서, 그 일환으로 비용편익분석에 대하여도 심사한 것이다.
특히 주차장 판결의 1, 2, 3심은 '경제성 내지 효율성의 비교도 이익
형량의 고려 대상에 포함시켜야 한다.'고 하여 그러한 태도를 명확히
하였다.

새만금 판결 이후 비용편익분석에 대한 사법심사를 구체적으로
한 4대강 판결, 주차장 판결에 의하면, 우리나라 법원은 행정계획의
형량명령 원칙 심사로 비용편익분석에 대한 사법심사를 귀결시키는
것으로 보인다. 이는 새만금 판결이 선고된 이후 비로소 대법원이
행정계획에 대하여 본격적으로 형량명령 원칙 심사를 하는 것과도
연관이 있을 수 있다.[7)]

다. 비례원칙 심사·형량명령 원칙 심사의 문제점 검토 필요성

1) 그러나 4대강 판결, 주차장 판결과 같이 비용편익분석에 대한
사법심사를 행정계획의 형량명령 원칙 심사 또는 행정계획이 아닐
경우 비례원칙 심사로 귀결·통합시켜 심사하는 것이 과연 타당한지
에 대해서는 검토가 필요하다.

새만금 판결의 1, 2, 3심에서는 행정청이 행한 비용편익분석, 이
에 대한 감사결과, 제3자의 새로운 비용편익분석 등 3개의 비용편익
분석에 대해서 구체적으로 항목별 분석하고 검토하면서, 이에 대한
심사 기준과 방법을 나름대로 설시하였던 반면, 4대강 판결의 1, 2,

---

7) 최승필, 행정계획에서의 형량-형량명령에 대한 논의를 중심으로-, 토지공
   법연구 73집 1호(2016), 240-242면

3심은 단지 '예비타당성조사가 이루어진 17개 세부 사업의 경우 대부분의 사업에서 경제성이 있으며, 계층화분석(AHP) 결과 모든 사업의 시행이 적절한 것으로 나타났다.'는 점만 확인하였고, 주차장 판결의 1, 2, 3심 또한 '법원이 서울연구원에 의뢰하여 나타난 비용편익분석 결과가 행정청이 행한 비용편익분석 결과와 다르므로, 후자가 잘못되었다.'는 점만 확인하였을 뿐이다.

4대강 판결, 주차장 판결의 이와 같은 심사 태도, 즉 비용편익분석에 대하여 형량명령 원칙 심사를 하게 된 것이, 과연 법원이 비용편익분석의 특성(정량화, 화폐가치화)을 심사하는 데 반드시 적합하다고 볼 수 있는 것인지, 형량명령 원칙 심사의 근본적 한계로 인하여 법원의 판단 근거·과정을 명확히 알 수 없게 하는 문제가 야기되거나, 법원이 행정청의 판단을 평면적으로 받아들이게끔 하는 문제가 야기될 우려가 있는 것은 아닌지 확인할 필요가 있다.

2) 따라서 형량명령 원칙 심사 또는 비례원칙 심사의 구조적·운용적 문제점을 살펴봄으로써 위와 같은 문제의식이 타당한지 검토해보고, 나아가 비용편익분석에 대한 별도의 사법심사 기준 및 방법 정립 필요성이 있는지 살펴보기로 한다(제2장 제3절 및 제6장).

4. 비용편익분석의 실시 여부 및 정도의 확정

가. 새만금 판결, 4대강 판결, 주차장 판결의 심사대상

새만금 판결, 4대강 판결, 주차장 판결은 모두 비용과 편익이 모두 정량화·화폐가치화되고 이를 형량한 행정청의 정식(formal) 비용편익분석을 심사대상으로 삼았다.

나. 비용편익분석의 실시 여부 및 정도의 확정 필요성

1) 그런데 만약 행정청이 비용편익분석을 반드시 해야 하는 경우가 아니라면, 행정청이 이를 제대로 수행하지 않았다 하더라도 그것을 '부당'하다고는 평가할 수 있을지언정 그 자체로 반드시 그 비용편익분석에 기초한 행정처분이 '위법'하다고까지 평가할 수 없을 것이다.

따라서 비용편익분석에 대한 사법심사는 '행정청이 비용편익분석을 해야 하는 상황'을 전제로 하는 것이어야 한다.

2) 4대강 판결은 예비타당성조사가 적용되는 사안이어서, 행정청이 비용편익분석을 거쳐야 함이 법에 따라 명시적으로 요구되는 경우였을 뿐만 아니라 비용편익분석이 갖추어야 할 규범적 모습이 법에 의해 마련되어 있었으므로, 법원이 행정청의 비용편익분석을 심사대상으로 삼고 이를 구체적으로 심사한 것은 자연스럽다.

그러나 새만금 판결은 판결이 선고될 당시는 규제영향분석, 예비타당성조사가 마련되기 전이어서 비용편익분석이 명시적으로 우리나라 법체계에 도입되기 전이었다. 따라서 새만금 판결이 행정청이한 비용편익분석을 구체적으로 심사하기 위해서는 그 전제로 '행정청이 비용편익분석을 해야 하는지, 해야 한다면 어느 정도까지 해야하는지(규범적 모습)'를 우선 확정지을 필요가 있었다. 그러나 새만금 판결에서 위와 같은 고민이 있었는지는 판결만으로는 명확히 알기 어렵다.

주차장 판결도 주차장 사업이 규제영향분석, 예비타당성조사가 실시되지 않은 사안이었는데, 행정청이 스스로 비용편익분석을 실시하고 이를 의사결정의 토대로 삼았다. 그럼에도 주차장 판결은 행정청이 실시한 비용편익분석을 심사하였는데, 이때 법원이 '행정청이 비용편익분석을 해야 하는지, 해야 한다면 어느 정도까지 해야 하는지(규범적 모습)'를 어떻게 고민하였는지에 대하여 판결만으로 는 분명히 알기 어렵다.

3) 따라서 이 책에서는 우선 우리나라의 비용편익분석에 대한 근 거법을 확인하여, 명시적으로 비용편익분석이 도입된 사안(규제영향 분석, 예비타당성조사)에서, 비용편익분석이 갖추어야 할 규범적 모 습을 살펴보는 한편, 규제영향분석, 예비타당성조사가 적용되지 않 는 사안에서 비용편익분석이 사용된 경우, 법원이 행정청에게 비용 편익분석을 실시할 것을 요구하는지, 그렇다면 그 정도는 어떠한지 를 확정하는 시도를 하고자 하되, 우리나라에서는 그 논의가 부족하 므로, 미국의 논의를 참고하여 시사점을 얻고자 한다(제5, 6장).

5. 비용편익분석의 하자 유형

새만금 판결, 4대강 판결, 주차장 판결은 모두 행정청이 실시한 비용편익분석의 내용상 하자에 대한 법적 평가가 쟁점이 되었고, 4 대강 판결에서는 비용편익분석(예비타당성조사) 자체의 누락에 대한 법적 평가 또한 쟁점이 되었다.

그러나 비용편익분석의 하자에 대한 체계적으로 분류되지는 않 았던바, 이에 대하여 각 하자를 우선 유형별로 구분하는 것을 시도 할 필요가 있다(제6장).

6. 비용편익분석의 절차상 하자에 대한 법적 평가

가. 4대강 판결의 심사 태도

4대강 판결에서는, 4대강 사업 중 보의 설치, 준설 등 일부 개별 사업에 대하여 예비타당성조사(비용편익분석)를 실시하지 않자, 이에 대해서, '예비타당성조사는 예산의 편성을 위한 절차여서 이를 누락한 것은 원칙적으로 예산 자체의 하자'에 그친다고 보고, 곧바로 하천공사시행계획 및 실시계획승인처분의 하자가 될 수 없다고 하였다. 그리고 위 누락을 단지 형량명령 원칙 심사의 한 고려 요소로만 평가하였다.

나. 절차상 하자에 대한 법적 평가 검토 필요성

1) 그러나 만약 규제(행정행위)의 근거가 되는 법이 '행정청이 반드시 비용편익분석을 해야 한다.'고 해석되는 상황이라면, 행정청이 규제 발령 또는 선택에 필수적으로 거쳐야 하는 요건으로서 비용편익분석을 누락한 것이므로, 이를 단지 형량명령 원칙 심사의 한 고려 요소로 평가하는 4대강 판결의 태도가 타당한지 의문이다.

따라서 이 책에서는 비용편익분석의 의의와 관련하여 이 부분에 대하여 검토하는 한편, 미국의 논의를 참조하기로 한다(제5, 6장).

2) 또한 비용편익분석 자체의 누락 이외에 절차상 하자의 유형을 검토하여 이에 대한 법적 평가를 어떻게 할지에 대하여도 살펴보기로 한다(제6장).

7. 비용편익분석의 내용상 하자에 대한 법적 평가

가. 정돈되지 않은 심사 태도

1) 새만금 판결에서의 심사 태도

새만금 사업에 대해서는 총 3차례 비용편익분석이 이루어졌고, 그 결과는 각각 달랐다. 이 중에서 한국산업경제원의 경제성 분석과 민관공동조사관의 경제성 분석은 모두 편익/비용 비율이 1보다 큰 결과여서, 새만금 사업의 추진 근거가 되었다. 그러나 한국산업경제원의 경제성 분석에 대해서는 감사원의 특별감사결과에 따라 그 오류가 지적되었고, 민관공동조사관의 경제성 분석은 전문가들 사이에서조차 비판이 제기되었으며, 조사관 사이에서도 상당한 견해 차이가 존재하였다.

새만금 판결 1심은 한국산업경제원, 민관공동조사관의 경제성 분석을 그대로 받아들일 수 없다고 하면서, 법원 스스로 편익에서 배제되어야 항목을 열거하거나, 추가되는 비용을 제시하였는바, 새만금 판결 1심의 심사 태도는 '법원이 행정청이 행한 비용편익분석을 대체하는 방식으로 심사'했다고 평가할 수 있다.

그러나 새만금 판결 2심의 심사 태도는 1심의 그것과는 사뭇 다르다. 한국산업경제원의 비용편익분석에 하자가 있음을 인정하면서도, 감사결과에 의하여 오류를 수정하여 재검토해보고, 이에 따른 편익/비용 비율이 1.18 또는 0.99에 해당하므로, 새만금 사업의 경제성이 없다고 단정할 수 없다고 하였다. 또한 그 보강 근거로 민관공동조사단의 경제성 분석을 들었다. 이러한 심사 태도는 '법원이 행정청이 행한 비용편익분석을 대체하여 심사하지 않고, 특별한 사정이 없는 한 존중하는 방식으로 심사'했다고 평가할 수 있다. 2심은 특별한 사정에 대해서 '오류를 수정하여 재검토했음에도 편익/비용 비율이 1

보다 작은 경우'라고 보았다.

새만금 판결 3심의 심사 태도는 기본적으로 2심과 마찬가지로 '법원이 행정청이 행한 비용편익분석을 대체하여 심사하지 않고, 특별한 사정이 없는 한 존중하는 방식으로 심사'했다고 평가할 수 있는데, 여기에 3심은 비용편익분석에 대한 심사 기준을 처음으로 제시하였다는 점에서 의의가 있다. 즉, '당시 관련 법률의 목적과 의미, 내용 그리고 학문적 성과가 반영된 평가기법에 따라 가장 객관적이고 공정한 방법을 사용하여 평가되었는지 여부'에 따라 행정청이 행한 비용편익분석의 하자 여부를 평가하면 된다는 것이다. 그리고 경제성 분석에 일부 하자가 있다 하여 사업 전체의 경제성이 없다고 할 수는 없는 것이라고 하여, 신중한 심사 태도를 취했다.

2) 4대강 판결에서의 심사 태도

4대강 판결의 1, 2, 3심은 모두 예비타당성조사(비용편익분석)의 내용상 하자를 형량명령 원칙 심사로 귀결시키면서, 행정청이 한 비용편익분석의 편익, 비용의 누락 여부, 이중계상 여부, 과소·과대 계상 여부 등을 구체적으로 검토하지 않은 채, 경제성 분석은 그 분석방법이나 고려요소 여하는 물론 분석을 담당한 전문가의 견해 차이에 따라 분석결과가 크게 달라질 수 있는 한계를 지적하고, 예비타당성조사가 이루어진 17개 세부 사업의 경우 대부분의 사업에서 경제성이 있으며, 계층화분석(AHP) 결과 모든 사업의 시행이 적절한 것으로 나타났다는 이유로 이익형량에 하자가 없다고 판단하였다.

이러한 심사 태도는 기본적으로 '법원이 행정청이 행한 비용편익분석을 대체하여 심사하지 않고, 특별한 사정이 없는 한 존중하는 방식으로 심사'했다고 평가할 수 있다. 이는 1, 2, 3심이 모두 4대강 사업이 행정계획으로 광범위한 형성의 자유에 따라 이루어진 것임을 전제로 행정청이 행한 비용편익분석에 대하여 형량명령 원칙 심사를 하였기 때문이다.

3) 주차장 판결에서의 심사 태도

주차장 판결의 1, 2, 3심도 앞서 4대강 판결과 마찬가지로 비용편익분석의 내용상 하자에 대한 심사를 형량명령 원칙 심사로 귀결시키면서, 법원이 어떠한 이유로 천일의 비용편익분석 대신 서울연구원의 비용편익분석을 받아들이는지 명확하게 설시하지 않고, 행정청의 비용편익분석 오류가 정정되었을 때의 비용편익분석 결과에 대해서도 검토하지 않은 채, 법원(서울연구원)의 비용편익분석 결과에 따라 행정청(천일)의 비용편익분석을 이익형량 하자가 있다는 이유로(정당성·객관성 결여) 받아들이지 않았다.

이러한 심사 태도는, '법원이 행정청이 행한 비용편익분석을 대체하는 방식으로 심사'했다고 평가할 수 있다. 특히 주차장 판결의 2심은 '경제성 내지 효율성에 대한 판단은 보다 엄격하고 정확한 사실조사에 기초하여 이루어질 필요가 있다.'고 설시하여, 강한 심사강도를 제시하기까지 하였다.

4) 각 판결의 심사 태도 종합

위와 같은 새만금, 4대강, 주차장 판결의 심사 태도를 정리하면 다음 〈표 1〉과 같다.

이를 살펴보면, 모두 비용편익분석을 심사대상으로 삼았음에도, 각 판결의 심사 기준과 강도는 아직 정돈되지 않았음을 알 수 있다. 특히 4대강 판결과 주차장 판결은 모두 각 처분이 행정계획임을 전제로 형량명령 원칙 심사를 하였음에도 그 심사 기준이 상이하였고, 결론이 달랐다.

〈표 1〉 우리나라 비용편익분석 판례의 사법심사 기준 및 강도

약한 심사강도	←→	강한 심사강도
행정청 판단 비대체 심사		행정청 판단
행정청 판단 존중	행정청 판단 비존중	대체 심사
새만금 판결 2, 3심	-	새만금 판결 1심
4대강 판결 1, 2, 3심 (형량명령 원칙 심사)	-	-
-	-	주차장 판결 1, 2, 3심 (형량명령 원칙 심사)

나. 사법심사 기준 및 강도의 설정 필요성(행정청-법원 간 역학 관계)

따라서 비용편익분석의 내용상 하자에 대한 법적 평가를 정확히 하기 위해서 그 사법심사 기준 및 방법을 정립할 필요가 있다.

앞서 〈표 1〉에서 본 바와 같이, 행정청의 규제에 대한 사법심사 기준은, '법원이 스스로의 판단으로 행정청의 판단을 대체할 수 있는지 여부'와 '행정청의 판단 존중 여부 및 정도'를 기준으로 그 단계를 나누어 볼 수 있다.

이를 설정하기 위해서 살펴볼 것은, 비용편익분석에 대한 사법심사 논의의 촉발 배경과 그 함의 부분에서도 보았듯, 우선 심사대상으로서 비용편익분석의 특성일 것이다(제3장). 각 판결에서 지적하듯, 비용편익분석은 전문가들에 의해 이루어지는 한편, 그 내용과 결과에 대해서는 전문가들 사이에서조차 의견이 엇갈리고 가치판단이 포함될 수 있는데, 비용편익분석의 정체에 대하여 규범적으로 접근하여 그 모습을 확인할 필요가 있다.

다음으로는 행정청과 법원 사이의 역학관계이다. 행정청이 실시

한 비용편익분석은 넓게 보아 재량판단에 속한다고 할 것인데, 이를 법원이 실체적으로 심사하는 것이 과연 타당한 것인지, 행정청-법원 간 역학관계 관점에서 살펴볼 필요가 있다. 이는 앞서 확인한 바와 같이 비용편익분석을 둘러싼 갈등의 배경(즉, 비용편익분석이 정치적 함수에 의하여 도출된 결괏값일 수 있다는 점)을 살펴보면, 더욱 그 필요성이 크다고 할 것이다. 이러한 검토 결과는 상대적으로 전문적 역량이 약하고 민주적 정당성이 부족하다고 여겨지는 법원의 심사 태도를 설정하는 하나의 단서가 될 것이다. 미국에서는 특히 사법심사 기준에 대해서 이와 같은 논의가 깊이 있어 왔으므로, 이를 검토함으로써 시사점을 확인할 수 있을 것이다(제4, 5장).

8. 소결

비용편익분석을 심사한 우리나라의 판례(새만금 판결, 4대강 판결, 주차장 판결)를 통해 살펴본 결과, 비용편익분석에 대한 사법심사는 다음과 같은 쟁점과 과제를 가진다. 이 책에서는 각 쟁점에 대해 관련 논의를 보다 심층적으로 검토하여(제3, 4, 5장), 심사 모델을 일응 세워보고자 한다(제6장).

① 항고소송의 대상 및 심사 대상 확정
② 비용편익분석에 대한 별도의 사법심사 기준 및 방법 정립 필요성
③ 비용편익분석의 실시 여부 및 정도의 확정
④ 비용편익분석의 하자 유형
⑤ 비용편익분석의 절차상 하자에 대한 법적 평가
⑥ 비용편익분석의 내용상 하자에 대한 법적 평가

제3절 비례원칙·형량명령 원칙 심사 및
판단여지에 대한 검토

I. 논의의 필요성

4대강 판결과 주차장 판결에서 알 수 있는 우리나라 법원이 비용편익분석을 사법심사할 때 취하는 심사 태도, 즉 비용편익분석에 대한 사법심사를 비례원칙 심사 또는 형량명령 원칙 심사로 귀결시키는 심사 태도가 가지는 구조적·운용적 문제점을 짚어보고자 한다.

이는 이 책이 현행 비용편익분석의 심사 판례에 대하여 가지는 문제의식으로, 이를 통해 비용편익분석에 대한 별도의 사법심사 기준 및 방법 정립할 필요성이 있음을 확인하기로 한다.

이를 위하여 아래에서는 우선 재량행위에 대한 사법심사 기준 및 방법을 검토하고, 재량하자로서 재량권 일탈·남용에 대해서 비례원칙 심사가 이루어짐을 확인한 후(II), 통상적 재량에 대한 비례원칙 심사와 계획재량에 대한 형량명령 원칙 심사의 이론적·실질적 모습을 각 검토하여 그 괴리를 통해, 법원이 행정청 판단 대체 심사 방식을 실질적으로 채택하고 있음을 확인하여 이로 인하여 발생하는 문제점을 살펴보고(III, IV), 한편 우리나라 행정법학계에서 논의되는 불확정개념과 판단여지의 개념을 검토하고 위 개념의 인정이 문제 되는 영역에 대하여는 법원이 행정청 판단 비대체-존중 심사 방식을 채택하고 있음을 확인하여 이러한 영역에서는 자칫 법원이 행정청의 판단을 평면적으로 심사할 수 있다는 우려를 제기하고(V), 비례원칙 심사·형량명령 원칙 심사와 비용편익분석의 관계를 검토한 뒤(VI), 우리나라 법원의 비용편익분석에 대한 사법심사의 문제점을 정리하기로 한다.

Ⅱ. 재량행위에 대한 사법심사 기준 및 방법

1. 재량하자 심사

가. 대법원은 초기부터 자유재량에 대하여 사법심사의 대상이 됨을 분명히 하여 왔고, 재량의 한계를 설정하였다. 한편 재량권 일탈·남용에 대하여는 행정행위의 효력을 다투는 사람이 증명책임을 진다.

나. 대법원은 기속행위와 차별되는 재량행위에 대하여 사법심사 기준을 다음과 같이 세웠다. 즉, 대법원은 "재량행위의 경우 행정청의 재량에 기한 공익판단의 여지를 감안하여 법원은 독자의 결론을 도출함이 없이 당해 행위에 재량권의 일탈·남용이 있는지 여부만을 심사하게 되고, 이러한 재량권의 일탈·남용 여부에 대한 심사는 사실오인, 비례·평등의 원칙 위배, 당해 행위의 목적 위반이나 동기의 부정 유무 등을 그 판단 대상으로 한다."고 설시하고 있다.

법원이 행정청의 판단을 대체하는 심사 방식(행정청 판단 대체 방식)을 하는 기속행위에 대한 사법심사와는 달리 재량행위에 대해서는 단지 재량하자의 여부만을 심사하는 것이다. 재량하자는 재량권 일탈·남용, 재량권의 처분절차 위반, 재량권의 불행사 또는 해태로 구분 지을 수 있는데, 재량권 불행사 또는 해태는 기속행위에 관한 것이고 재량권의 처분절차 위반은 재량권 일탈·남용에 포함된다고 볼 수 있으므로,8) 여기서는 재량권 일탈·남용에 대해서만 다루기

---

8) 이영창, 환경소송에서 행정청의 재량에 대한 사법심사의 방법과 한계, 사법논집 49집(2009), 268-269면

로 한다.

2. 재량권 일탈·남용 판단 기준

가. 재량권 일탈·남용의 의미

행정기본법 제21조는 '행정청은 재량이 있는 처분을 할 때에는 관련 이익을 정당하게 형량하여야 하며, 그 재량권의 범위를 넘어서는 아니 된다.'고 규정하고, 행정소송법 제27조는 '행정청의 재량에 속하는 처분이라도 재량권의 한계를 넘거나 그 남용이 있는 때에는 법원은 이를 취소할 수 있다.'고 규정하고 있는데, 재량권 일탈이란 행정법규가 정한 재량권 범위의 '외적 한계'를 벗어난 경우를 의미하고, 재량권 남용이란 행정청이 재량권이 부여된 입법목적을 위반하거나 헌법·행정법 일반원칙 및 조리에 위반하는 등 재량권 범위의 '내적 한계'를 벗어난 경우를 의미한다. 판례도 같은 취지이나 이 둘을 구별할 의미는 크지 않으므로 재량권 일탈·남용을 같은 평면에서 함께 포괄하여 논의하기로 한다.

나. 판례상 재량권 일탈·남용 판단 기준

판례는 재량권의 일탈·남용 여부에 대한 심사는 사실오인, 비례·평등의 원칙 위배, 당해 행위의 목적 위반이나 동기의 부정 유무 등을 그 판단 대상으로 한다고 하고 있다.

법이 일정한 사실의 존재를 전제로 재량권을 행사하도록 한 경우임에도 행정청이 그러한 사실이 없는데 행정처분을 발령한 때, 합리적이라고 볼 수 없는 방법으로 사실관계를 평가하고 법에서 정한 요건에 해당한다고 판단하여 행정처분에 나아간 경우, 행정청의 재량행위는 사실오인이 있다고 본다. 또한 행정처분이 법에서 정한 목적에 위반하거나 사적이거나 자의적인 부정한 동기로 이루어진 경우 또한 재량권 행사는 위법한 것이 된다. 합리적인 근거 없는 차별을 초래하거나 형평성을 벗어난 행정행위는 평등원칙을 위반했다고 본다.

비례원칙에 대하여는 항을 바꾸어 상세히 검토하도록 한다(III). 이와 병렬적으로 형량명령 원칙에 대하여도 검토하기로 한다(IV).

III. 비례원칙 심사의 이론적·실질적 모습

1. 비례원칙 심사의 의의 및 내용

판례는 "비례원칙이란 어떤 행정목적을 달성하기 위한 수단은 그 목적달성에 유효·적절하고 또한 가능한 한 최소 침해를 가져오는 것이어야 하며 아울러 그 수단의 도입으로 인한 침해가 의도하는 공익을 능가하여서는 아니 된다는 헌법상의 원칙"이라고 설시하고 있다.[9] 즉, 행정행위의 목적에 비추어 부적합하거나 불필요하거나 과도한 수단은 금지된다는 원칙이다. 행정기본법은 '비례의 원칙'을 명시적으로 제시하면서(제10조), 행정청이 당사자에게 권리나 이익을 부여하는 처분을 취소하려는 경우에는 취소로 인하여 당사자가 입게 될 불이익을 취소로 달성되는 공익과 비교·형량하여야 한다고 규정하고 있다(제18조 제2항).

---

9) 대법원 1997. 9. 26. 선고 96누10096 판결

2. 비례원칙 심사 단계

비례원칙 심사는 통상 '적합성, 필요성, 상당성(협의의 비례원칙)의 원칙' 세 단계로 구분된다.

적합성의 원칙은, 행정청이 취하는 조치 또는 수단이 그가 의도하는 어떤 목적을 달성하는데 법적으로나 사실적으로 적합해야 한다는 원칙이다. 행정행위가 적합한지 여부는 행위 시 행정청의 합리적인 판단에 따른다.

필요성의 원칙은 최소 침해의 원칙으로도 일컬어지는데, 목적달성에 적합한 여러 수단 중 최소한의 침해를 발생시키는 수단을 선택해야 한다는 원칙이다.

상당성의 원칙은 협의의 비례원칙으로 불리는데, '어떠한 행정행위가 목적을 실현하는 데 필요하다 하더라도, 행정행위로 발생하는 불이익이 행정행위에 따라 발생하는 이익보다 큰 경우 행정행위가 발령되어서는 안 된다.' 또는 '행정행위에 따라 발생하는 이익이 행정행위로 발생하는 불이익보다 큰 경우라야 행정행위가 발령된다.'는 원칙이다.

판례는, 불이익을 '침해되는 사익', 이익을 '얻게 되는 공익'으로 표현하는 경우가 많은데 공공선택이론적 관점에 의할 때, 공익의 확정이란 다양한 개인들의 선호를 결집해서 사회적 선호를 도출해내는 것과 다름없다는 점을 상기한다면10), 판례상 공익을 '이익'으로 바꾸어 이해해도 별다른 문제는 없다.

---

10) 허성욱, 공법이론과 공공정책(Ⅰ)-공법이론 연구방법론으로서 공공선택이론, 법경제학연구 6권 2호(2009), 153면

3. 협의의 비례원칙 심사의 이론적 모습:
행정청 판단 비대체 심사 방식

재량행위에 대한 사법심사 기준으로서 협의의 비례원칙 심사 방식에 대하여, 대법원은 앞서 보았듯, 법원이 행정청의 판단을 대체하는 심사 방식이 아닌 재량하자의 여부만을 심사하는 방식, 곧 행정청의 판단이 합리적인 근거 위에서 이루어진 것인가를 심사하는 것에 만족하는 데 그친다고 한다(행정청 판단 비대체 심사 방식).

4. 협의의 비례원칙 심사의 실질적 모습: 행정청 판단 대체 심사 방식

가. 대다수 비례원칙 심사가 적용되는 사안에서 판결의 결론에 결정적인 역할을 하는 것은 법익의 균형성 여부 판단이라 할 것인데, 법익의 균형성에 대하여 비례원칙은 일정한 방향성만을 제시할 뿐, 어떠한 구체적이고 실체적인 심사 기준과 방법을 제공하지는 못한다. 확정적이고 실체적인 내용을 포함하지 못하는 비례원칙은 심사 기준으로서 범용성을 가지지만 한편 심사자, 즉 법원에 상당한 판단의 폭을 부여하는 반면, 법원의 판단 근거·과정을 명확히 알 수 없게 하는 문제를 야기할 우려가 있다.

이에 따라 법원이 실시하는 협의의 비례원칙 심사는, 결국 법원이 독자적으로 결론을 내리는 행정청 판단 대체 심사로 이루어진다는 지적이 제기된다.[11] 즉, 협의의 비례원칙 심사는 이론적으로는 행정청이 행한 이익과 불이익 형량을 심사 대상으로 삼아 행정청의 판단을 대체하는 심사를 하여서는 안 되는데, 법원이 협의의 비례원

---

11) 임성훈, 행정에 대한 폭넓은 존중과 사법심사 기준, 행정법연구 52호 (2018), 178면; 안동인, 비례원칙과 사법판단권의 범위, 행정법연구 제34호(2012), 16-20면

칙 심사를 매개로 실질적으로는 스스로의 판단으로 행정청의 판단
을 갈음한다는 지적이다.

이는 일반적으로 행정행위로 인한 이익과 불이익의 형량이 정의
이념과 밀접히 관련됨에 따라12), 법원의 주관이 개입될 소지가 크다
는 근본적인 문제13)와 더불어 대법원이 취하고 있는 논증 구조가 가
지는 한계 때문이라고 한다.14)

즉, 판례는 가장 핵심적인 법익의 균형성, 곧 이익형량의 구체적
기준이나 방법에 대하여 명확히 설시하지 않은 채 행정청이 고려하
지도 않은(적어도 고려한 것으로 보이지 않은) 행정행위로 인한 이익
과 불이익을 독자적으로 고려하여 비례원칙 심사를 한다는 지적이
다. 또한 판례는 행정행위가 비례원칙에 부합한다고 적극적으로 판
단하기보다, 비례원칙에 위반된다는 소극적인 판단방식을 주로 택
하고 있는데,15) 이러한 판례의 소극적 판단방식은 비례원칙의 내용
이나 기준을 구체적으로 설시하지 않으면서 자신의 판단으로 실질
적으로 행정청의 판단을 대체한다는 것이다.16)

이에 더해 우리 행정소송법은 민사소송과는 구별되는 공법상의

---

12) 최정일, 독일과 한국에서의 비례원칙에 의한 행정작용의 통제, 제148회 한
국공법학회, 제12회 대법원 헌법연구회 공동 학술대회 비례원칙과 사법심
사(2009), 45면

13) 진창수, 헌법재판소 판례에 나타난 비례원칙, 제148회 한국공법학회, 제12
회 대법원 헌법연구회 공동 학술대회 비례원칙과 사법심사(2009), 23면; 김
문현, 김주환, 임지봉, 정태호 공저, 기본권 영역별 위헌심사의 기준과 방
법, 헌법재판연구 19권(2008), 90면

14) 최정일, 독일과 한국에서의 비례원칙에 의한 행정작용의 통제, 제148회 한
국공법학회, 제12회 대법원 헌법연구회 공동 학술대회 비례원칙과 사법심
사(2009), 45면

15) 김태호, 행정법상 비례의 원칙, 제148회 한국공법학회, 제12회 대법원 헌
법연구회 공동 학술대회 비례원칙과 사법심사(2009), 103면

16) 우성기, 공법상의 비례원칙: 프랑스 공법을 중심으로, 서울대학교 박사학
위논문(1994), 19-20면

특징으로서 직권심리에 대해서 규정하고 있는바(제26조), 법원은 행정소송에서 당사자의 공방으로 실체 진실이 모두 드러나지 않을 경우 적극 개입하여 실체 진실을 밝혀내어 합리적이고 적정한 재판이 될 수 있도록 할 유인을 가지고, 이에 따라 법원이 비례원칙 심사를 충실히 하다 보면, 행정청의 판단을 대체하는 방식의 사법심사를 하게 될 가능성이 있다.

나. 예컨대, 판례는 다음과 같이 설시하고 있다.

1) 원고는 건물을 신축하기 위하여 묘역에 대한 문화재현상변경 허가신청을 하였는데, 경기도지사가 '이 사건 신청지에 이 사건 건물이 건축될 경우 문화재 주변 역사문화환경을 저해할 우려가 있다'고 하며 이를 불허가하였고, 이에 대하여 원고가 '불허가처분으로 침해될 원고의 사익이 침해될 공익보다 크므로 위 불허가처분의 재량권 일탈·남용한 것이다.'며 위 불허가처분의 위법성을 다툰 사안에 대하여, 다음 〈표 2-1〉과 같이 대법원은 행정청이 내세운 형량의 추상적 타당성을 위 불허가처분으로 인한 이익과 불이익을 새로이 구체적으로 짚어 가며 형량한 연후, 위 불허가처분의 비례원칙 위반 여부를 판단하였다.17)

---

17) 대법원 2014. 7. 10. 선고 2012두9413 판결, 서울고등법원 2012. 3. 30. 선고 2011누29344 판결, 의정부지방법원 2011. 7. 19. 선고 2011구합1646 판결

〈표 2-1〉 행정청-법원의 이익·불이익 형량 차이(1)

행정청 이익·불이익 형량	법원 이익·불이익 형량
문화재 주변 역사문화환경을 저해 우려	① 묘역(문화재)의 구조, 이 사건 신청지의 위치를 고려할 때, 지형과 경관이 광범위하게 변경될 가능성
	② 신축 건물의 구조, 면적이 상당히 큰 점
	③ 허가를 할 경우, 형평성 관점에서 다른 현상변상허가가 이어져 난개발 가능성

2) 원고는 건설폐기물 중간처리(파쇄)하는 사업장을 설치할 예정이라는 내용의 건설폐기물 중간처리업 사업계획서를 제출하였는데, 부산광역시 기장군수가 '주변 생활환경 저해가 마을 주민의 수인한도를 초과할 우려가 있고, 그로 인한 주민 간의 분쟁의 우려가 있다.'고 하며18) 부적합 통보를 하였고, 이에 대하여 원고가 위 부적합 통보의 재량권 일탈·남용 여부를 다툰 사안에 대하여, 다음 〈표 2-2〉와 같이 법원은 행정청이 든 형량의 추상적 타당성을 위 부적합 통보로 인한 이익과 불이익을 새로이 구체적으로 검토하며 형량한 연후, 위 부적합 통보의 비례원칙 위반 여부를 판단하였다. 특히 대법원은 원심과도 다르게 형량하였다(다만 원심의 ③, ⑥, ⑧ 판단 부분은 법원이 독자적으로 이익·불이익을 산정·형량한 것이 아니라 행정청 판단의 타당성을 문제 삼는 것으로 보인다).19)

---

18) 이외에도 다른 처분사유가 존재하나, 여기서는 비례원칙 심사와 관련하여 위 처분사유만 다루기로 한다.

19) 대법원 2017. 10. 31.선고 2017두46783 판결, 부산고등법원 2017. 5. 12. 선고 2016누24274 판결, 부산지방법원 2016. 12. 8. 선고 2016구합23012 판결

〈표 2-2〉 행정청-법원의 이익·불이익 형량 차이(2)

행정청 형량	원심 형량	대법원 형량
주변 생활환경 저해가 마을 주민의 수인한도를 초과할 우려가 있고, 그로 인한 주민 간의 분쟁의 우려가 있음	① 사업예정지토지소유자의 승낙으로 인한 토지소유권 재산권 행사에 대한 지장 초래 가능성 없음	-
	② 국토의 계획 및 이용에 관한 법률에서 폐기물처리시설 설치를 금지하지도 않음	-
	③ 행정청은 구체적 자료 없이 안전사고 우려 판단	-
	④ 안전방지턱, 가감속차로 등으로 안전사고 위험 방지 가능	-
	⑤ 먼지·소음·진동 등은 덮개 등으로 방지 가능	-
	⑥ 행정청은 영업구역 내 생활폐기물 발생량과 변동추이 등에 대한 면밀한 검토하지 않음	-
	⑦ 사업예정지 주변의 지형을 고려하면 인근 주민에 대한 부정적 영향 초래 적음	사업예정지로부터 남쪽 100m 거리에 하천 존재, 동쪽 400m 거리에 주택 존재하고, 이격거리, 건설폐기물 내역·규모 고려 시 환경기준 유지 곤란 우려 및 인근 주면 생활환경에 수인한도 넘는 나쁜 영향 우려
	⑧ 행정청은 사업예정지 인근에 하천이 존재한다는 이외에 하천 오염가능성에 대한 객관적 기준 제시하지 않음	
	⑨ 환경부 예규에 따르면 단순 민원을 이유로 불허가 통보하여서는 안 됨	사업예정지 근처 기존 환경오염물질 고려 시, 새로운 건설폐기물 사업으로 인근 주민 수인한도 넘을 가능성 및 그로 인한 주민 간 분쟁 가능성, 사전적 규제 필요성
	⑩ 환경피해에 대한 막연한 가능성을 이유로 사업자체를 금할 수 없음	
	⑪ 사업내용이 건설폐기물법 입법목적에 부합하고, 사회·경제적 긍정적 효과 있음	-

5. 소결: 비례원칙 심사의 문제점

행정청의 재량행위에 대하여 법원은 재량하자를 심사하는데, 재량권 일탈·남용에 대하여는 특히 비례원칙 심사를 하게 된다. 비례원칙 심사의 핵심은 '어떠한 행정행위가 목적을 실현하는 데 필요하다 하더라도, 행정행위로 발생하는 불이익이 행정행위에 따라 발생하는 이익보다 큰 경우 행정행위가 발령되어서는 안 된다.'는 것인데(법익의 균형성), 비례원칙 심사를 할 경우, 이론적으로는 행정청 판단 비대체 심사에 해당하나, 실질적으로는 행정청 판단 대체 심사로 운용되고 있는 것으로 보인다.

이는 비례원칙이 법원에게 일정한 방향성을 제시할 뿐, 구체적·실체적 심사 기준과 방법을 제공하지 못함에 따라 발생하는 것인데, 법원은 행정행위로 인한 이익과 불이익의 형량(이익형량)에 대하여, 구체적 기준이나 방법에 대하여 명확히 설시하지 않은 채, 즉, 행정행위가 비례원칙에 부합한다고 적극적으로 판단하기보다, 비례원칙에 위반된다는 소극적인 판단방식을 택한 뒤, 행정청이 고려하지도 않은(적어도 고려한 것으로 보이지 않은) 행정행위로 인한 이익과 불이익을 독자적으로 고려하게 되는 문제를 발생시킬 수 있다. 이에 따라 법원에 상당한 판단의 폭이 부여되는 반면, 법원의 판단 근거·과정을 명확히 알 수 없게 될 우려가 있다.

IV. 형량명령 원칙 심사의 이론적·실질적 모습

1. 형량명령 원칙의 의의·내용 및 비례원칙과의 관계

'형량명령 원칙'이란 이익의 조정 기제이자 갈등의 해결 기제로,

자원과 권리 등 계획상 고려될 수 있는 여러 요소의 최적화된 배분을 목표로 한다.20) 형량명령 원칙 논의의 출발점이 된 독일에서는 건설법전(BauGB) 제1조 제7항을 대표적인 근거로, 공익과 사익의 상호·상간 비교형량을 하도록 한다. 여기서, 이익(Belange)은 중요한 이익(erhebliche Belange)으로 '객관적으로 경미하지 않은 것으로, 인식가능하고, 보호가치 있는 것'을 의미한다.21)

통상적 재량에는 비례원칙이, 계획재량에는 형량명령 원칙이 적용된다고 보통 이해되는데, 통상적 재량과 계획재량은 질적·양적 차이가 존재하는 것은 물론이지만22) 이를 분명히 구별하기는 용이하지 않다.23) 이에 따라 우리나라 대법원은, 종래 계획재량에 대해서도 비례원칙 심사를 하는 것으로 하였다가, 이후 2006년에 이르러서야 형량명령 원칙 위반을 독자적 위법성으로 인정하는 듯한 설시를 하였을 뿐인데(대법원 2006. 9. 8. 선고 2003두5426 판결), 여전히 판례상으로도 그 구분이 명확한 것은 아니다.

또한 형량하자 중 '형량에서의 오평가'나 '형량에서의 불균형 또는 불비례'는 비례원칙과 다름 아니므로, 형량명령 원칙을 비례원칙이 구체적으로 나타난 모습24)이라고 할 수도 있다.

따라서 이 책에서는 형량명령 원칙을 협의의 비례원칙 즉 상당성을 재차 표현한 것으로 보고 논의를 전개하기로 한다.

---

20) 최승필, 행정계획에서의 형량-형량명령에 대한 논의를 중심으로-, 토지공법연구 73집 1호(2016), 223-234면
21) Ibid, 235면
22) Ibid, 223면
23) 문병효, 규제재량과 행정법원의 통제, 공법학연구 15권 1호(2014), 228면
24) Erbguth, Abwägung als Wesensmerkmal rechtsstaatlicher Planung' die Anforderungen des Rechtsstaatsprinzips, UPR 2010, 281면;Durner, Konflikte räumlicher Planungen, Mohr Siebeck(2005), 319면[김현준, 행정계획에 대한 사법심사, 공법학연구 16권 3호(2015), 311면에서 재인용]

2. 형량명령 원칙의 구조 및 하자유형

형량명령 원칙의 구조는 ① 형량자료의 조사, ② 형량에서 고려해야 할 사항들의 형량으로의 편입, ③ 형량에 포함된 이익의 (중요성) 평가, ④ 이익들간의 비교형량의 4단계로 구분할 수 있고,[25] 이때 조사 단계에서는 '해태'(이익형량을 전혀 행하지 않음), '흠결'(형량의 고려대상에 마땅히 포함시켜야 할 사항의 누락)이 문제되고, 편입 단계에서는 '흠결'이 문제 되며, 평가 단계에서는 '오평가'(이익형량에서 고려대상이 된 이익의 중요성을 잘못 평가)가 문제되고, 형량 단계에서는 '불균형 또는 불비례'(이익형량을 하였으나 정당성 및 객관성이 결여)가 문제된다.[26]

3. 형량명령 원칙 심사의 이론적 모습: 행정청 판단 비대체 심사 방식

형량명령 원칙 이론에 따를 때, 조사, 편입 단계('해태', '흠결' 하자)는 원칙적으로 법원이 상세하게 심사할 수 있다고 하여 심사강도를 높일 수 있고, 평가, 조정 단계('오평가', '불균형 또는 불비례' 하자)는 계획주체의 계획상 형성자유를 고려하여 사법심사를 제한하여야 한다고 보고 있다. 이는 계획의 특성으로 인하여 행정청에 폭넓은 형성의 자유가 부여되기 때문이다.[27] 행정계획에 대한 사법심사는 내용 통제보다는 절차 통제에 집중함으로써 계획재량의 정당성과 객관성을 달성할 필요가 있다는 논의[28]가 있는 것은 바로 이러

25) 김현준, 행정계획에 대한 사법심사, 공법학연구 16권 3호(2015), 310면
26) Ibid, 313면
27) 최승필, 행정계획에서의 형량-형량명령에 대한 논의를 중심으로-, 토지공법연구 73집 1호(2016), 237-239면; 김현준, 행정계획에 대한 사법심사, 공법학연구 16권 3호(2015), 313-314면
28) 최승필, 행정계획에서의 형량-형량명령에 대한 논의를 중심으로-, 토지공

한 형성의 자유를 고려하여 법원의 제한적 사법심사에 대한 방편을
제시한 것으로 보인다.

현재 대법원은 "행정주체는 구체적인 행정계획을 입안·결정함에
있어서 비교적 광범위한 형성의 자유를 가지는 것이지만, 행정주체
가 가지는 이와 같은 형성의 자유는 무제한적인 것이 아니라 그 행
정계획에 관련되는 자들의 이익을 공익과 사익 사이에서는 물론이
고 공익 상호간과 사익 상호간에도 정당하게 비교교량하여야 한다
는 제한이 있으므로, 행정주체가 행정계획을 입안·결정함에 있어서
이익형량을 전혀 행하지 아니하거나 이익형량의 고려 대상에 마땅
히 포함시켜야 할 사항을 누락한 경우 또는 이익형량을 하였으나 정
당성과 객관성이 결여된 경우에는 위법하다(대법원 2006. 9. 8. 선고
2003두5426 판결)."고 하고 있어, ① 이익형량이 전혀 행하지 않은 경
우, ② 이익형량의 고려 대상에 마땅히 포함시켜야 할 사항을 누락한
경우, ③ 이익형량을 하였으나 정당성과 객관성이 결여된 경우에는
위법하다고 하고 있다.

이처럼 법원은 형량명령 원칙 심사에서도, 행정청의 판단을 대체
하는 심사 방식이 아닌 형량하자의 여부만을 심사하는 방식, 곧 행
정청의 판단이 합리적인 근거 위에서 이루어진 것인가를 심사하는
것에 그친다(행정청 판단 비대체 사법심사 방식).

4. 형량명령 원칙 심사의 실질적 모습: 행정청 판단 대체 심사 방식

가. 앞서 본 비례원칙 심사와 마찬가지로 형량명령 원칙 심사도
'이익형량의 고려 대상에 마땅히 포함시켜야 할 사항'이 무엇인지,
'이익형량을 하였으나 정당성과 객관성이 결여된 경우'가 무엇인지

에 대해서는 명확한 기준을 세우지는 못하고 있어 법원에 상당한 판단의 폭을 부여하는 반면, 법원의 판단 근거·과정을 명확히 알 수 없게 하는 문제를 야기할 우려가 있다.

　나. 주차장 판결에서도 마찬가지이다. 주차장 판결 사안에서, 서울특별시 중구청장은 노외주차장을 설치하기 위하여, 주식회사 천일로부터 '주차대수 269면 규모의 주차장(지하 3층 내지 지상 2층은 주차장, 지상 3, 4층은 근린생활시설)을 건립하는 내용으로 이 사건 사업을 추진하는 것이 적정하다.'는 내용으로 경제성 분석 보고를 받았으나, 서울특별시 투자심사위원회로부터는 '이 사건 사업지로의 진출입 현황도로가 폭 4m ~ 8m에 불과하다.'는 이유로 위 심사분석 의뢰서가 반려되자, 주차면수를 199면으로 조정하여 '적정' 통보를 받았다. 이에 따라 서울특별시 중구청장은 노외주차장 설치를 내용으로 하는 도시·군계획시설결정과 그 실시계획인가를 하였다.

　그렇다면, 위 사안에서 행정청은 오직 주식회사 천일의 경제성 분석(비용편익분석)을 근거로 위 행정행위를 하였다고 할 것인데, 이에 대하여 다음 〈표 2-3〉과 같이 대법원은 행정청의 행정행위를 실체 심사하는 한편, 행정청이 고려하지 않은 이익과 불이익을 구체적으로 검토하며 형량한 연후, 위 행정행위의 형량명령 원칙 위반 여부를 판단하였다(다만 대법원의 ⑥ 판단 부분은 법원이 독자적으로 이익·불이익을 산정·형량한 것이 아니라 행정청 판단의 타당성을 문제 삼는 것으로 보인다).

　심지어 주차장 판결의 2심에서는 '주차장 사업의 경제성 내지 효율성에 대한 판단은 보다 엄격하고 정확한 사실조사에 기초하여 이루어질 필요가 있다.'고 설시함으로써 강한 심사강도를 제시하여 여느 계획재량에 대한 심사강도와는 차별을 두고 있다. 형량명령 원칙은 계획재량에 대하여 적용되는 것으로, 행정청에게 폭넓은 형성의

자유가 부여되는 것이 그 이론적 모습임에도, 주차장 판결의 2심은
이와 같은 강한 심사강도를 제시하고 있는바, 주차장 사업을 다른
여느 행정계획에 따른 사업과 차별할 이유를 발견할 수 없는 이상,
이는 형량명령 원칙 심사가 가지는 근본적 한계, 즉 그 실체의 모호
함 때문에 일어난 일이라고 볼 것이다.

〈표 2-3〉 행정청-법원의 이익·불이익 형량 차이(3)

행정청 형량	대법원 형량
경제적 편익항목을 총계 2,154,540,000원으로 평가하면서 그 중 비금전적 편익의 '통행소음비용절감 항목' 으로 1,541,057,000원을 산입하여 이 사건 사업의 비용편익비(B/C ratio)를 1.18로 산정함으로써 이 사건 사업의 경제적 타당성이 있다	① 경제성 분석의 조사구역 설정 부당
	② 경제성 분석의 조사구역 주차수급률 산정방식 오류
	③ 통행소음비용절감 효과를 편익으로 평가하는 것은 적절하지 않고, 통행소음비용절감 항목을 제외하면 이 사건 사업의 비용편익비가 0.23에 불과하여, 이 사건 사업은 경제성이 매우 부족
-	④ 이 사건 사업부지 인근 주거조건을 고려할 때 장래 주차수요가 유의미하게 증가할 것으로 보이지 않음
-	⑤ 이 사건 주차장이 설치될 경우 그 진·출입 차량 때문에 이 사건 사업부지 인근 도로망에 자동차 통행량이 증가하여, 그로 인해 교통사고 발생 위험이 증가하고 소방차와 같은 긴급 자동차의 접근이 어려워질 것으로 예상
-	⑥ 새로 설치되는 근린생활시설이 유발하는 주차수요나 통행량 증가에 관해서는 아무런 조사나 고려가 이루어진 바 없음
-	⑦ 거주하는 주택을 수용당하여 이주하여야 하는 주민들의 사익 침해의 정도가 중함

5. 소결: 형량명령 원칙 심사의 문제점

통상적 재량에는 비례원칙이, 계획재량에는 형량명령 원칙이 적
용된다고 보통 이해되고, 통상적 재량과 계획재량은 질적·양적 차이
가 존재하나, 그 구별이 용이하지 않고, 각 원칙이 가지는 의의 또한
유사하다고 보아도 무방하므로, 이 책에서는 형량명령 원칙을 협의
의 비례원칙과 동일선상에서 논의하기로 한다.

그러나 그와 같이 해석할 경우 앞서 비례원칙 심사에서 발생한
문제점 즉, 법원에 상당한 판단의 폭이 부여되는 반면, 법원의 판단
근거·과정을 명확히 알 수 없게 될 우려가 있다는 문제는 형량명령
원칙 심사에서도 마찬가지로 발생하게 됨을 알 수 있고, 실제로 판
례를 보아도 그와 같은 문제점이 발견됨을 확인할 수 있다.

V. 판단여지(불확정개념) 문제

1. 불확정개념과 판단여지(Beurteilungsspielraum)의 의의[29]

가. 행정법학계에서는 불확정개념과 관련하여 '판단여지' 논의가
존재한다. 현대 행정은 급격한 사회 변화와 문제의 다양화에 대응하
기 위하여, 행정행위의 요건을 일의적이고 확정적으로 규정할 수 없
는바, 이에 따라 입법기술상 요건법규에 '불확정개념'을 사용하게 되

---

29) 조원경, 행정소송에서의 불확정개념에 대한 사법심사강도: 독일법, 프랑스
법, 영국법, 미국법의 비교법적 고찰을 통한 우리나라 판례의 검토, 서울
대학교 석사학위 논문(2003), 12면 이하; 서보국, 판단여지이론의 재고, 외
법논집 40권 4호(2016);최선웅, 불확정법개념과 판단여지, 행정법연구 28
권(2010) 참고

는데, '공공의 안전', '경제질서', '우려' 등이 바로 그 예이다. 이러한 불확정개념을 사용하게 되면, 어떤 사실이 위 불확정개념에 해당하는지 여부가 일의적으로 확정될 수 없는데, 이때 행정청에게 그 여부를 해석·판단할 수 있는 독자적 여지(판단여지)가 존재한다고 볼 수 있을지가 문제된다.[30] 만약 이를 인정하여야 한다면, 법원의 사법심사는 제한될 것이다.

나. 판단여지라는 개념이 독일에서 주창되었으므로 이에 대해서 간략히 살펴보기로 한다.

종래 독일에서는 불확정개념을 재량으로 파악하고, 이에 대해서는 사법심사할 수 없다는 태도를 취하다가(Urteil des BVerwG vom 10. 03. 1954, JZ 1954, S.575), 재량과 요건개념을 해석하는 작용은 구별되어야 한다는 효과재량설이 점차적으로 정립되었다.

이후 Bachof가 판단여지(Beurteilungsspielraum) 개념을 도입하여 요건부분에 대한 사법심사의 제한을 시도하였다.[31] 불확정개념이란 '경험적 개념' 또는 '가치적 개념'으로 의회가 의도적으로 이러한 개념을 통해 행정청에게 판단여지를 부여하는 경우, 행정청에게 포섭단계에 있어 판단여지를 인정하고, 사법심사를 예외적으로 제한한다는 것이다(반면 사실인정, 법 해석 부분에 대해서는 판단여지를 인정하지 않았다). Bachof는 판단여지가 인정되는 부분에 대한 사법심

---

30) 조원경, 행정소송에서의 불확정개념에 대한 사법심사강도: 독일법, 프랑스법, 영국법, 미국법의 비교법적 고찰을 통한 우리나라 판례의 검토, 서울대학교 석사학위 논문(2003), 19-22면

31) Otto Bachof, Beurteilungsspielraum, Ermessen und unbestimmter Rechtsbegriff im Verwaltungsrecht, JuristenZeitung(1955), 97-102면[조원경, 행정소송에서의 불확정개념에 대한 사법심사강도: 독일법, 프랑스법, 영국법, 미국법의 비교법적 고찰을 통한 우리나라 판례의 검토, 서울대학교 석사학위 논문(2003), 13-15면에서 재인용]

사는 그 한계가 준수되었는지 여부에 대하여 사후적인 심사가 이루
어져야 한다고 보았고, 판단여지와 재량이 구별되는 이상, 재량하자
심사와는 다르다고 하였다. 이러한 Bachof의 이론이 현재 독일의 판
단여지 이론의 대세적 입장이다.

　Ule는 사실적·서술적 불확정개념과 규범적 불확정개념을 구별하
면서, 후자에 대해서만 행정청의 가치판단·평가가 개입되므로 판단
여지가 인정되고, 법원이 이를 대체할 수 없다고 하였다[대체가능성
이론(Vertretbarkeitslehre)].[32] 또한 Schmidet Aßmann은 의회가 행정청
에게 실체법을 통해 최종적 판단권을 행정청에게 유보한 경우에만
사법심사가 제한된다고 하였다(법 문언이 명백하지 않은 경우 의도
를 찾을 방법은 과제이다)[규범수권이론(normative Ermächtigung-
slehre)].[33]

　요약건대, 판단여지란 요건 분야의 불확정개념에 대한 행정의 최
종판단권을 의미하는데, 포섭의 단계에서 판단여지가 인정되는 경
우 사법심사가 원칙적으로 제한된다는 것이 현재 독일의 판례와 학
계 다수설의 입장이다.

---

32) CH Ule, Zur Anwendung unbestimmter Rechtsbegriffe im Verwaltungsrecht,
　　Gedächtnisschrift für Walter Jellinek, München(1955)[조원경, 행정소송에서의
　　불확정개념에 대한 사법심사강도: 독일법, 프랑스법, 영국법, 미국법의 비
　　교법적 고찰을 통한 우리나라 판례의 검토, 서울대학교 석사학위 논문
　　(2003), 15-16면에서 재인용]
33) Eckhard Pache, Tatbestandliche Abwägung und Beurteilungsspielraum, Mohr
　　Siebeck(2001) S.69-76; BVerfGE 49, 89; 61, 82; BVerwGE 72, 300[조원경, 행
　　정소송에서의 불확정개념에 대한 사법심사강도: 독일법, 프랑스법, 영국
　　법, 미국법의 비교법적 고찰을 통한 우리나라 판례의 검토, 서울대학교 석
　　사학위 논문(2003), 16-17면에서 재인용]

2. 판단여지가 인정되는 영역 및 인정 근거

가. 판단여지가 인정되어 온 영역은, 대체로 ① 공무원에 대한 평정, 시험에 있어서의 평가 등과 같은 행정청에 의해 행하여질 필요가 있고, 그 판단을 법원이 대체하기 어려운 영역(비대체적 영역)34), ② 고도로 전문적이고 특수한 기술적 사실이나 미래의 사실을 예측·판단하는 영역과 같이 판단자의 가치판단이 개입하는 영역(미래예측적·정책적 영역)35), ③ 행정청이 독립 기관으로서 중립적 절차에 따라 판단하는 영역(구속적 가치평가 영역)36) 등이다.

나. 행정청의 판단여지를 인정하는 근거는 다음과 같다. 즉, ① 헌법적 차원에서는, 권력분립 원리상 의회에 인정되는 형성의 자유가 제시된다. 의회는 스스로 명확히 규정을 하지 않고 그 판단권을 행정에게 부여할 수 있다는 것이다. ② 기능론적 차원에서는, 행정이 전문성을 지니고 있으므로 법원보다 더 효과적으로 기능할 수 있다는 점이다. ③ 절차적 차원에서는, 기본권 등이 제대로 지켜지고, 행정청의 독립성·중립성이 법원과 유사한 정도로 보장된다면, 이러한 절차를 법원에서 다시 반복할 필요가 없다는 점이다.

그러나 판단여지를 인정한다 하더라도 그 한계를 벗어났는지 여부에 대해서는 사법심사가 가능하다고 한다. 판단여지를 인정할 수 있는 근거가 마련되어 있는지, 사실확정은 온전히 이루어졌는지, 중요한 고려요소는 모두 검토되었는지, 합리적 형량은 이루어졌는지 등을 심사할 수 있다고 한다.

---

34) BVerwGE 8, 272, 272 ff.
35) BVerwGE 300, 314.
36) BVerwGE DVBI. 1995, S.516f, BVerwGE 338, 340f.

3. 우리나라에서의 판단여지 인정 여부

가. 우리나라 학설은 행정행위 요건 부분에 불확정개념이 사용된 경우, ① 판단여지를 효과재량과는 구별되는 개념으로 인정할 것인지, ② 아니면 요건부분에 대한 행정의 '인식의 자유'와 효과부분에 대한 행정의 '결정 및 선택의 자유'를 모두 '재량'으로 통합적으로 이해할 것인지 견해가 나뉘었다.[37]

나. 그러나 판례는 판단여지와 재량을 구분하지 않고, 판단여지를 재량에 포섭하여 이해하고 있다. 즉, 일정한 경우 불확정개념의 포섭 문제에 있어 행정의 재량을 인정하고, 법원이 이를 존중하는 형태의 판결을 내리고 있다. 이는 우리나라의 경우 독일과 달리 요건부분에 대하여 전면적으로 재량을 부정하고 있지 않기 때문에, 굳이 판단여지 개념을 인정할 필요는 없기 때문이다.

예컨대, 판례는 국토의 계획 및 이용에 관한 법률이 정한 용도지역 안에서의 건축허가는 건축법에 의한 건축허가와 국토의 계획 및 이용에 관한 법률의 개발행위허가의 성질을 아울러 갖는 것으로 보아야 할 것인데, 개발행위허가는 허가기준 및 금지요건이 불확정개념(예: 주변 환경이나 경관과 조화, 환경오염·생태계파괴·위해발생 등이 발생할 우려가 없는 경우 등)으로 규정된 부분이 많아 그 요건에 해당하는지 여부는 행정청의 재량판단의 영역에 속한다고 본다. 그러므로 그에 대한 사법심사는 원칙적으로 재량권의 일탈이나 남용이 있는지 여부만을 대상으로 하고, 사실오인과 비례·평등의 원칙 위반 여부 등이 그 판단 기준이 된다고 하고 있다.[38]

---

37) 각 견해에 대해서는, 조원경, 행정소송에서의 불확정개념에 대한 사법심사강도: 독일법, 프랑스법, 영국법, 미국법의 비교법적 고찰을 통한 우리나라 판례의 검토, 서울대학교 석사학위 논문(2003), 90-93면 부분을 참조

다. 사견으로는, 판례의 태도와 같이, 판단여지를 군이 설정할 필요 없이 요건부분에 대한 행정청의 해석의 자유를 '요건재량'으로, 효과부분에 대한 행정청의 결정 및 선택의 자유를 '효과재량'으로 파악하면 충분하다고 본다.[39] 독일에서는 불확정개념으로 된 요건부분에 대하여 행정청의 재량을 부정하고 원칙적으로 완전한 심사강도의 사법심사를 인정하는 효과재량설이 확립되어 있었으므로 재량과는 본질이 다른 개념으로서 요건부분에서 판단여지라는 개념이 필요했지만, 우리나라는 요건부분에서 행정청의 재량을 부정하는 이론이 확립되어 있지 않으므로, 판단여지라는 개념이 반드시 필요하지는 않기 때문이다.[40]

4. 소결: 판단여지 인정 여부 및 존중 법리의 문제점

가. 판례의 태도와 같이 판단여지를 인정하지 않고, 이를 재량으로 포섭하여 이해할 경우, 행정청의 불확정개념 해석에 대한 사법심사는, 결국 앞서 본 재량권 일탈·남용 심사 방식, 특히 비례원칙 심사, 형량명령 원칙 심사로 귀결된다.

나. 판단여지를 인정하든 그렇지 않든, 판단여지가 인정되어 온 영역 즉, ① 비대체적 영역, ② 미래예측적·정책적 영역, ③ 구속적 가

---

38) 대법원 2017. 3. 15. 선고 2016두55490 판결
39) 박정훈, 행정소송의 기능과 구조: 행정소송실무를 위한 방법론적 각성, 사법연수원 특별실무법관연수(2003), 32면[유제민, 독립규제위원회의 판단에 대한 사법심사 기준 및 강도에 관한 연구, 서울대학교 박사학위 논문(2019), 168면에서 재인용]
40) 조원경, 행정소송에서의 불확정개념에 대한 사법심사강도: 독일법, 프랑스법, 영국법, 미국법의 비교법적 고찰을 통한 우리나라 판례의 검토, 서울대학교 석사학위 논문(2003), 95-96면

치평가 영역 등에 대해서는, 행정청의 규제(행정행위)에 대한 심사 강도를 낮출 필요가 있고, 실제로 법원은 그렇게 하고 있다.[41] 따라서 이 부분에 대해서 법원은 행정청의 판단을 대체하지 않고, 존중하는 심사 방식(행정청 판단 비대체-존중 심사 방식)을 채택하고 있다고 볼 것이다.

예컨대, 대법원은 의료·보건, 문화재 보호 등과 같은 전문적·기술적 판단 영역에 대하여는, 행정청의 판단을 "가능한 존중" 또는 "특별한 사정이 없는 한 존중"하여야 한다고 하고, 민법상 비영리법인 설립허가, 고위공무원의 정책적 판단, 산업에 대한 구체적 규제결정 등과 같은 정책적·미래예측적 판단 영역에 대하여는 행정청에 "폭넓은 재량이 인정된다."거나 행정청의 판단이 "폭넓게 존중될 필요가 있다."고 하며 도시계획 등과 같은 계획재량 영역에 대하여는 행정청이 "광범위한 형성의 자유"를 가진다거나 "상당한 재량"이 인정된다고 하고, 시험, 합격자 선정, 승진임용 등과 같은 비대체적 결정 영역에 대하여는 "폭넓은 재량의 영역", 행정청의 판단의 "당부를 심사하기에는 적절하지 않음"이라고 한다.

이에 따라 최근 대법원은 이러한 사안에서 하급심이 '행정행위가 비례원칙에 위반되어 재량권 일탈·남용이 있어 위법하다.'고 판단한 사안에 대하여, 행정청의 재량판단은 내용이 현저히 합리적이지 않거나 상반되는 이익이나 가치를 대비해볼 때 형평이나 비례원칙에 뚜렷하게 배치되는 등의 사정이 없는 한 폭넓게 존중될 필요가 있다고 하며, 하급심판결을 파기하는 일련의 판결을 하여 왔다.[42][43]

---

41) 유제민, 독립규제위원회의 판단에 대한 사법심사 기준 및 강도에 관한 연구, 서울대학교 박사학위 논문(2019), 172-180면(이 논문에서는 그 영역을 전문적·기술적 판단 영역, 정책적·미래예측적 판단 영역, 계획재량 영역, 비대체적 결정 영역으로 표현한다); 임성훈, 불확정법개념의 해석·적용에 대한 사법심사에 관한 연구 : 한국·미국·독일법의 비교를 중심으로, 서울대학교 박사학위 논문(2012), 73-81면

다. 이와 같이 판단여지가 인정되어 온 영역에 대하여 법원이 행정청 판단 비대체-존중 심사 방식을 취하는 것에 대하여는 신중히 접근할 필요가 있다. 이는 행정청의 전문성에 대한 실증적 검토가 선행되어야 될 뿐만 아니라 행정청-법원 간 역학관계 하에서 법원의 역할과 기능에 대한 고민이 선행되어야 할 문제이다. 이러한 점에 대한 깊이 있는 고민이 없고, 법원이 행정청의 판단을 존중하는 합당한 근거에 대한 충분한 검토가 없는 채, 단지 판단여지가 인정되어 온 영역이라는 이유만으로 법원이 행정청 판단 비대체-존중 심사 방식을 채택하게 된다면, 자칫 법원이 행정청의 판단을 평면적·형식적으로 심사하게 될 우려가 있다.

VI. 비례원칙 심사·형량명령 원칙 심사와 비용편익분석의 관계

1. 약식 비용편익분석과의 관계

앞서 보았듯, 비례원칙 심사·형량명령 원칙 심사는 결국 '행정행위에 따라 발생하는 이익이 행정행위로 발생하는 불이익보다 커야 한다.'는 이익형량을 핵심으로 한다. 그런데 위 이익, 불이익 개념을 경제적 표현으로 치환하면, 비례원칙과 형량명령 원칙은 '규제로 인한 편익이 규제로 인한 비용보다 큰 경우 규제가 발령되고, 그러한 규제가 선택된다.'는 비용편익분석과 일맥상통하게 되고, 특히 정성

---

42) 대법원 2016. 10. 27. 선고 2015두141579 판결, 대법원2017. 3. 15. 선고 2016두155490 판결, 대법원2017. 10. 31. 선고 2017두146783 판결
43) 임성훈, 행정에 대한 폭넓은 존중과 사법심사 기준, 행정법연구 52호 (2018), 163면

적 관점에서 비용과 편익을 인식하는 약식 비용편익분석의 경우 비례원칙과 형량명령 원칙은 그 태도가 거의 유사하게 된다.

따라서 만약 행정청이 약식 비용편익분석을 실시하고, 법원이 이를 심사대상으로 삼은 경우, 법원이 약식 비용편익분석을 비례원칙 심사·형량명령 원칙 심사 방식으로 사법심사하는 것은 별다른 무리가 없고, 약식익분석에 대하여 별도의 사법심사 기준 및 방법을 정립할 필요성은 크게 느껴지지 않는다.

2. 정식 비용편익분석과의 관계

문제는 행정청이 정식 비용편익분석을 실시하였을 때이다. 행정청이 비용과 편익을 정량화·화폐가치화하여 수치로 인식하고 표현하였는데(정식 비용편익분석), 법원이 채택한 심사 방식이 비례원칙 심사·형량명령 원칙 심사에 머물러 있게 되는 경우에는, 정량적 심사대상을 정성적으로 평가하게 되는 문제가 발생하게 된다.

4대강 판결, 주차장 판결에서 해당 문제를 분명히 발견할 수 있다. 각 판결은 행정청이 실시한 정식 비용편익분석에 대하여 그 수치를 정량적으로 검토하려는 일응의 노력을 하였다. 4대강 판결은 예비타당성 조사의 편익/비용 비율과 계층화분석(AHP) 지표가 양호함을 확인하였고, 주차장 판결은 통행소음비용절감 효과를 편익으로 평가할지 여부를 판단하는 한편 이에 따른 편익/비용 비율을 계산하였다.

그러나 이러한 노력에도 불구하고, 법원은 결국 행정청의 정식 비용편익분석에 대한 심사를 정성적 심사 방식을 취하는 형량명령 원칙 심사로 통합하였는데, 이러한 심사 방식은 법원이 정식 비용편익분석에 대하여 별도의 심사 기준을 정립하지 않고 있음을 나타내고, 나아가 정식 비용편익분석이 가지는 독자적 의미(정량화·화폐가치화)

를 상당히 축소시키는 문제를 발생시킴은 앞서 살펴본 바와 같다.

따라서 비례원칙 심사·형량명령 원칙 심사는 약식 비용편익분석과 친할 뿐, 정식 비용편익분석과 친하지 않다고 할 수 있고, 정식 비용편익분석을 사법심사 대상으로 삼는 이상, 정식 비용편익분석의 특성(정량화·화폐가치화)을 고려하기 위하여는 비례원칙 심사·형량명령 원칙 심사와 구별되는 심사 기준을 마련할 필요성이 발생한다는 지적이 가능하다.

제4절 소결: 우리나라 법원의 비용편익분석에 대한 사법심사의 문제점

4대강 판결과 주차장 판결에서 보듯, 우리나라 법원의 비용편익분석에 대한 사법심사는 비례원칙 심사·형량명령 원칙 심사 방식으로 이루어진다. 그리고 이는 다음과 같은 두 가지 문제를 발생시킨다.

첫째, 현재 우리나라 법원의 비례원칙 심사·형량명령 원칙 심사는 아직 정돈되지 않은 상태이다. 앞서 살펴본 현재 우리나라 법원의 비례원칙 심사 또는 형량명령 원칙 심사는 다음 〈그림 1〉과 같은 구조를 가진다. 즉, 이론적으로는 행정청 판단 비대체 심사 방식이나, 이익·불이익 형량의 정의 이념과의 연관성에 따라 법원의 주관이 개입될 소지가 큰 점, 직권심리를 하도록 하는 행정소송법의 태도, 법원이 취하고 있는 논증 구조 등으로 인하여 실질적으로는 행정청의 판단을 대체하는 심사 방식(행정청 판단 대체 방식)을 취한다고 보인다. 그리고 이는 법원에 상당한 판단의 폭을 부여하는 반면, 법원의 판단 근거·과정을 명확히 알 수 없게 하는 문제를 야기할 우려가 있다.

한편, 우리나라 법원은 비대체적 영역, 미래예측적·정책적 영역, 구속적 가치평가 영역 등에 대해서는 행정청의 판단을 존중하는 방향으로 그 심사 강도를 낮춘다. 이를 통해 법원은 위 각 영역에 대하여는 실질적으로도 행정청의 판단을 대체하지 않고, 나아가 존중하는 방식의 사법심사(행정청 판단 비대체-존중 방식)를 채택하는 결과가 된다. 그러나 이는 자칫 법원에게 별다른 고민이나 검토 없이 행정청의 판단을 받아들이게 하는 결론을 도출할 수 있어, 평면적·형식적 심사에 그치게 할 우려가 있다.

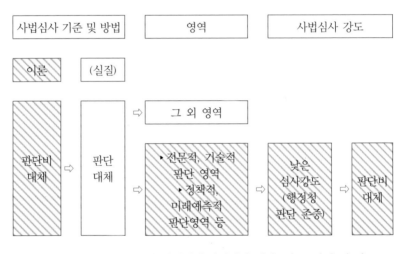

〈그림 1〉 재량판단에 대한 사법심사(비례원칙 심사) 기준, 방법 및 강도

요컨대, 위와 같은 비례원칙 심사·형량명령 원칙 심사에는, 그 구조적·운용적 문제점 곧, 행정청의 비용편익분석에 대하여 전면적으로 재심사를 하는 강도 높은 심사를 하는 하나의 극단적 심사 방식이 가능하거나, 행정청의 판단에 대하여 일단 고무 도장(rubber-stamp)을 찍는 방식의 또 하나의 극단적 심사 방식이 가능하다는 문제점이 확인된다.

둘째, 비례원칙 심사·형량명령 원칙 심사는 규제의 이익·불이익에 대한 질적·정성적 평가여서 약식 비용편익분석과 친하고, 비용과 편익을 정량화하는 정식 비용편익분석에는 적합하지 않다. 따라서 비례원칙 심사·형량명령 원칙 심사 방식으로 비용편익분석을 심사하려는 우리나라 법원의 심사 방식은 정식 비용편익분석의 특성(정량화, 화폐가치화)을 깊이 고민하지 못한다는 비판이 가능하다.

따라서 이러한 문제점을 극복하기 위하여 현재 우리나라의 비용편익분석에 대한 심사 태도를 명확히 정립할 필요가 있다고 할 것이다. 이를 위하여 다음 제3장에서는 심사대상으로서 비용편익분석의 특성을 검토하고, 사법심사의 필요성·타당성·가능성을 확인하기로 한다.

제3장
비용편익분석의 의의·특성 및 사법심사 필요성·타당성·가능성

제1절 개관

제2장에서는 우리나라 법원의 비용편익분석에 대한 사법심사가 가지는 문제점을 확인해보았다. 이와 같이 정돈되지 않은 비용편익분석에 대한 사법심사 기준 및 방법을 정립하고자 하는 것이 이 책의 최종 목표인데, 이를 위해서는 우선, 사법심사의 대상으로서 비용편익분석이 가지는 의의·특성과 그를 통해 파악할 수 있는 사법심사 필요성·타당성·가능성을 살펴볼 필요가 있다.

따라서 이 장에서는 일반적으로 이해되는 비용편익분석에 대하여 간략히 소개하고(제2절), 비용편익분석에 대한 전통적 비판론의 요체와 그에 대한 비용편익분석의 대응을 살펴본 뒤(제3절), 비용편익분석을 사법심사하는 것이 필요한지, 타당한지, 가능한지를 순차 검토해보기로 한다(제4절).

제2절 비용편익분석에 대한 간략한 소개

I. 의의 및 이론적 배경

1. 의의

비용편익분석은 한정된 자원을 효율적으로 분배함을 목표로 규제로 인한 편익이 비용보다 더 큰 경우에만 그 규제를 정당화시키

고, 가장 많은 순 편익을 발생시키는 규제안을 선택하게 하는 의사
결정수단이다. 즉, 비용편익분석은 규제로 인한 모든 비용과 편익을
고려하고 이를 정량화하여 화폐가치화한 연후 이를 형량하는 과정
을 거치는바, 이를 통해 정책 의사결정자들에 대하여 질 높고 객관
적인 정보를 제공하여 비효율적 규제를 방지 또는 철폐하거나 다양
한 대안 중에서 상대적으로 더 높은 경제적 효율성을 가져다줄 수
있는 규제를 선택하게 하는 역할을 수행한다. 요컨대, 비용편익분석
은 경제적 합리성을 추구하는 의사결정수단이라고 할 수 있다.

2. 이론적 배경: 칼도-힉스(Kaldo-Hicks) 기준[1]

비용편익분석은 공학보다는 경제학에서 비롯되었다고 할 수 있
는데, 현대적 형식의 비용편익분석은 Vilfredo Pareto에 의해 세워지고,
Nicholas Kaldor에 의해 정립된 이론 및 시장주의에 기초하고 있다.

Vilfredo Pareto가 세운 파레토 최적(Pareto Optimum)의 개념은 대
체로 다음과 같이 이해된다. '자원배분이 변경됨에 따라 재화 및 용
역의 내용이 달라지게 되는 경우, 개인간 소득 분배도 달라지는데,
이때 효용이 감소된 사람이 없는 반면 적어도 일부의 사람에게는 효
용의 향상이 있다면, 이는 전체적으로 경제에서 자원이용의 효율성
이 개선되었다고 볼 수 있다. 요컨대, 어떤 사람의 효용을 줄이지 않
으면서 어떤 사람의 효용을 증가시킬 수 없도록 자원이 배분되어 있다
면, 그 자원배분의 상태는 파레토 최적(Pareto Optimum) 상태에 있다.'

그러나 투표 상황에서 만장일치의 원칙이 유용하지 않듯, 파레토
최적 또한 실제 상황에서 활용하기란 쉽지 않다. 현실경제에서 한

---

1) Richard Zerbe, The Legal Foundations of Cost-Benefit Analysis, 2 Charleston
   Law Review 93 (2007), 103면; 오정일, 비용편익분석의 유용성에 관한 이론
   적 검토, 정책분석평가학회회보, 22권 1호(2012), 36-39면

사람의 효용을 증대시킬 경우, 다른 사람의 효용을 감소시키는 경우가 보통이기 때문이다.

이에 Nicholas Kaldor가 칼도-힉스(Kaldo-Hicks) 기준을 제시한다. 칼도-힉스 기준은 다음과 같이 이해된다. '공동체 전원의 동의를 얻는 정책결정은 거의 불가능하므로, 정책목표는 정치체에 의해 주어진 것으로 받아들이고, 목표를 이룰 수 있는 수단에 대해 효율성 기준을 제시하는데, 효율성 기준이란 채택되는 규제로 인해 얻을 수 있는 총 편익이 총 비용을 초과하여야만 한다는 것이다.'2) 위 기준은 정부의 규제로 인하여 마이너스(-)의 순 편익을 얻게 되는 피규제자를 보상하기에 충분한 편익이 발생한다면, 사회 전체적으로는 효율적이라는 결론에 이르게 한다.3) 그리고 이 개념이 바로 비용편익분석이 추구하는 목표 및 비용편익분석이 규제의 의사결정도구로서 사용되는 취지와 부합하게 된다.

그러나 이와 같은 총 편익(구체적으로는 개인의 지불용의액의 합)을 순 편익으로 간주하는 것은 필연적으로 재분배를 전제한다. 칼도-힉스 기준의 가장 큰 문제점은 보상의 가능성이 실현되지 않을 경우, 사회가 개선되었다고 볼 수 없게 된다는 것이다.

비용편익분석이 비롯된 이와 같은 이론적 배경을 이해할 때, 경제적 합리성과 효율성을 추구하는 의사결정도구로서의 비용편익분석이 가지는 의미를 보다 명확히 이해할 수 있다.

---

2) Richard Zerbe, The Legal Foundations of Cost-Benefit Analysis, 2 Charleston Law Review 93 (2007), 103-104면; 조홍식, 민주주의와 시장주의, 법학, Vol.45, No.4(2004), 381-382면
3) 구현우, 정책결정의 선택논리, 행정논총 제55권 제4호(2017), 278면

Ⅱ. 유형

1. 약식-정식 비용편익분석

가. 비용편익분석은 약식(informal)-정식(formal)으로 분류할 수 있다. 이때 약식-정식은 요구되는 ① 비용, 편익의 정량화 정도, ② 비용, 편익의 형량 정도, ③ 규제 대안 수 수준에 따라 연속적 스펙트럼에서 다양한 모습으로 표현될 수 있는데, 이를 그림으로 나타내면 다음 〈그림 2-1〉, 〈그림 2-2〉, 〈그림 2-3〉과 같다.[4]

보통 비용편익분석이란 정식(formal) 비용편익분석을 기본으로 하면서, 그 한계를 보완하는 형태의 것을 말하고[5], 우리나라의 규제영향분석, 예비타당성조사에서 사용하는 비용편익분석 또한 정식(foraml) 비용편익분석을 지칭하므로, 이하에서는 별다른 표시가 없는 한 '정식 비용편익분석'을 기준으로 논의를 진행하기로 한다.

한편, 이 책에서는 약식-정식 비용편익분석의 핵심적 분별점을 '비용, 편익의 정량화 정도'에 있다고 보고 있으므로, 이하에서 약식-정식 비용편익분석은 이 기준에 따라 지칭하는 것으로 한다. 이에 따르면 약식 비용편익분석은 단지 질적·정성적 분석에 그치기에, 일반적 가이드라인 이상의 의미를 가지기는 어렵다. 반면 정식 비용편익분석은 수치와 수학적 계산에 의지하므로 정교한 답을 준다.

---

4) Sinden, Amy, Formality and Informality in Cost-Benefit Analysis, 2015 Utah Law Review 93(2015), 108-110면
5) Richard A. Merrill, Risk-Benefit Decisionmaking by the Food and Drug Administration, 45 GEO. WASH. L. REV. 994(1977), 996면

⇐ INFORMAL	FORMAL ⇒

질적분석	⋯	부분적 화폐가치화	⋯	'중요' 비용/편익 정량화/화폐가치화	⋯	모든 비용/편익 정량화/화폐가치화

〈그림 2-1〉 약식-정식 비용편익분석의 비용, 편익 산정 스펙트럼

⇐ INFORMAL	FORMAL ⇒

대략적 비교	⋯	손익분기점 비교		편익〉비용 확인	⋯	한계편익=한계비용 지점을 확인

〈그림 2-2〉 약식-정식 비용편익분석의 비용, 편익 형량 스펙트럼

⇐ INFORMAL	FORMAL ⇒

대안 1개	⋯	대안 여러개	⋯	많은 다른 대안	⋯	매우 많은 다른 대안

〈그림 2-3〉 약식-정식 비용편익분석의 규제 대안 수 스펙트럼

나. 비용편익분석의 실시가 행정청의 절차적 의무라는 측면에서, 약식-정식 비용편익분석은 절차법적 측면에서 어떻게 구별되는지를 파악하는 것도 중요한 논점이 될 수 있다.[6] 그러나 비용편익분석이

---

6) 비용편익분석의 실시가 행정청의 절차법적 의무라고 보는 문헌에 대하여 는, Jacob Gersen & Adrian Vermeule, Thin Rationality Review, 114 MICH. L. REV. 1355 (2016), 1376면; James D. Cox & Benjamin J. C. Baucom, The Emperor Has No Clothes: Confronting the D.C. Circuit's Usurpation of SEC

절차적 의무인지, 실체적 의무인지도 논란이 될 수 있고, 정식 비용
편익분석이 약식 비용편익분석과 구별되는 핵심 특성은 정량화라고
할 것이고, 이러한 정량화는 행정청의 실체적 판단에 따른 결과물이
라고 할 것이라는 점에 비추어 비용편익분석은 규제 발령 또는 선택
의 실체에 해당한다고 볼 수도 있는 점,[7] 이에 따라 이 책은 행정청
이 실시한 비용편익분석의 실질적 내용에 대하여 법원이 실체적 심
사를 할 수 있는지, 한다면 어떻게 해야 하는지를 주된 논의 대상으
로 삼고 있는 점 등을 고려하여, 절차법적 측면에서의 약식-정식 비
용편익분석 분별은 논의하지 않기로 한다.

다. 비용편익분석에 대하여 행정청이 실시하는 정도와 법원이 요
구하는 정도가 서로 다를 수 있다. 이때 행정청이 실시하는 비용편
익분석은 법원이 요구하는 비용편익분석의 수준과 같거나 그 수준
보다 높아야만 적법하다고 할 것이다. 예컨대, 법원이 행정청에 정식
비용편익분석을 요구하면 행정청은 정식 비용편익분석을 실시하여
야 하는 것이고, 약식 비용편익분석을 요구하면 행정청은 약식 또는
정식 비용편익분석을 실시하여야 할 것이다. 다만 행정청이 법원의

Rulemaking Authority, 90 TEX. L. REV. 1811 (2012), 1829면; Cass R. Sunstein,
Cost-Benefit Analysis and Arbitrariness Review, 41 HARV. ENVTL. L.REV. 1
(2017), 16면 등 참조. 이는 특히 미국에서 문제가 되는데, 연방대법원에 따
르면 행정청에게 절차형성의 재량을 인정하고 법원이 절차적 요건을 부가
할 수는 없는데[Vermont Yankee 판결(435 U.S. 519 (1978), 523)], 법원이 행
정청에게 정식 비용편익분석을 요구하는 것은 행정절차법(APA)에 규정되
지 않은 새로운 절차를 부과하는 것이므로 위 법리에 반하는 결과가 발생
한다.

7) Catherine M. Sharkey, State Farm with Teeth: Heightened Judicial Review in
the Absence of Executive Oversight , 89 N.Y.U. L. REV. 1589 (2014),
1613-1614면; Jonathan S. Masur & Eric A. Posner, Cost-Benefit Analysis and
the Judicial Role, 85 U. CHI. L. REV. 935 (2018), 941-942면

요구 정도보다 더 높은 수준의 비용편익분석을 실시한 경우, 예컨대 행정청이 스스로 약식 비용편익분석을 넘어 정식 비용편익분석을 실시하였을 때, 법원이 행정청의 정식 비용편익분석을 심사할 수 있는지에 대해서는 추가적인 논의가 필요하다.

2. 그 외의 분류방식

이외에도 비용편익분석은 실질적-금전적 비용편익분석으로도 나눌 수 있고, 내부적-외부적 비용편익분석, 직접적-간접적 비용편익분석, 무형적-유형적 비용편익분석으로도 구별할 수 있으나, 이 책은 비용편익분석의 정량화·화폐가치화라는 특성에 주목하여, 위 특성이 요구되는 정도에 따라 구별되는 약식-정식 비용편익분석 분류에 주목하기로 한다.

Ⅲ. 내용

1. 분석기법

가. 현금흐름할인법(Discount Cash Flow Method)

현금흐름의 시간적 가치를 반영하지 않을 경우 계산이 쉽고 적용이 용이한 장점이 있으나, 현재와 미래의 가치 차이를 고려할 수 있는 현금흐름할인법이 주로 사용된다. 대체로 아래와 같이 편익/비용 비율, 순현재가치, 내부수익률을 구하는 방식을 취한다.

나. 편익/비용 비율(Benefit Cost Ratio: B/C ratio)[8]

규제에 따른 총편익과 총비용을 할인하여 현재가치로 환산한 뒤 각 금액을 비율 형태로 나타내는 방식이다. 보통 '편익/비용 비율≥1' 이면 경제성이 확보된다고 한다.

편익/비용 비율은 생산성 내지 효율성 관점에서 경제성을 반영하지만, 규제로 발생하는 순 편익의 규모를 고려하지는 않는다. 따라서 대안 1보다 편익/비용 비율이 낮지만 더 큰 순 편익을 발생시킬 수 있는 대안 2를 선택하지 않을 수 있는 가능성이 있는 문제가 있다. 즉, 아래에서 볼 순현재가치법과 상이한 결과가 발생할 수 있다.

〈표 3-1〉 편익/비용 비율 계산식

$$\text{편익/비용 비율}(B/C) = \sum_{t=0}^{n} \frac{B_t}{(1+r)^t} / \sum_{t=0}^{n} \frac{C_t}{(1+r)^t}$$

B_t : t년도의 편익, C_t : t년도의 비용, r : 할인율, n : 분석기간

다. 순현재가치(Net Present Value: NPV)[9]

규제에 따른 총편익과 총비용을 할인하여 현재가치로 환산한 뒤 총편익에서 총비용을 공제한 나머지, 즉 순 편익을 구하는 방식이다. 보통 '순현재가치≥0'이면, 경제성이 있다는 의미로 해석한다.

---

8) 예비타당성조사 수행 총괄지침 제47조 제1호
9) 예비타당성조사 수행 총괄지침 제47조 제2호

〈표 3-2〉 순현재가치 계산식

$$\text{순현재가치}(NPV) = \sum_{t=0}^{n} \frac{B_t}{(1+r)^t} - \sum_{t=0}^{n} \frac{C_t}{(1+r)^t}$$

라. 내부수익률(Internal Rate of Return: IRR)[10]

규제에 따른 총편익을 현재가치로 환산한 값과, 규제에 따른 총
비용을 현재가치로 환산한 값이 같아지는 할인율(R)을 구하는 방식
이다. 보통 '위 할인율(내부수익률)≥사회적 할인율'이면 경제성이 있
다고 판단한다.

〈표 3-3〉 내부수익률 계산식

$$\text{내부수익률}(IRR) : \sum_{t=0}^{n} \frac{B_t}{(1+R)^t} = \sum_{t=0}^{n} \frac{C_t}{(1+R)^t}$$

R : 할인율

2. 사회적 할인율 설정

현금흐름의 시간적 가치를 반영할 수 있도록 사회적 할인율을 설
정할 필요가 있다. 총편익과 총비용을 현재가치로 환산하는 할인율
은 국가, 경제 상황, 적용대상(부문) 등 여러 고려요소에 따라 달라질

---

10) 예비타당성조사 수행 초괄지침 제47조 제3호

수 있다.

우리나라 예비타당성조사 수행 총괄지침에 의하면, 원칙적으로 4.5%를 적용하되, 분석기간이 30년 이상인 철도와 수자원 사업은 운영 30년 동안은 4.5%를 적용하고 이후는 3.5%의 할인율을 적용하도록 규정하고 있다(제50조 제1항). 다만 경제 및 사회여건 변화 등을 고려하여 매 3년마다 조정을 검토하도록 되어 있다(제50조 제2항).

3. 세금 등 이전지출 처리, 분석기준·분석기간, 잔존가치 처리

비용편익분석을 함에 있어, 세금 등 이전지출은 국가 재원에 영향을 주는 요소는 아니므로 이를 비용으로 고려하지 않는다.

또한 모든 편익과 비용을 동일한 시점을 기준으로 할인하고(예: 규제년도의 전년도 말), 각 규제의 성격에 따라 분석기간을 다르게 적용한다. 우리나라 예비타당성조사 수행 총괄지침에 의하면, 각 사업별로 분석기간이 다르게 설정되어 있다(예: 도로·공항·항만·의료시설 부문 및 기타 대규모 건설사업의 경우 30년, 철도사업의 경우 40년, 수자원사업의 경우 50년 등).

한편 잔존가치를 분석 최종연도의 비용에서 공제할 필요가 있다. 예컨대, 도로를 설치한 경우 약 15년 후에는 재포장을 할 필요가 있는데, 이때 재투자비는 별로 필요하지 않고 매년 유지비·운영비만 필요할 뿐이다. 따라서 도로의 경우 용지보상비 중 용지구입비를 잔존가치로 고려할 수 있고, 비용편익분석을 할 때 용지구입비를 비용에서 공제하면 된다.

4. 민감도 분석

불확실성에 대응하기 위하여 비용편익분석 시 민감도 분석

(sensitivity analysis)을 하게 된다. 즉, 향후 발생할 수 있는 여러 변동 상황이 어떠한 영향을 가지는지를 분석하는 것이 바로 민감도 분석이다. 이를 통해 특정 가정하에서의 변화가 총비용, 총편익, 대안의 결괏값에 어떠한 영향을 미치는지 확인할 수 있다.

우리나라 예비타당성조사 수행 총괄지침에 의하면, '경제성에 영향을 미칠 수 있는 사업비, 운영비, 교통 수요, 할인율 등의 주요 변수가 일정량만큼 변화되었을 때 경제성이 어떻게 변화하는지를 파악'할 목적으로 행해진다고 규정하고 있는데(제51조), 이에 대해서는 아래에서 구체적으로 다뤄보기로 한다.

5. 비용효과분석과의 구별

비용효과분석(Cost-Effectiveness Analysis)이란 비용과 편익의 균형을 맞추는 비용편익분석과 달리, 목적한 효과를 달성하도록 하는데 필요한 수단을 선택할 때에는 최소한의 비용이 드는 것으로 한다는 의미일 뿐이다.[11] 이는 여러 대안들의 편익을 화폐가치로 표현할 수 없는 경우에 주로 사용되는 방법인데[12], 예컨대, 비용 10원에 대한 10kg 감량의 비율, 비용 10원에 대한 20kg 감량의 비율과 같은 식으로 규제로 인하여 발생하는 한 단위의 편익을 얻기 위하여 소요되는 비용을 비율로 나타내는 비용효능비(Cost Effectiveness Ratio)를 활용한다.[13]

예비타당성조사 수행 총괄지침에 의하면, 경제적 타당성 평가는

---

11) Stephanie Riegg Cellini, James Edwin Kee, Cost-Effectiveness and Cost-Benefit Analysis, Handbook of Practical Program Evaluation(2015), 493면; 김유환, 행정법과 규제정책, 법문사(2012), 90면

12) OECD, Regulatory Management Systems across OECD countries: Indicators of Recent Achievements and Challenges(2007), 16-18면

13) Cost-Effectiveness Ratio = Total Cost / Units of Effectiveness

기본적으로 비용편익분석으로 하되, 편익을 정량화하기 어려운 경우, 예컨대 ① 정보화사업, ② 기타 재정사업의 경우 비용효과분석이나 기타 방법론 적용이 가능하다고 한다(제46조, 48조).

다만 비용효과분석에서는 편익단위당 비용을 측정할 수 있을 뿐 전체적인 순 편익을 최대화하는 규제방안을 항상 발견하지는 못할 수 있는 단점이 있다.

제3절 비용편익분석에 대한 비판론과 그에 대한 대응

Ⅰ. 비용편익분석에 대한 비판론 요체

1. 비판론의 무게중심

비용편익분석에 대하여는 꾸준히 비판이 제기되고 있고 현재도 마찬가지이다. 비용편익분석에 대한 비판론은, 비용편익분석이 무용할 뿐만 아니라 옳지 않다고 주장하는 근본적 반대론14)에서부터 제도적 한계를 지적하는 방법론적 비판론15)까지 다양한 수준으로 논의되고 있다.

전자를 비용편익분석의 규범적 정당성(normative legitimacy

---

14) 대표적으로 Steve Kelman, Cost-Benefit Analysis: An Ethical Critique, Regulation, Vol. 5, Issue 1(1981), 33-40면
15) 대표적으로 McGarity, Thomas O., Regulatory Analysis and Regulatory Reform, Texas Law Review, Vol. 65, Issue 7(1987), 1243-1334면; Ackerman, Frank, Heinzerling, Lisa, Pricing the Priceless: Cost-Benefit Analysis of Environmental Protection, University of Pennsylvania Law Review, Vol. 150, Issue 5(2002), 1553-1584면; Driesen, David M., Is Cost-Benefit Analysis Neutral, University of Colorado Law Review, Vol. 77, Issue 2(2006), 335-404면 등

questions)에 관한 총론적 문제제기라고 볼 수 있다면, 후자는 비용편익분석의 핵심적 방법론(methodology questions)에 관한 각론적 문제제기라고 볼 수 있다.

그러나 아래 미국의 논의(제5장 제3절)에서 살펴보는 바와 같이 비용편익분석을 '완벽하지는 않으나 유용한 도구'로서, 그 규범적 지위를 '의사결정수단'으로 바라보게 됨으로써, 또한 규제를 발령·선택하는 의사결정 절차가 과학적 증거에 기반을 두어야 한다는 점에 대한 공감대가 생김으로 인하여, 이제는 비용편익분석에 대한 비판론의 무게중심은 전자에서 후자로 옮겨졌다고 평가된다.16)

2. 비판론의 문제제기

비용편익분석의 방법론에 관한 문제제기는 대략 다음과 같은 네 가지로 정리할 수 있다.17)

첫째, 가치 측정 문제이다(valuation). 비용편익분석의 핵심 전제는, 가치를 비용과 편익이라는 경제적 관점에서 재해석하여 이를 정량화하는 것이다. 그러나 이에 대해서는 과연 생명, 신체, 건강, 환경권 등 무형의 가치(참값)가 객관적으로 측정될 수 있는 것인지, 그러하다면 가치를 과소·과대평가하지 않을 수 있도록 그 방법은 어떠해야 하는지에 대한 문제는 여전히 남아 있게 된다.

둘째, 불확실성 문제이다(uncertainty). 불확실성은 '과거의 사건, 현재의 상황, 미래 발생할 일들을 정확하게 설명할 수 없는 상태 나

---

16) Jeehyun Choi, Proposals for a Sustainable Energy Regulatory Framework: The Case of Carbon Pricing in South Korea, University of California, Berkeley (2018), 46-48면

17) Asian Development Bank, Cost-Benefit Analysis for Development: A Practical Guide, Institutional Document(2013), 15-16면

아가 발생 가능한 결과 중 어떤 것이 일어날지 모르는 미지(未知) 또
는 부지(不知)의 상태'로서18) 정량화 및 화폐가치화 하기 어려운 것
이라고 볼 수 있다. 이러한 불확실성을 감안하여 과연 편익/비용 비
율, 순현재가치, 내부수익률을 산정할 수 있는지, 그렇다면 그 방법
은 어떠할지가 문제된다.

셋째, 할인율 문제이다(discounting). 보통 사업에서 비용과 편익은
동일시점에 발생하지 않고 기간을 두고 발생하므로, 경제성 판단을
정확히 하기 위해 비용과 편익을 현재가치로 환산할 필요가 있다.
이때 할인율 정도에 따라 경제성이 과소·과대 평가될 우려가 있으므
로, 할인율을 어떻게 설정할지가 문제된다.

넷째, 분배 문제이다(distribution). 비용편익분석의 이론적 배경이
되는 칼도-힉스 기준은 다양한 집단의 편익과 비용에 대하여 동일한
가중치를 적용하여 순 편익을 산정하도록 한다. 따라서 비용과 편익
이 어느 집단에게 귀속되는지에 대해서는 고민하지 않는다(향후 '보
상'이 이루어질 것을 기대할 뿐이다). 이에 따라 비용편익분석이 이
익집단의 소음에서 자유로울 수 있는 장점으로 이어지기도 하지
만,19) 각 집단별로 받는 영향을 고려하지 않아 '형평성'의 문제가 발
생할 수도 있다. 따라서 비용편익분석을 할 때 이러한 분배 문제, 곧
형평성을 고려할 수 있는지 문제된다.

---

18) Jean Pariès, Recognizing complexity in risk management: the challenge of the
improbable, The Illusion of Risk Control(2017), 44-45면
19) Howard Margolis, Dealing with risk: Why the Public and the Experts Disagree
on Environmental Issues, University of Chicago Press(1997), 191-205면;
Michael Abramowicz, Toward a Jurisprudence of Cost-Benefit Analysis, 100
Mich. L. Rev. 1708(2002), 1717-1720면

3. 비용편익분석의 대응

위와 같은 문제제기에 대하여 비용편익분석은 그 방법론을 발전
시키면서 대응을 하고 있다. 물론 '완벽'하다거나 '완전히 수긍할 수
있다.'고는 할 수 없지만, 비용편익분석이 '의사결정권자에게 일정한
도움을 줄 수 있는 의사결정수단'으로 진화되어 가고 있음도 부인할
수 없다.

아래에서는 위 문제제기별로 비용편익분석의 대응(발전상)을 간
략하게 살펴보기로 한다.

Ⅱ. 가치 측정 문제

1. 비용의 산정방법

가. 비용편익분석에서의 비용은 과거 발생한 비용을 파악하는 것
이 아니라 미래 발생할 비용을 추정(estimate)하는 것이다. 이미 발생
한 비용의 정당성 검증은 회계적 관점에서 의미가 있는 것이다. 비
용편익분석에서 비용은 회계적 '원가'의 의미에 국한되지는 않고, 원
가, 판매비, 관리비 등을 포괄하는 개념으로 넓게 이해할 수 있다.

나. 비용분석을 하기 위해서, 관련 세부 자료가 충분하다면 상향
식 (bottom-up)으로 정확한 추정이 가능하다. 원가 발생실적의 실제
를 확인하거나, 회계처리가 정당한지 검증하거나, 비용을 발생시키
는 원인(예: 부품 등)의 가격 조사 등을 파악하는 등의 방법이 쓰인
다. 그러나 이는 관련 데이터가 풍부하지 않은 경우 활용될 수 없다.

다. 관련 데이터가 충분하지 않을 경우, 하향식(top-down)으로 비용을 추정할 수 있다. 대체로 사업 시행 전 관련 자료가 부족할 때 사용된다. 모수추정기법(Parametric Cost Estimating Technique)이 대표적이다. 모수추정기법이란 비용을 종속변수로 두고 한 개 또는 복수의 독립변수(비용주요인자) 상호간 비용추정관계식(Cost Estimating Relationship, CER)을 파악하여, 이를 통해 비용을 추정하는 방법이다. 이는 경제학을 넘어 통계학·수학·회계학·전산학 등 여러 학문적 관점에서 비용을 파악하는 방식이다.

모수추정기법 중 유추추정법(Analogous Estimating)은 추정하고자 하는 사업의 비용을 과거 사업과 연관 짓는다. 간단한 예를 들면, 새로운 사업의 X항목은 A사업과 유사하고, Y항목은 B사업보다 복잡성이 15% 낮고, Z항목은 C사업보다 복잡성이 30% 높은 경우, 새로운 사업의 비용은 'A사업의 X항목 비용 + B사업의 Y항목×0.85 + C사업의 Z항목×1.3'과 같이 산출하는 식이다. 이처럼 유추추정법은 비교 가능한 모든 요소를 고려하여 적정비율 및 비용조정계수를 산출하여 현 사업에 조정·보상하여 사업의 비용을 추정해낸다.

모수추정기법 중 회귀분석(Regression Analysis)의 경우에는, 주어진 자료를 통하여 각 변수 간 인과관계(함수관계)를 분석하여 이를 토대로 향후 발생할 비용을 추정한다. 즉, 종속변수(dependent variable, 예컨대 키)가 독립변수(independent variable, 예컨대 몸무게)에 의하여 어떻게 영향을 받는지 관계(예컨대 키가 큰 사람이 키가 작은 사람보다 몸무게가 크다)를 설명해낼 수 있다. 회귀분석은 요구 식별(Identify Need)→비용추정 구조 정립(Establish Estimate Structure)→비용발생 요인 식별(Identification of Cost Drivers)→데이터 수집과 표준화(Data Collection and Normalization) 작업을 거친 뒤, 비용추정관계식(CER)을 만들게 된다. 요컨대, $y = \alpha + \beta x + \epsilon$와 같은 회귀모형을 기본으로 선형회귀모형, 다항회귀모형, 비선형회귀모형 등을 통해 비용을 추정하는 것이다.

최근에는 모수추정기법에 따라서 여러 비용분석 모델이 개발되어 상당한 비용추정관계식이 마련되어 있고, 이를 통해 용이하게 비용을 추정할 수 있다. 이에 따라 PRICE 모델과 같은 전산 모델 등이 실무에서 사용되기도 한다.

2. 편익의 산정방법

가. 편익의 이해

비용편익분석에서, 순 편익은 경제학적으로는 소비자 잉여(consumer surplus)로 이해되기도 한다. 소비자 잉여란 경쟁적 시장에서 일정 단위의 재화를 얻기 위하여 소비자가 지불할 의사가 있는 최대한의 지불용의액(willingness to pay)와 그가 실제로 지불하는 지불액과의 차이이다(Change in Consumer Surplus, $\triangle CS$).

사업으로 인하여 발생하는 모든 편익을 처음부터 사전에 파악한다는 것은 불가능에 가깝다. 그러나 기존에 이루어진 각 사업에 대한 사후적으로 분석·보완하는 작업으로 현재 실무에서는 각 사업별 편익 항목이 대체로 표준화되어 있다.

예컨대, 우리나라 예비타당성조사 수행 총괄지침에 의하면, 사업의 성격과 유형에 적합하게 편익 항목을 식별하도록 하며(제22조 제1호), 각 사업별로 항목을 마련해두고 있다(제24조 내지 제44조). 구체적으로, 도로·철도사업의 편익은 ① 차량운행비용 절감편익(공통편익), ② 통행시간 절감편익(공통편익), ③ 교통사고 감소편익(공통편익), ④ 환경비용(공해 및 소음) 절감편익(공통편익), ⑤ 주차수요 감소로 인한 주차공간 기회비용 절감편익(사업특수편익), ⑥ 공사 중 교통혼잡으로 인한 부(-)의 편익(사업특수편익), ⑦ 철도사업으로 인

한 도로공간 축소에 따른 부(-)의 편익(사업특수편익), ⑧ 전철화사업
에 따른 환경오염비용 절감편익 등(사업특수편익) 등으로 설정되어
있다(제24조). 위 각 항목을 구체적 상황에 맞추어 조정(제외 또는 추
가)할 수 있음을 물론이다(제23조).

나. 산정방식의 다양성

1) 규제로 인한 편익을 측정하는 방법은 직접적 방식과 간접적 방
식으로 나뉘는데, 이 중에서 자주 사용되는 간접분석방법 중 헤도닉
가격분석법(Hedonic Price Method, HPM)과 직접분석방법 중 조건부가
치측정법(Contingent Valuation Method, CVM)에 대해서만 간략히 살펴
보기로 한다.

2) 헤도닉 가격 분석법

가) 헤도닉 가격 분석법은 서로 다른 성격의 재화 또는 용역의 가
치는 그 재화 또는 용역에 내재된 속성(attributes)에 의해 결정된다는
전제 아래, 시장에서 직접 거래되지 않는 어떤 요인이 그 재화 또는
용역의 가격 결정에 영향을 준다고 보고, 소비자가 재화 또는 용역
을 구매할 때 간주했을 속성을 파악하여 해당 속성에 대해 가치를
설정하는 이론이다. 쉽게 말해 사람들은 묵시적으로 깨끗한 환경 등
속성에 가치를 부여하고, 이러한 가치가 특정 상품의 가격에 내포된
다는 것이다. 이 속성들의 가격을 헤도닉 가격 또는 잠재 가격
(implicit price)이라고 부른다.

나) 개인들이 구매하는 상품의 구성요소에 공공재(특히 환경재)의
수준이 포함되어 있는 경우에 주로 활용된다. 공공재(특히 환경재)에
대한 시장이 명시적으로 존재하지 않는 상황에서 대체시장으로서

주택·토지시장을 이용하여 주택·토지 가격에 반영된 공공재(특히 환경재)의 가치를 간접적으로 측정할 수 있다. 요컨대, 지가(地價) 데이터를 기반으로 사업을 실시함에 따라 지가를 상승하는 요인과 함수를 추정하여, 사업에 의한 편익을 산정하게 되는 것이다.

헤도닉 가격 분석법은 수자원 수질과 주변 자산가치와 관련된 연구에서 다수 활용되었고(예컨대 호수 수위 관리에 따른 거주민들이 얻는 경제적 편익), 수질오염원에 따른 집단별 편익을 현재 지가나 주택가격 등의 자산가치 데이터를 이용하여 공공투자사업의 시설효과와 환경 등을 평가하는 데 유용하게 활용되고 있다.

다) 헤도닉 가격 분석법은 재화의 관찰된 가격 P에 대하여, S, N, L이라는 개별 속성이 있을 때, $P = h(S, N, L)$과 같은 식을 도출해 내고, 이를 기초로 여러 모델을 마련하여 사업으로 인한 편익을 측정해낸다. 이와 같은 헤도닉 방정식을 안정적으로 얻기 위해서는, 첫째, 재화에 대한 광범위한 자료가 수집되고, 둘째, 재화에 대하여 개별 속성으로 구분 지을 수 있으며, 셋째, 개별 속성과 재화의 가격 간 관계가 안정적이어야 할 필요가 있다.

3) 조건부가치측정법

가) 조건부가치측정법은 앞서 본 소비자 잉여 개념에 기초하여, 편익을 측정하고자 하는데, 그 방식으로 지불용의액(Willingness To Pay, WTP) 또는 수령의사액(Willingness To Accept, WTA)을 묻는다.

이는 명시적으로 드러나지는 않지만, 시장에서 거래되지 않는 재화(공공재, 특히 환경재)에 대하여 개인이 선호를 가지고 있고, 그 선호를 화폐가치로 표현할 수 있다는 것을 전제로 하는 것이다.

나) 조건부가치측정법은 설문조사를 실시하여 문항에 대한 답변에서 알 수 있는 선호를 토대로 편익을 추정하는 진술선호법(stated preference method)의 하나라고 할 것인데, 이용가치(use value)와 비이용가치(non-use value)를 모두 측정할 수 있어, 광범위하게 사용되고 있다. 또한 조건부가치측정법은 평가대상의 총 가치(편익)를 추정할 뿐이어서, 설문조사를 시행할 때, 응답자의 피로도가 상대적으로 크지 않고, 소비자 잉여와 같은 경제학적 개념에 기초하여, 계량경제학과도 친하다는 장점이 있다. 이에 따라 현재 우리나라 예비타당성조사에서 비시장재 편익추정방법론으로 주로 사용되고 있기도 하다.

다) 조건부가치측정법은 ① 설문 설계(평가대상의 정의, 지불의사 유도방법의 선택 등)→② 검증 및 수정(전문가 토론, 표적집단토론, 사전조사 등)→③ 표본설계와 설문 실시(표본 틀, 표본추출방법 설정 등)→④ 계량경제학적 분석(표본평균, 중위값 및 신뢰구간 추정 등)→⑤ 이론적 타당성 검증(경제이론과의 부합 여부 등)→⑥ 집계와 보고서 작성 순으로 이루어진다.

조건부가치측정법에서 주로 사용되는 지불의사 유도방법으로는 ① 입찰 게임(bidding game), ② 개방형 질문(open ended), ③ 지불카드(payment card), ④ 양분선택형 질문(dichotomous choice) 등이 있다. 입찰 게임은 응답자에게 특정 금액을 초기에 주고, 이를 증액하거나 감액하도록 하는 과정을 반복하게 하여 진정한 지불의사를 파악할 수 있도록 하는 것이다. 개방형 질문은 최대지불의사를 응답자로 하여금 직접 찾아내도록 하는 것이다. 지불카드는 구간을 나누어 일정 금액을 기재한 보조자료를 건네어 주고, 응답자로 하여금 지불의사가 확실한 금액과 없는 금액을 구분하도록 하는 방법이다. 양분선택형 질문은 산정된 금액을 응답자들에게 임의로 배분한 뒤, 일정한 금액을 지불할 의사가 있는지 예/아니오로 대답하도록 하는 것이다. 대체로 지불카드방법과 양분선택형방법이 좀 더 나은 것으로 이해되고 있다.

III. 불확실성 문제

1. 불확실성의 의의 및 취급

가. 미지와 부지와 같은 불확실성은 대상의 객관적 사실에서 기인하기도 하지만 인간의 인식적 한계에서 기인하기도 하므로, 불확실성을 확률론적 불확실성(stochastic uncertainty)과 인식론적 불확실성(epistemic uncertainty)으로 구별할 수 있다.[20] 확률론적 불확실성은 예를 들어 인구분포, 강수량 변화와 같이 본질적으로 대상의 변동성으로 인한 것이고, 인식론적 불확실성은 접근 가능한 정보와 지식이 불완전하거나 부정확할 때 비롯되는 것이다. 확률론적 불확실성을 다시 나누어 본다면, 데이터 수집 및 분석에서 발생하는 측정오차와 같은 기술적 불확실성(technical uncertainty), 수집된 데이터를 분석하는 데 사용되는 방법이나 모델의 부정확성과 같은 방법론적 불확실성(methodological uncertainty)으로 분류해볼 수도 있을 것이다.[21]

나. 이미 기존의 충분한 데이터가 있고, 선택의 오류에 따라 발생될 수 있는 결과가 중요하지 않고, 또한 그 결과를 사후적으로 되돌릴 수 있는 경우라면 불확실성을 무시한 채 비용편익분석을 실시할 수도 있고, 이는 의사결정과정에서 효율과 절약을 이끌어낼 수도 있

---

20) F. Owen HoffmanJana S. Hammonds, Propagation of uncertainty in risk assessments: the need to distinguish between uncertainty due to lack of knowledge and uncertainty due to variability, Risk Anaysis Volume14, Issue5(1994), 707-712면
21) S. O. Funtowicz & J. R. Ravetz, Three types of risk assessment and the emergence of post-normal science, Social Theories of Risk(1992), 251면 이하; Jeroen van der Sluijs,Uncertainty, assumptions, and value commitments in the knowledge base of complex environmental problems,Interfaces between Science and Society, Green Leaf Publishing(2006), 75-76면

는 장점이 있다. 그러나 ① 대안으로 인하여 발생할 수 있는 결과 범위가 넓거나, ② 그 결과가 비가역적인 경우, ③ 의사결정권자가 예상치 못한 결과를 맞이하기를 원하지 않는 경우 등에는 불확실성을 명확하게 취급할 필요가 있다.[22]

2. 불확실성에 대응하는 여러 기법

가. 사전배려원칙과의 충돌 문제

불확실성을 정량화하는 것은 어려우므로, 사전배려원칙이 비용편익분석의 대안으로서 제시되었다. 사전배려원칙은 그 실체가 무엇인지 아직 합의되지 않았으나 비용편익분석과 함께 행정 규제 의사결정수단의 중심이 되는 원칙으로, 그 핵심은 행정 규제 발령 시기를 앞당긴다는 데에 있고, 사회 전체 이익과 민주적 요소에 가중치를 두어 그에 상응한 규제를 취하는 것이 타당하다는 데에 있다. 특히 사회 구성원의 인식, 감정과 참여를 강조하여 의사결정과정에서 민주주의 원칙이 적용됨을 추구한다.

따라서 비용편익분석이 사전배려원칙과 충돌된다고 보는 것이 현재 일반적인 견해이지만,[23] 추정과 가정에 보수적인 관점을 더하고, 정량화·화폐가치화되지 않는 비용과 편익에 가중치를 두면, 사전배려원칙의 규범적 판단과 결론을 같이 하는 경우가 많을 것으로 보이고[24], 이론적 차원이 아닌 실무적 차원에서는, 사전배려원칙에

---

22) 국무조정실 규제개혁위원회, 행정규제 영향분석 요령(2003), 129-130면[정창화, 규제영향분석을 위한 분석기법에 관한 연구, 한국행정연구원(2003), 159-160면에서 재인용]

23) David M Driesen, Cost-Benefit Analysis and the Precautionary Principle: Can They Be Reconciled, Mich. St. L. Rev. 771(2013); 조홍식, 리스크 법-리스크 관리체계로서의 환경법-, 서울대학교 법학 43권 4호(2002)

따른 규제가 비용편익분석의 취지에도 부합할 수 있을 뿐만 아니라,[25] 비용편익분석의 정량화 시도는 여전히 의사결정에 도움이 되므로, 사전배려원칙에 의해 비용편익분석의 유용성이 퇴색되지는 않을 것이다.[26] 또한 아래와 같이 비용편익분석은 불확실성에 대응하는 여러 기법을 마련하고 있다.

나. 민감도 분석

민감도 분석은 불확실한 상황에서 여타 조건을 일정한 경우, 한 요소(입력변수)가 변동할 때 사업의 편익/비용 비율, 순현재가치, 내부수익률(결과변수)이 어떻게 변동하는지 분석하는 것을 말한다. 민감도가 큰 대안일수록 순현재가치의 변동이 심해지고 위험도가 더 크다고 평가된다. 이러한 민감도 분석은 서로 다른 대안의 상대적 위험을 측정할 수 있게 한다. 예컨대 주요 변수가 10개이고, 변화될 수 있는 상황이 3가지라면 $3^{10} = 59,049$개의 민감도 분석이 이루어지게 된다. 구체적으로 할인율의 변동, 비용의 변동(실질임금의 상승 등), 편익의 변동(수익예측 등) 등을 주요 변수로 하고, 각 변수의 변화에 따른 편익/비용 비율, 순현재가치, 내부수익률의 변화를 측정한다.

우리나라 예비타당성조사 수행 총괄지침에서는 '경제성 분석 시 내재된 불확실성에 대처하기 위해 경제성에 영향을 미칠 수 있는 사업비, 운영비, 교통수요, 할인율 등의 주요 변수가 일정량만큼 변화

---

24) World Commission on the Ethics of Scientific Knowledge and Technology, The Precautionary Principle(SHS.2005/WS/21)(2005), 30-31면

25) 불확실성을 제로(0)로 만들자는 입장은 극단으로 사전배려원칙 지지자들도 이를 지지하는 견해는 소수이다.

26) David M Driesen, Cost-Benefit Analysis and the Precautionary Principle: Can They Be Reconciled, Mich. St. L. Rev. 771(2013) 참조

되었을 때 경제성이 어떻게 변화하는지를 파악하기 위하여 민감도 분석을 시행하여야 한다.'고 규정하여(제51조), 민감도 분석을 비용 편익분석에 공식적으로 도입하고 있다.

다. 의사결정나무

〈표 4〉 의사결정나무의 수행과정[27]

(발생) ↗	위험 2 확률=0.8 비용=20원	(발생) → → (미발생)	확률 0.7*0.8=0.56 0.7*0.2=0.14	비용 10원+20원=30원 10원+0원=10원
위험=1 확률=0.7 비용=10원				
(미발생) ↘	위험 2 확률=0.8 비용=20원	(발생) → → (미발생)	확률 0.3*0.8=0.24 0.3*0.2=0.06	비용 0원+20원=20원 0원+0원=0원

전체기대값 = (0.56*30원)+(0.14*10원)+(0.24*20원)+(0.06*0원)=23원

앞 〈표 4〉 기재와 같이, 의사결정나무(Decision trees)는 규제의 발령 여부, 대안의 선택 등 각 단계별로 선택 가지를 제시하여 문제를 효과적으로 도식화할 수 있다. 특히 의사결정의 단계가 여러 층위로 이루어질 경우 적합한 방법이다. 따라서 규제가 불확실성을 내재하고, 규제의 의사결정이 다단계로 이루어질 경우, 효과적일 수 있다. 또한 두 개 이상의 변수가 결합하여 목표 변수에 영향을 주는 방식

---

27) HM Treasury. The Green Book(2013)..32면[서성아, 사회적 비용·편익분석 비교조사, 한국행정연구원(2017), 58면에서 재인용]

을 쉽게 알 수 있다. 과거에 수집된 데이터들을 분석하고, 데이터들 사이의 패턴(유형)을 속성의 조합으로 나타내는 것이다.

라. 몬테카를로 시뮬레이션

1) 몬테카를로(Monte Carlo) 시뮬레이션은 민감도 분석, 의사결정 나무를 함께 확장하여 실시하는 것과 유사하다. 즉 주요 변수별로 몇 개의 특정 값을 가정하는 것에 그치지 않고, 확률분포 전체를 가정하여 결괏값을 분포로 계산해낸다. 이로 인하여 변수의 변화를 종합적으로 고려할 수 있게 된다.

2) 몬테카를로 시뮬레이션은 아래 〈표 5〉와 같은 순서를 거치는데, 요약하자면 각 변수의 확률분포를 가정하고, 각 변수들 상호간 상관관계를 가정하며, 그에 따라 결괏값의 확률분포 계산을 하게 된다. 몬테카를로 시뮬레이션은 불확실성의 효과를 확인하기 위해 난수를 이용한다. 시뮬레이션을 매 차례 시행할 때마다 설정된 확률분포 함수로부터 입력값을 추출하고, 모델에 위 입력값을 적용하여, 결과를 계산한 다음, 이를 기술 통계량을 이용해 결과의 변동을 설명한다.

〈표 5〉 몬테카를로 시뮬레이션의 실시 순서

① 가능한 모든 변수 정의 → ② 결정적 투영모델에 변수들의 관계 정의 → ③ 입력 변수를 그룹으로 분리(확실하거나 합리적 정확도를 가지는 그룹/불확실한 변수) → ④ 확률변수에 대한 분포 정의 → ⑤ 값의 분포를 위한 반복적인 시뮬레이션 수행[28] → ⑥ 결괏값 분포의 순현가 계산

이때 종래 시계열 자료가 존재하면, 적합한 확률분포 함수를 설정할 수 있다. 자료가 부족한 경우에는 각 상황별(비관적·낙관적 등) 시나리오를 구성하고 임의로 표준오차를 허용하여 시뮬레이션을 하면 된다.

몬테카를로 시뮬레이션에는 고려될 수 있는 확률변수에 제한이 없고, 측정된 모든 변수의 확률분포를 동시에 고려할 수 있는 장점이 있다.

마. 베이지안 접근

1) 베이지안 접근(Bayesian approach)은 추정해야 할 모수를 고정된 값으로 간주하지 않고, 확률변수로 간주한다. 이에 따라 반복 샘플링을 하여 정확한 결과를 부를 확률을 증가시키는 것보다는, 관심대상 모수의 사후적 분포에 주목한다. 따라서 추정하고자 하는 모수는 고정된 값이 아니라 주관적 확률변수에 해당하게 된다.

2) 베이지안 접근의 기본이 되는 베이즈 정리(Bayes' theorem)는 어떤 사건의 확률에 새로이 발견되는 사건을 반영하여, 기존의 불확실한 정보를 갱신해나갈 수 있다. 수식으로는 아래 〈표 6〉과 같은데, 어떤 가설(A)이 일어날 확률 즉, P(A)는 정보나 사건이 개입되지 않은 상태에서 일어날 확률(사전 확률)이고, P(A|B)는 A와는 다른 증거 B가 있다고 가정할 때, A가 일어날 조건부 확률(사후 확률)이다.

---

28) 시뮬레이션을 위해 입력되는 분포도는 주로 삼각분포도(Triangular). 이외에도 일정분포(Uniform/rectangular), 막대분포(Histogram) 혹은 정규분포(Normal), 지수분포도 등이 이용된다.

〈표 6〉 베이즈 정리 수식

$$P(A|B) = \frac{P(B|A) \times P(A)}{P(B)} = \frac{P(B|A) \times P(A)}{P(B|A) \times P(A) + P(B|\sim A) \times P(\sim A)}$$

베이즈 정리는, B라는 증거가 있으면 가설(A)이 참일 조건부 확률을 계산할 수 있게 한다. 가설(A)이 참인 동시에 B라는 증거가 존재할 확률 P(A&B)는 알 수 없는 경우가 많지만, 가설(A)이 참일 때, B가 있을 조건부 확률은 계산할 수 있다.

3) 베이지안 접근을 활용할 경우, 모형 내 모든 모수와 관심대상 모수의 선형·비선형 조합에 대하여 사후적 분포를 만들 수 있고, 이에 따라 모수에 대한 평균값과 표준편차 등을 추론할 수 있다. 이에 따라 정책분석 측면에서 다양한 추가 분석을 가능케 하고, 의사결정에 있어 풍부한 정보를 제공하게 된다.

바. 실물옵션기법

1) 실물옵션기법(real option pricing model)을 사용하면 사업의 불확실성이 사업의 경제성에 미치는 영향을 제대로 파악할 수 있다. 현금흐름할인법에 의하면 불확실성이 증가할수록 사업의 가치가 줄어드는 것으로 평가될 수 있다. 그러나 정적(static) 상황이 아니라 동적(dynamic) 상황에서, 변화되는 여건 속에서 여러 선택이 가능한 유연성(managerial flexibility)이 발생하고, 이러한 유연성은 실물옵션(real option)으로서 그 자체로 가치가 있다. 그리고 이러한 가치를 반영할 때, 현금흐름할인법에 따른 값과 자못 다른 결과를 얻을 수 있

다. 즉, 불확실성 자체가 기회를 창출하는 것을 이해하게 되는 것이다. 기존 관점에서는 불확실성이 높을수록 해당 사업의 가치가 하락하는데, 실물옵션 기법에 의할 경우, 유연하게 상황에 대응하고 각 대안(option)을 활용함으로써, 불확실성이 증가되어도 해당 사업의 가치가 상승할 수 있는 것이다.

2) 실물옵션기법에 따르면, 의사결정권자는 사업을 수행하다가 도중에 포기할 수 있는 옵션(abandonment option), 확장할 수 있는 옵션(expansion option), 기다릴 수 있는 옵션(timing option) 등을 고려함으로써 조건부적 의사결정(contingent decision)을 할 수 있다. 예를 들면, 공장 건축 신청에 대한 처분을 함에 있어, 순현재가치가 0보다 작은 경우, 거부처분을 하게 된다고 할 것인데, 공장을 당장 건축하지 않고 10년 이내까지 연기할 수 있다면, 이러한 연기옵션을 감안했을 때, 공장의 현재가치의 변동성(volatility)을 추계할 수 있고, 이는 시뮬레이션에 따라 추계한 변동성 하에서 얻을 수 있는 값을 파악할 수 있다(변동성이 얼마인지에 따라 옵션의 가치가 설정되고, 그 옵션의 선택이 그 값만큼의 비용을 초래하지 않는 한 규제를 연기하여 상황을 지켜볼 수 있게 된다).

Ⅳ. 할인율 문제

할인율은 사업 기간의 초반에 발생하는 편익의 비중을 크게, 후반에 발생하는 편익의 비중을 작게 파악하게 한다. 이는 할인율이 높게 적용될수록 더욱 커지는 현상이다. 비용 또한 마찬가지이지만, 비용은 보통 초기에 집중되는 경향이 있으므로, 할인율 변동에 대하여 편익에 비해 둔감하다. 따라서 할인율은 세대 간 비용, 편익의 부

담 문제로도 접근할 수 있다. 비용의 부담 주체와 편익의 수혜 주체
가 달라질 수 있기 때문이다.

할인율을 설정함에 있어서는 사회적 기회비용을 반영하고 시장
왜곡에 대응하기 위하여 사회적 할인율이 제시되고 있다.

사회적 할인율은, 소비의 기간별 가치를 반영하는 사회적 시간선
호율(Social Rate of Time Preference, SRTP)을 추정하는 방법, 공공투
자의 기회비용(Opportunity Cost of Public Investment)인 민간투자사업
의 기간별 가치를 반영하는 투자수익률로 추정하는 방법[즉, 자본의
한계사회적 기회비용(Marginal Social Opportunity Cost of Capital,
MSOC)을 구하는 것], 위 두 방법을 가중평균하는 방법 등에 따라 추
정하는 방법이 마련되어 있다.[29] 보통 SRTP는 소비의 할인율, 소비
의 한계효용의 탄력성, 1인당 실제 소비의 연평균 성장률에 대한 자
료를 통해 산출할 수 있는데, 1인당 실제 소비의 연평균 성장률은 1
인당 GDP 성장률로 적용할 수 있으나, 소비의 할인율, 소비의 한계
효용의 탄력성은 결국 규범적 가치판단과 연관되어 있다. MSOC는
시장의 왜곡에 의해 변동될 가능성이 있거나, 시장 전체를 대표하는
민간투자사업의 수익률을 발견하기 어렵다는 문제가 있다.

이러한 사회적 할인율은 할인율 추정방법, 사회·경제적 환경의
변화, 재정 현황, 정책의 목표 등에 따라 달라진다고 할 것이다. 그러
나 현재 각 나라, 각 기관에 따라 사회적 할인율이 다르게 설정되고
있는 현실을 고려하면[30], 정해진 기준이나 보편타당한 계산방법이
없고, 정부의 가치판단 문제로 결론지어짐을 알 수 있다. 즉, 할인율
설정은 기술적 복잡함(technical complexity)의 문제라기보다는, 윤리
적 영향(ethical ramifications)의 문제라고 할 것이다.[31]

---

29) 최지은, 박동규, 지방재정투자사업의 타당성조사를 위한 적정 사회적 할
    인율에 관한 연구, 한국지역개발학회지 29권 5호(2017), 19-20면
30) Ibid, 23면

V. 분배 문제

비용편익분석의 이론적 배경은 칼도-힉스 기준임은 앞서 본 바와 같고, 칼도-힉스 기준은 사회 전체적 총편익이 증가하는 것에 주목할 뿐이다. 다만 이후 편익을 얻는 집단에서 편익을 잃는 집단으로의 '보상'이 이루어질 필요가 있음 또한 지적하고 있다.

이에 따라 비용편익분석에는 와 같이, 순현재가치를 근로자(A), 소비자(B), 투자자(C), 정부(D)로 그 귀속 주체를 나누어 파악하고 ($NPV = PV_A + PV_B + PV_C + PV_D$)[32] 가중치를 적용하고자 하고 있다.[33] 또한 민감도 분석 등을 통해 서로 다른 가정 하에서 비용과 편익이 집단별로 어떻게 영향을 미치는지를 파악하고, 이를 비용편익분석의 결괏값에 반영하고자 한다.

다만 집단별 가중치를 어떻게 결정하느냐에 대한 문제는 사회적 합의의 문제로 정치적 의사결정 영역에 속한다고 할 것이다.[34]

VI. 소결

비용편익분석에 대하여는 ① 가치를 정량화하는 것은 불가능하거나 어렵다는 문제, ② 불확실성을 산정하는 것은 어렵다는 문제, ③

---

31) Egan, M. Michael Jr., Cost-Benefit Analysis in the Courts: Judicial Review under NEPA, 9 Ga. L. Rev. 417(1974-1975), 422면

32) Asian Development Bank, Cost-Benefit Analysis for Development: A Practical Guide, Institutional Document(2013), 15면

33) 정창화, 규제영향분석을 위한 분석기법에 관한 연구, 한국행정연구원(2003),, 44-45면

34) Asian Development Bank, Cost-Benefit Analysis for Development: A Practical Guide, Institutional Document(2013), 18면

할인율을 설정하는 것이 어렵다는 문제, ④ 비용편익분석은 분배 문제를 도외시한다는 문제가 제기된다.

이에 대하여 비용편익분석은 여러 경제학적 방법론을 동원하여 비용과 편익을 정량화하려 하고, 불확실성에 대하여도 마찬가지로 경우의 수를 나누고 선택지를 늘려 대응하고자 한다. 비용편익분석의 데이터가 누적됨에 따라 방법론의 모델이 상당한 성과를 거두고 있다.

할인율 설정 문제에 대해서는 여러 모수(parameters)를 고려하여 경제적 타당성을 정확히 산출하고 세대 간 형평을 고려하려고 노력하고 있으며, 분배 문제에 대해서도 편익의 귀속 주체를 나누어 살피고, 각 집단에 대한 가중치를 두는 방식으로 대응하고 있다. 다만 이들 문제는 근본적으로 비용편익분석의 내적 방법론의 발전 영역이 아니라 외부에서 이루어지는 정치적 의사결정 영역에 속한다고 볼 여지가 있다.

제4절 사법심사 대상으로서 비용편익분석

I. 비용편익분석의 사법심사를 위한 전제

지금까지 비용편익분석의 내용 및 활용 방법을 간략히 살펴보았다. 이 책이 주제로 삼은 비용편익분석에 대한 사법심사를 심층적으로 논의하기 위해서는, 앞서 본 비용편익분석의 내용 및 활용 방법을 토대로, ① 비용편익분석을 사법심사하는 것이 필요한지, ② 비용편익분석을 사법심사하는 것이 타당한지, ③ 비용편익분석을 사법심사하는 것이 가능한지 에 대하여 살펴볼 필요가 있다.

① 비용편익분석을 사법심사하는 것이 필요한지와 관련하여는 비용편익분석의 규범적 지위, 실증적 현황과 연관 지어 검토하고, ② 비용편익분석을 사법심사하는 것이 타당한지와 관련하여서는 비용편익분석의 가치판단 개입·민주적 정당성·정치성을 살펴본 뒤, 결국 비용편익분석에 대한 사법심사는 법원-행정청 간 역학관계 문제임을 확인하며, ③ 비용편익분석을 사법심사하는 것이 가능한지와 관련하여서는, 제너럴리스트인 법관의 심사 역량에 대해서 고민해보고, 이 또한 법원-행정청 간 역학관계 문제와 연결 지을 수 있음을 확인해보기로 한다.

II. 비용편익분석에 대한 사법심사 필요성

1. 비용편익분석의 규범적 지위

비용편익분석을 사법심사하는 것이 필요한지 여부를 먼저 검토할 필요가 있다. 이는 비용편익분석의 규범적 지위와 연관이 깊다.

비용편익분석은 칼도-힉스 기준을 이론적 배경으로 하여 정립된 의사결정도구이나 칼도-힉스 기준과 반드시 일치하지 않는다는 지적도 있고35), 약식-정식의 스펙트럼으로 구분지을 수 있으며, 방법론이 현재까지 발전 중일 정도로, 그 형태와 모습이 다양하다. 따라서 비용편익분석의 형태와 모습을 이론적으로 확정짓는다는 것은

---

35) Matthew D. Adler, Incommensurability and Cost-Benefit Analysis, 146 University of Pennsylvania Law Review 1371 (1998), 1372면, Charles Blackorby & David Donaldson, A Review Article: The Case Against the Use of the Sum of Compensating Variations in Cost-Benefit Analysis, 23 CAN. J. EcoN (1990). 476-482면

불가능에 가깝다. 취하는 관점에 따라 비용편익분석에서 비용과 편익에 어떠한 항목이 포함되어야 하는지, 어떠한 방법론과 가정을 사용하여야 하는지 등에 대하여 견해가 달라질 수 있다는 점까지 고려하면 더욱 그러하다. 또한 비용편익분석은 앞서 보았듯 여러 비판과 그에 대한 대응이 혼재되어 있고, 현재도 완벽하다고 볼 수 없는 의사결정도구이므로,36) 행정청이 수행하는 비용편익분석을 '부당'하다고 할 수 있을지 몰라도 이를 '위법'하다고까지 할 수 있는지 문제된다.

그러나 행정청의 비용편익분석은 사법심사 대상으로 삼을 수 있고 삼아야 한다. 특히 우리나라의 경우에는 행정규제기본법(규제영향분석), 국가재정법(예비타당성조사) 등 규제의 기본법 차원에서 비용편익분석이 갖추어야 할 규범적 모습을 특정하여 놓았기 때문이다. 법원이 심사대상으로 바라보는 비용편익분석은, 여러 가정, 시각·견해를 통해 파악할 수 있는 다양한(그래서 논쟁가능한) 이론적 모습이 아니라 실체법에 근거한(따라서 법 해석을 통해 확정될 수 있는) 규범적 모습이라 할 것이고, 규범적 관점에서 비용편익분석이 갖추어야 할 형태와 모습이 나타나 있는 이상, 법원으로서는 법(행정규제기본법, 국가재정법)에 따라 정립된 그 형태와 모습에 의거하여, 행정청이 행한 비용편익분석을 재단(심사)함이 타당하고, 그래야만 할 것이다.

2. 비용편익분석의 실증적 현황

가. 행정청이 행한 비용편익분석을 사법심사해야 할 필요성은 실증적 관점에서도 지지를 받을 수 있다. 우리나라의 경우, 2019년 입법예고된 876건의 규제영향분석서를 대상으로 실시된 조사에 의하

---

36) 오정일, 비용편익분석의 유용성에 관한 이론적 검토, 정책분석평가학회보 22권 1호(2012), 34면

면, 대부분(84%) 정성분석 위주로 분석이 이루어지고, 비용보다 편익의 측정값에 상당히 큰 편차가 존재하며, 비용이 과소평가되는 경향이 존재하고, 편익의 정량화가 제대로 고려화되지 않고 있으며, 간접비용·정부의 집행비용·다양한 집단에 대한 영향이 제대로 고려되지 않고 있다고 한다.[37]

나. 구체적으로 우리나라에서 비용편익분석을 어떻게 활용하고 있는지 살펴본다.

1) 비용편익분석을 특별한 이유 없이 생략하는 사례

가) 국토교통부장관은 공공택지 외의 택지에서 건설·공급하는 주택의 경우 수도권 및 지방 광역시의 전매행위 제한기간이 6개월로 짧아 단기 전매 차익을 노리는 투기 수요가 유입되면서 청약과열이 발생하고 있으므로 단기 전매 차익을 노리는 투기 수요를 차단하고 실수요자 위주로 주택을 공급하기 위해, 주택법 시행령 제73조 제1항의 '수도권 및 광역시의 전매행위 제한기간'을 현행 6개월에서 수도권 중 특정지역[38]에 대해 소유권이전등기일까지로 강화하는 한편, 수도권 외의 지역의 공공택지에서 건설·공급하는 주택의 전매행위 제한기간을 투기과열지구는 현행 3년에서 4년으로, 투기과열지구 외의 지역은 현행 1년에서 3년으로 강화하는 내용으로 개정하고자, 규제영향분석을 하였다.

국토교통부장관은 2020. 5. 22. 규제영향분석서를 입법예고·공표

---

37) 최성락, 이혜영, 규제영향분석서 비용편익분석 부문의 실태에 관한 연구, 규제연구 29권 1호(2020), 28-30면
38) 수도권정비계획법상 과밀억제권역 및 성장관리권역과 수도권 외의 지역의 광역시 중 국토의 계획 및 이용에 관한 법률상 도시지역

(국토교통부공고 제2020-679호)하였는데, 위 규제영향분석서에 따르면 이러한 규제 발령 또는 선택에 비용편익분석은 이루어지지 않았음을 알 수 있다.

나) 국토교통부장관은 별다른 이유를 제시하지 않은 채 비용편익분석을 생략하고 있다(비용편익분석에 대해 '해당 없음'이라고만 기재되어 있다). 그러나 부동산의 전매제한 기간을 연장하는 규제안은 침익적 규제로 규제영향분석의 대상이고, 비용편익분석은 규제영향분석을 구성하는 일부인데, 이를 생략한 것은 이해하기 어렵다.

2) 비용편익분석을 하였으나, 부실한 사례

가) 산업통상자원부장관은 전통상업보존구역 및 준대규모점포에 관한 유통산업발전법 상 정의조항 등 근거규정 및 현행규제(유통산업발전법 제48조의2)의 존속기한이 2020. 11. 23.자로 만료될 예정이자, 그 존속기한을 3년 연장하는 내용으로 개정하고자, 규제영향분석을 하였다.

산업통상자원부장관은 2020. 5. 1. 규제영향분석서를 입법예고·공표하였는데(산업통상자원부공고 제2020-290호), 위 규제영향분석서의 비용편익분석은 다음과 같이 기재되어 있다.

우선, 산업통상자원부장관은 현행 규제를 유지할지, 2023. 11. 23.까지로 연장할지(규제대안 1), 2025. 11. 23.까지로 연장할지(규제대안 2)에 대해서, 전통시장·소상공인에 대한 배려(현행유지안의 배제) 및 유통환경에 대한 고려 필요성(추가 5년 규제안의 배제)에 대한 절충안으로서 규제대안 1을 선택하였다.

그리고 규제대안 1의 비용편익분석을 다음 〈표 8〉과 같이 실시하였다.

〈표 8〉 규제영향분석의 비용편익분석 사례

분석기준년도		규제시행년도	분석대상기간(년)	할인율(%)
2020		2021	3	4.5

(단위: 백만원, 현재가치)

영향집단		비용	편익	순비용
피규제 기업· 소상공인	직접	1,134,854		1,134,854
	간접			
피규제 일반국민				
피규제자 이외 기업· 소상공인			372,492.74	-372,492.74
피규제자 이외 일반국민				
정부				
총 합계		1,134,854	372,492.74	762,361.26
기업순비용		1,134,854	연간균등순비용	412,829.65

구체적으로, ① 피규제 기업소상공인에 대한 직접 비용은, 준대규모점포(주요 4사)의 연간매출액을 2018년 수준인 7,901,046,000,000원(매출 역신장 고려)으로 가정하고, 이에 규제에 따른 손실비율을 5%(종래 규제 실시후 전년동월 대비 5.1% 감소한 것으로 조사되어 이와 같이 가정함)을 곱한 금액인 1,134,854,001,884원을 비용으로 산정하였고, ② 피규제 이외 기업소상공인에 대한 편익은, 준대규모점포의 매출감소분에 전통시장으로의 매출이전율(12.4%)과 중소슈퍼로의 매출이전율(21.9%)을 곱하여 134,662,101,658원 및 237,830,647,285원의 합계를 편익으로 산정하였다. ③ 한편, 중소유통업자에 대한 영업환경 안정화(편익), 소비자에 대한 준대규점포(SSM) 영업제한에 따른 후생손실(비용), 준대규모점포 근로자의 휴식권 및 건강권(편익), 일반국민의 건전한 상거래질서 확립(편익)에 대하여는 별도로 화폐가치화하지 않았다.

할인율은 4.5%로 정하였지만, 위 각 비용 및 편익을 모두 연간균등하게 가정하였던바, 이를 계산하면 비용편익분석에 따른 결과는 비용이 편익보다 크게 된다. 그러나 이에 대해서, '일몰연장에 따른 공공복리의 증진과 경제영역에서의 사회정의 실현이라는 공익은 중대한 반면, 전통상업보존구역 출점규제 및 준대규모점포 영업규제 등으로 인하여 제한되는 대형유통사업자의 영업의 자유 및 소비자의 선택권은 헌법 제37조 제2항에 따라 공공복리를 위해 필요한 경우 제한할 수 있는 권리'라는 이유를 덧붙였다.

나) 산업통상자원부장관은 현행규제 유지안, 규제대안 2에 대해서는 비용편익분석을 실시하지 않았고, 중소유통업자에 대한 영업환경 안정화(편익), 소비자에 대한 준대규점포(SSM) 영업제한에 따른 후생손실(비용), 준대규모점포 근로자의 휴식권 및 건강권(편익), 일반국민의 건전한 상거래질서 확립(편익)에 대하여는 별도로 화폐가 치화하지 않았으며, 매출 관점에서만 비용·편익을 파악하였을 뿐이며, 심지어 위 규제영향분석에 의하더라도 비용이 편익보다 큼에도, 그에 대한 설득력 있는 설명 없이 위 규제 3년 연장안(규제대안 1)을 선택하였다.

종래 준대규모점포의 영업시간의 제한에 대하여는 특히 경제성 관점에서 비판이 많이 제기되어 왔다. 예컨대, 규제로 인하여, 준대규모점포의 소비액이 평균 매출의 8.77%가 감소하고, 재래시장·소형 슈퍼마켓으로의 소비 전환액이 월평균 448~515억 원에 그치며, 소비자의 거래비용/기회비용 증가율을 5%로 가정할 경우[39] 소비자 후생의 감소는 월 평균 1,907억 원으로 평가되고, 이러한 소비의 감소는 납품업체의 매출 감소와 대형 소매점의 단위비용 증가로 인한 유통 효율성의 저해, 세수의 감소까지 초래한다는 분석이 이루어지기도

---

39) 준대규모점포의 영업을 제한하면, 소비자의 거래비용 및 기회비용이 상승하여, 준대규모점포 소비의 잠재가격이 상승한다.

하였다. 결국 경제성 관점에서 위 규제는 효율적이지 않다는 점이 대체적 견해였다. 그럼에도 영업시간의 제한은 이루어졌고, 산업통상자원부장관은 다시금 규제의 기간을 연장하고 있다.

다. 위와 같은 두 사례 이외에도, 규제영향분석의 비용 산정 방법의 비일관성, 수치 산정의 기준에 대한 투명성·합리성 결여, 예비타당성조사에서 특정 편익(온실가스 감출 효과 등)을 고려하지 않는 등의 문제점을 발견할 수 있다.40) 비용편익분석이 의사결정수단으로 의미가 있고, 비판론에 대하여 방법론적 발전을 통해 대응하고 있다고 하지만, 실증적으로 비용편익분석은 부실화 내지 형식화가 이루어지고 있음을 파악할 수 있는 것이다. 따라서 법원의 사법심사를 통해 비용편익분석의 규범적 모습을 확보할 수 있도록 할 필요가 있다.

3. 소결

비용편익분석의 규범적 모습이 확립되어 있는 이상, 그 모습을 기준으로 행정청이 실시한 비용편익분석을 사법심사함은 마땅하다고 할 것이고, 행정청의 비용편익분석이 제대로 실시되지 않고 있는 실증적 현황까지 고려하면 비용편익분석에 대하여는 사법심사가 필요하다 할 것이다.

---

40) 최지현, 증거기반 정책결정과 절차적 정의-에너지 전환과 기후변화영향평가를 중심으로, 사단법인 한국환경법학회 제144회 정기학술대회 및 정기총회 자료집(2020), 72-78면

III. 비용편익분석에 대한 사법심사 타당성

1. 비용편익분석의 가치판단 개입

가. 비용편익분석이 전문가에 의지하는, 과학적·객관적 의사결정 도구임은 분명하다. 그러나 비용편익분석에도 가치판단이 개입될 수밖에 없고, 비용편익분석이 과학적·객관적 의사결정도구로서 전적으로 가치중립적이라는 명제는 오해임을 알 수 있다.

나. 비용편익분석에 가치판단이 개입되는 것을 확인할 수 있는 대표적 부분은 할인율 설정 문제이다.[41)

규제를 발령했을 때, 편익은 보통 상당히 긴 기간에 걸쳐 해마다 누적되므로, 정책결정자는 현재 사회에 그 편익의 가치를 할인하게 되고, 따라서 편익의 크기는 할인율의 영향을 크게 받는다. 반면, 비용은 보통 첫 해(또는 짧은 기간 내)에 발생되므로, 할인율에 큰 영향을 받지 않는다. 따라서 할인율이 높을수록 편익의 현재가치가 낮아지고, 할인율이 낮을수록 편익의 현재가치가 높아지는 결과가 되는바, 할인율이 낮을수록 규제를 정당화하기 쉬워지는 것은 명백하다. 이에 따라 할인율을 어떻게 산정하는지 첨예하게 대립할 수밖에 없다.

할인율은 시장 관측 자료를 토대로 실증적·기술적으로 결정하는 방법과 투자의 공공성을 반영하고 윤리적 요소도 고려하여 규범적으로 결정하는 방법으로 구분할 수 있다.[42) 그러나 결국 할인율은

---

41) 김유환, 행정법과 규제정책, 법문사(2012), 93면; Egan, M. Michael Jr., Cost-Benefit Analysis in the Courts: Judicial Review under NEPA, 9 Ga. L. Rev. 417(1974-1975), 422면

42) Jeehyun Choi, Proposals for a Sustainable Energy Regulatory Framework: The Case of Carbon Pricing in South Korea, University of California, Berkeley (2018), 76-78면

미래보다 현재를 중시하는 개인들의 시간선호(time preference)를 반영하는데, 미래에 대한 성급함(impatience)의 정도가 다른 개인들 간의 시간선호를 계산하는 보편타당한 계산방법은 존재하지 않고, 의사결정자의 가치판단 문제로 결론지어진다.

또한, 규제 발령 당시에는 비용 또는 편익으로 고려되지 않아도 무방했는데, 시간이 흐르고 그 가치가 새삼 중요해지는 경우가 발생할 수도 있는 점을 고려하면,43) 비용편익분석에서 어떠한 항목을 비용 또는 편익으로 정리하는 것에도 실상 가치판단이 개입된다. 나아가 편익을 측정할 때 개인의 선호를 측정하려 하고(조건부가치측정법), 기준선, 분석의 시간지평, 규제대안, 방법론 등에 대하여 '가정'을 설정하는데, 이러한 가정 설정에도 가치판단이 반영되는바, 결국 비용편익분석에는 가치판단이 필연적으로 개입함을 알려준다고 할 것이다.

한편, 현재 비용편익분석은 수정주의(revisionism)에 따라 현재 비용편익분석은 집단의 편익과 비용에 가중치를 다르게 산정하여44) 형평성을 제고하고자 하는데(즉, 칼도-힉스 기준에 따른 보상을 기다리지 않는다), '형평성' 자체가 가치가 개입한 개념이다.

다. 비용편익분석의 절차에서 가치가 개입되는 단계를 정리해보면, 다음 〈표 9〉와 같다.45)

---

43) Bruce D. Fisher, Controlling Government Regulation: Cost-Benefit Analysis Before and After the Cotton-Dust Case, Administrative Law Review 36(1984), 182면

44) 오정일, 비용편익분석의 유용성에 관한 이론적 검토, 정책분석평가학회회보, 22권 1호(2012), 51면

45) Terje Aven, Risk assessment and risk management: Review of recent advances on their foundation, European Journal of Operational Research(2016), 3면; 김현준, 행정계획에 대한 사법심사, 공법학연구 16권 3호(2015), 313면

즉, 비용편익분석은 ① 비용·편익 항목, 할인율, 방법론·가정 등 비용편익분석에 쓰일 자료를 조사한다.[46] 규제의 경제성을 평가할 때 가장 우선되는 작업이다. 예컨대, 지역 사업을 시행하고자 할 경우, 기상, 지질, 경사 등에 관한 자연적 환경 및 인구구조, 토지이용현황, 산업별 취업구조 등에 관한 사회경제적 환경에 대하여 기초자료를 수집하는 단계가 이에 해당한다. ② 그리고 그와 같이 조사한 구체적인 자료를 토대로, ③ 비용·편익 항목 등 평가 및 정량화·화폐가치화를 거쳐, ④ 이를 형량하는 단계로 이루어지는데, 이 중에 ①, ② 단계는 사실에 기반한 행위라고 볼 수 있는 반면, ③ 단계는 사실에 기반한 행위이자 가치가 개입하는 행위라고 볼 수 있고, ④ 단계는 가치에 기반하는 행위라고 볼 수 있다.

〈표 9〉 비용편익분석의 주체, 절차, 하자유형 및 관련요소

주체	전문가							정책 결정자
절차	비용·편익 항목, 할인율, 방법론·가정 등 조사	▸	구체적 자료의 편입	비용·편익 항목 등 평가/정량화	▸	형량 (조정)	▸	규제 발령 또는 선택
하자 유형	해태/흠결		흠결	오평가		불균형		
관련 요소	사실 기반(Fact-based)							
				가치 기반(Value-based)				

2. 비용편익분석의 민주적 정당성·정치성

비용편익분석이 전문가에 의해 실시된다 하더라도, '국민→국회→

행정청(→전문가)'으로 행정청까지 민주적 정당성(정통성)의 계보가 이어질 뿐만 아니라 비용편익분석의 과정에서 개인들의 선호를 결집해 사회 선호를 도출해내는 과정도 거치는바, 행정청이 행하는 비용편익분석은 단지 경제적 효율성의 가치만 포섭하는 것이 아니라 민주적 정당성 또한 함께 내재하고 있다고 봄이 타당하다.

다만, 비용편익분석에 정치성이 있다는 특성으로 인하여, 비용편익분석의 과정·결과가 정치적 목적에 따라 휘둘릴 가능성도 큼을 지적하지 않을 수 없다. 우리나라의 예비타당성조사에 대하여, 예비타당성조사 제도에 대한 정치적 현저성이 매우 높고, 예비타당성조사 단계, 예산의 성격, 집권당 여부, 선거 실시에 따라 예비타당성조사의 수용 태도에 차이가 발생했다는 점이 지적되고 있고,[47] 실증 분석 결과, 지역구 국회의원의 정치경력이 많을수록, 대통령의 정치성향과 지역 정치성향이 일치할수록, 예비타당성조사 결과에서 사업을 통과시킬 확률이 높다는 결과가 도출되었다.[48]

미국의 비용편익분석에 정치적 영향력이 개입되었다고 평가되는 실제 사례는 다음과 같다.[49] 미국에서는 2000년대 중반 발전소가 배출하는 대기오염을 규제하고자 하는 움직임이 발생하였다. 이에 당시 상원의원 James M. Jeffords와 Thomas R. Carper가 각각 규제법안을 제시하였다. 반면 조지 W. 부시 행정부는 기존 규제 체제가 유지되기를 바랐기 때문에 위 각 법안이 모두 통과되기를 원하지 않았

---

47) 신가희, 하연섭, 예산심의과정에서 예비타당성조사제도의 정치적 수용에 관한 연구-예산결산특별위원회 회의록 분석을 중심으로-, 한국정책학회보 24권 2호(2015), 527-563면
48) 박현철, 공공투자사업 선정과정의 정치적 이해관계 분석-예비타당성조사 중심으로-, 서울대학교 환경대학원 도시계획학 석사 학위논문(2017), 14-15, 30-37면
49) Daniel Cole, Law, Politics, and Cost-Benefit Analysis, 64 Alabama Law Review 55 (2012), 82-88면

고, 이에 따라 위 각 법안에 대응하기 위하여 소위 '맑은 하늘(Clear Skies)'이라는 법안을 준비하였다. 부시 행정부는 비용편익분석을 거친 결과 '맑은 하늘' 법안이 가장 경제적으로 타당하다며 위 법안이 채택되어야 한다고 주장하였다.

그러나 위 '맑은 하늘' 법안의 토대가 된 비용편익분석에는 의심스러운 가정들이 발견되었다. 예컨대, 노인 사망 할인(senior death discount)이라는 논쟁적 개념이 들어가고(이에 따르면 노인에게 더 낮은 가치가 부여되었다), 기준선의 설정 또한 현황과 달랐으며(3년마다 이산화황, 산화질소, 수은에 대한 규제가 생김에도 이를 미고려), 환경 편익·이산화탄소 저감에 따른 편익을 화폐가치화하지도 않았고, 전력과 천연가스의 가격탄력성을 '0'으로 가정한 문제들이 발견된 것이다.

위 사례는 행정부의 정치적 의도에 따라 비용편익분석이 실시·왜곡된 사례로 평가되고 있다.

3. 법원의 사법심사 모델 설정(행정청-법원 간 역학관계)

비용편익분석에 가치판단이 개입되는 한편, 비용편익분석의 절차와 결과에는 민주적 정당성이 내재되어 있고, 정치적 의사결정으로서의 성격도 내포되어 있다는 점에 비추어 볼 때, 법원이 비용편익분석을 사법심사하는 것이 타당한지 문제될 수 있다.

이는 가치판단에 있어 정해진 답이 존재하는지, 사회 구성원의 선호를 '공익'이라는 이름으로 도출해낼 수 있는 것인지를 확인한 연후에 답할 수 있는 문제이다. 만약 가치판단에 정답이란 존재하지 않고, 사회 구성원의 선호를 하나로 표상시킬 수 없는 것이라면, 법원보다 민주적 정당성이 큰 행정청의 가치판단을 법원이 대체할 수 있는지 여부 등에 관한 논의를 해보아야 할 것이다.

앞서 우리나라의 비용편익분석 판례에서 각 심사 태도가 정돈되지 않은 것도 바로 이 문제에 대한 답이 각 재판부별로 달랐기 때문이라고 할 수 있다. 결국 이 문제는 행정청-법원 간 역학관계를 어떻게 설정하는지에 관한 논의와 맞닿아 있고, 이에 대한 답이 비용편익분석에 대한 사법심사의 기준을 어떻게 설정할지에 대한 답과 긴밀히 연결되어 있다고 할 것이다.

4. 소결

비용편익분석은 비용·편익 항목 등을 평가(정량화)하는 과정, 이들을 형량(조정)하는 과정에서 불가피하게 가치판단이 개입될 수밖에 없다. 나아가 비용편익분석은 민주적 정당성을 지닌 행정청이 실시하는 것이므로, 민주적 정당성의 가치를 포섭할 뿐만 아니라 정치적 영향력에 의하여 영향을 받는 것으로 나타난다.

그렇다면 민주적 정당성이 상대적으로 작다고 알려진 법원이 행정청의 비용편익분석을 심사하는 것이 타당한지가 문제되는데, 이는 결국 행정청-법원 간 역학관계의 설정 문제와 연결된다. 따라서 이 책에서는 이와 관련된 미국의 논의를 살펴본 뒤(제4, 5장), 법원이 행정청의 판단에 대한 대체 여부, 존중 여부에 대하여 각 대립되는 견해의 근거를 검토해본 뒤, 위 문제에 대한 결론을 내려보고자 한다(제6장).

Ⅳ. 비용편익분석에 대한 사법심사 가능성

1. 비용편익분석의 전문성

앞서 본 바와 같이 현대의 비용편익분석은 규제의 경제성을 파악하기 위하여 편익/비용 비율, 순현재가치, 내부수익률을 계산하는데, 그 과정에서, 가치를 정량화하기 위하여 모수추정기법(유추추정법, 회귀분석 등), 헤도닉 가격 분석법, 조건부가치측정법, 불확실성에 대응하기 위하여, 민감도 분석, 의사결정나무, 몬테카를로 시뮬레이션, 베이지안 접근, 실물옵션기법 등 경제학적 방법론을 동원하고 있다.

이러한 방법론은 해당 분야의 전문가들이 활용할 수 있는 것이고, 이에 따라 우리나라에서는 한국개발연구원, 한국행정연구원이 비용편익분석을 실시하는 데 관여하고 있다.

또한 비용편익분석이 이루어지는 분야 중 예측적, 전문적, 과학적 분야의 경우에는 비용편익분석을 실시하기 위한 전문성이 더욱 요구된다. 예컨대, 금융 분야나 연구개발(R&D) 분야의 경우, 해당 분야의 산업구조와 사업의 성격 등에 대한 이해가 수반되어야, 비용편익분석을 충실히 실시할 수 있을 것으로 기대된다.

2. 제너럴리스트 법관의 심사 역량

앞서 보았듯 비용편익분석을 법원이 규범적 관점에서 심사하는 것이 필요하다 하더라도, 여전히 비용편익분석의 방법론이 확정되지 않고 있다는 점이 비용편익분석을 심사하는 것을 어렵게 한다. 현재 실시되는 비용편익분석의 방법론에 대해서는 그 문제점과 한계, 예컨대, 가치 측정의 한계 문제, 여러 방법론의 가정 설정 적합성 문제 등은 필연적으로 존재할 수밖에 없다.

그런데 법관은 제너럴리스트(generalist)에 해당하여 이와 같은 복잡한 비용편익분석을 과연 심사할 역량이 있다고 볼 수 있는지 의문이 들 수 있다. 법관이 복잡한 경제학 분야에 대해서 심사할 역량이 부족하다는 지적은 꾸준히 있어 왔고,50) 경제학의 원리를 이해하지 못한 채 비용편익분석을 심사하는 것은 부당하다는 지적 또한 존재한다.51) 따라서 법관에게 행정청이 행한 비용편익분석을 적극적으로 심사하게 하는 것이 타당한지, 아니면 존중하고 소극적으로 심사하게 하는 것이 타당한지 문제된다. 이는 앞서 본 행정청-법원 간 역학관계 설정 논의의 연장선상에서 다루어질 수 있는 부분이다.

3. 소결

법원이 행정청이 실시한 비용편익분석을 사법심사할 수 있는지에 대해서, 가장 문제되는 것은 비용편익분석에 전문적 역량이 요구되는데, 제너럴리스트인 법관이 과연 이를 해낼 수 있는지 문제이다.

이를 살펴보기 위하여는, 행정청이 실시하고 있는 비용편익분석이 실제로 전문적 역량에 따라 이루어지고 있는지 그 실증적 현황을 검토할 필요가 있고, 법원이 비용편익분석 이외에 다른 분쟁에 대하여 어떻게 심사하고 있는지 그 심사 기준 및 방법을 살펴본 뒤, 그 심사 기준 및 방법에 비추어 법원이 비용편익분석을 심사할 수 있는지 여부를 가늠해볼 필요가 있다. 따라서 이 책에서는 이와 관련된 미국의 논의를 살펴본 뒤(제4, 5장), 적합한 심사 기준 및 방법을 정

---

50) Michael R. Baye & Joshua D. Wright, Is Antitrust Too Complicated for Generalist Judges - The Impact of Economic Complexity and Judicial Training on Appeals, 54 J.L. & ECON. 1 (2011), 1-24면

51) Robert J. Jackson Jr., Comment: Cost-Benefit Analysis and the Courts, 78 Law and Contemporary Problems(2015), 57면

립해보고자 한다(제6장).

제5절 소결

이 장에서는 비용편익분석에 대하여 간략히 그 내용을 살펴보았다. 비용편익분석은 편익/비용 비율, 순현재가치, 내부수익률 등 어떠한 방식으로 표현되든, 편익이 비용보다 큰 사업(규제) 대안을 선택하도록 하는 의사결정수단임을 확인할 수 있었다. 또한 비용편익분석에 대한 비판론(가치 측정 문제, 불확실성 문제, 할인율 문제, 분배 문제)에 대응한 비용편익분석의 발전된 방법론도 함께 살펴보았다. 경제학적·수학적·공학적 기법의 발전되고, 자료(데이터)가 축적됨에 따라 비용편익분석은 의사결정권자에게 실제로 도움을 줄 수 있는 유용한 의사결정수단이 되고 있다.

이후 비용편익분석을 사법심사하는 것이 필요한지, 타당한지, 가능한지를 순차로 검토하였는데, 비용편익분석의 규범적 지위, 그러나 그에 대비되는 부실한 활용에 따라 법원이 행정청이 행한 비용편익분석을 사법심사하는 것은 필요함을 우선 확인하였다. 다만 가치판단이 개입되고 정치성을 띠는 행정청의 비용편익분석에 대하여 법원이 이를 사법심사하는 것이 타당한지는 행정청-법원 간 역학관계의 설정 문제와 연결되고, 비용편익분석에 요구되는 전문성을 제너럴리스트인 법관이 심사할 수 있는지에 대해서는 비용편익분석의 실제 현황을 검토하고 법원의 역량을 살펴볼 필요가 있음을 확인하였다.

그와 같은 문제에 대한 답을 찾기 위하여, 제4, 5장에서는 우리나

라의 비용편익분석에 영향을 크게 미친 미국에서는 과연 비용편익
분석과 그에 대한 사법심사에 대하여 어떠한 논의가 있었는지를 살
펴볼 것이다. 이를 통해 비용편익분석에 대한 사법심사 기준 및 방
법을 어떻게 정립할 것인지 모델을 정립하는 데 참고하고자 한다.

제4장
행정청의 재량판단에 대한
미국의 사법심사 기준 및 방법

제1절 개관

Ⅰ. 미국 논의 검토의 필요성

비교법적 논의 대상으로 미국의 이론과 판례를 선택한 이유는 다음과 같다.

첫째, 우리나라의 비용편익분석이 미국의 그것에 의해 영향을 받았기 때문이다. 따라서 그 본류인 미국의 비용편익분석과 그에 대한 사법심사 기준 및 방법을 검토함으로써 우리나라에 대한 시사점을 얻을 수 있다.

둘째, 미국은 행정청의 비용편익분석에 대한 사법심사 기준 및 방법에 관하여 그 논의가 심층적으로 있어 왔다. 비용편익분석에 대한 사법심사에서 고려될 필요가 있는 것은, 특히 비용편익분석의 규범적 지위 또는 법원의 비용편익분석에 대한 선호 정도와 행정청-법원 간 역학관계인데, 미국에서는 이 책이 고민하여야 하는 위 주제에 대하여 심도 있게 논의되어 왔다. 따라서 미국의 판례와 관련 논의를 참고함으로써 우리나라의 비용편익분석에 대한 사법심사의 기준 및 방법을 정립할 때, 시사점을 얻을 수 있다.

Ⅱ. 논의의 순서

이 장에서는 미국의 연방법원이 비용편익분석을 심사한 판례(제5장)를 본격적으로 분석하기 이전에, 일반적인 행정청의 재량판단에 대한 사법심사의 기준 및 방법을 먼저 분석하고자 하는데, 그 이유는 다음과 같다.

첫째, 비용편익분석도 넓게 보아서는 행정청의 재량판단에 의해 이루어지는 것이기 때문이다. 미국에는 비용편익분석에 대한 판례가 상당히 축적되어 있고 이에 대한 논의가 활발히 이루어지고 있는데, 이는 모두 행정청의 재량판단에 대한 사법심사 기준 및 방법에 대한 이해를 전제로 한다. 따라서 비용편익분석에 대한 판례를 분석하기 위한 토대로서 일반적인 행정청의 재량판단에 대한 사법심사의 기준 및 방법을 우선적으로 검토해볼 필요가 있다.

둘째, 행정청의 재량판단에 대한 사법심사 기준 및 방법을 검토함으로써 각 심사모델(엄격심사 원칙, Chevron 존중원칙, 전면적 재심사 원칙)이 정립된 과정, 변화되는 과정을 살펴보고, 행정청-법원 간 역학관계의 관점에서 그 흐름을 파악함으로써 현재 우리나라에 적용하기에 적합한 사법심사의 기준 및 방법을 살펴볼 수 있기 때문이다.

따라서 제4장에서 우선 행정청의 재량판단에 관한 미국의 사법심사 기준 및 방법의 흐름을 각 기준의 부상 시기 순으로 살펴보기로 한다[(Skidmore 원칙 →) 엄격심사 원칙 → Chevron 존중원칙 → 전면적 재심사 원칙].

제2절 독립적 판단 모델[1]의 흐름

I. 독립적 판단 모델의 내용

독립적 판단 모델은 법원이 행정청의 법 해석과 재량판단을 참조할 수는 있지만 이에 기대지 않고 법원에 법 문제에 관한 최종적 권한이 있다고 보는 입장이다. 행정청의 견해는 법원이 판단함에 앞서 참조하는 한 요소에 그친다. "법이 무엇인지를 판단하는 것은 단연코 법원의 임무(It is emphatically the duty of the Judicial Department to say what the law is)"[2]라는 표현이 위 모델을 잘 알려준다.

이하에서는 독립적 판단 모델에 속하는 Skidemore 원칙, 엄격심사 원칙의 구체적 내용을 해당 원칙을 설시한 판결을 통해 분석해보고 (II, III), 보충적으로 실질적 증거심사 원칙과 엄격심사 원칙의 관계를 논의해보기로 한다.

II. Skidmore 원칙

Skidmore 원칙은 Skidmore v. Swift & Co. 판결(1944)[3]에서 비롯되었다.

이 사건에서는 소방임무를 수행하는 근로자들(Jim Skidmore 포함

---

1) 이 책에서 취하고 있는 행정청의 재량판단에 대한 미국의 사법심사 모델 분류는, 이성엽, 행정부 법 해석권의 재조명, 경인문화사(2012)에서 한 모델 분류(독립적 판단 모델 – 존중 모델)를 따른다. 행정청과 법원의 권한 분배(독립-존중)에 주목한 가장 직관적인 모델명이라고 보기 때문이다.

2) Marbury v. Madison, 5 U.S. 137 (1803), 137

3) 323 U.S. 134 (1944)

7명)이 야간에 회사의 소방부서 안에 화재 알람이 울리는 경우 그에 대응하는 업무를 하는 것 이외에는 특별한 업무 없이 대기하고 있다 하더라도 이를 시간외 근무라고 볼 수 있는지, 따라서 이에 대한 추가 수당이 지급되어야 하는지가 문제되었다. 이들 근로자는 구두계약에 따라 일주일에 3~4일간 회사 내 소방부서 안에서 법정 근로시간을 넘어 머물러 있었는데, 냉·난방 시설이 있고, 라디오, 테이블 등 집기가 갖춰져 있어 화재 알람이 울리지 않으면 휴식을 취하는 데 별다른 지장은 없었다. 화재 알람이 실제로 울리는 경우에는 회사에서 추가 급여가 별도로 지급되고 있었는데, 근로자들이 단지 머물러 있었던 시간도 별도 초과근무에 해당하는지가 문제된 것이다.

근로자들은 공정 근로기준법(Fair Labor Standards Acts, FLSA)을 근거로 추가 수당 지급을 주장하였는데, FLSA에는 근로시간에 대기시간이 포함되는지 여부에 대하여 명확히 규정이 없었다. 이에 행정청은 해석 고시(interpretative bulletins), 비공식적 결정(informal rulings)에 기초하여 근로자들의 대기시간(식사, 수면시간은 제외)을 근로시간에 포함한다는 판단을 하였다.

연방대법원은 행정청의 FLSA 해석을 받아들이면서 다음과 같은 판시를 하였다. "행정청의 결정, 해석, 의견(rulings, interpretations, and opinions)은 그들의 권한(authority)으로 법원을 통제할 수는 없지만, 법원과 소송당사자(litigants)들이 적절히 안내받을 수 있는 경험과 판단(informed judgment)으로 구성되어 있다. 특정 사건에서 그와 같은 판단의 무게는 철저함(thoroughness), 추론의 타당성(the validity of its reasoning), 종래 및 향후 입장의 일관성(consistency with earlier and later pronouncements), 그리고 법원을 설득할 힘을 주는 모든 요소들(all those factors which give it power to persuade)에 달려 있다."4)

---

4) 323 U.S. 134 (1944), 140

위 설시가 Skidmore 원칙을 세운 것으로 평가되는데, 요컨대, 법원은 보다 전문적인 경험(more specialized experience)과 보다 넓은 범위의 조사와 정보(broader investigations and information)에 근거한 행정청의 판단을 존중한다는 의미이다.[5] 다만 법원이 행정청의 판단을 존중하더라도 행정청에게 법 해석의 최종 '권한(authority)'을 가진다고 인정하지는 않는다.[6] 즉, Skidmore 원칙은 행정청에게 권한이 있어서가 아니라 행정청이 유능하기 때문에 법원이 독립성을 여전히 유지한 채 행정청의 판단을 존중하는 것일 뿐이므로, 일종의 약한 존중(무존중)이라고 볼 수 있다.[7] 따라서 Skidmore 원칙은 심사강도 측면에서 아래에서 살펴볼 엄격심사 원칙과 Chevron 존중원칙 사이에 위치한다고 파악할 수 있다.

III. 엄격심사(Hard Look) 원칙

1. 엄격심사 원칙의 의의 및 등장배경

엄격심사 원칙은 '행정청의 재량판단에 따른 행정행위가 필수적 절차를 다 거쳐 충분한 고려(adequate consideration) 하에 내려진 것

---

5) 김은주, 미국행정법에 있어서 Chevron 판결의 현대적 의의, 공법연구(2009), 316면

6) 추효진, 미국 행정법상 실질적 증거심사, 서울대학교 석사학위논문(2013), 57면; 김은주, 미국행정법에 있어서 Chevron 판결의 현대적 의의, 공법연구(2009), 316면

7) Jim Rossi, Respecting Deference: Conceptualizing Skidmore Within the Architecture of Chevron, William and Mary law review(2000), 1109면;Bradley Lipton, Accountability, Deference, and the Skidmore Doctrine, 119 Yale L.J. (2010), 2125면; 김은주, 미국 행정법에 있어서 Chevron 판결의 현대적 의의, 공법연구(2009), 316면

인지 여부를 엄격하게 심사한다.'는 원칙이다.[8] 구체적으로는 행정
청으로 하여금 행정행위에 대한 상세한 설명을 하도록 하고, 선례와
다를 경우 그 이유를 설명하도록 하며, 중요한 대안들에 대하여도
충분히 고려하도록 하는 한편 이해관계인들의 참여를 허용할 것을
요구하는 원칙이라고 할 수 있다.[9] 따라서 엄격심사 원칙은, 아래에
서 살펴볼 Chevron 존중원칙이 사법자제주의 맥락에서 이해될 수 있
음과 달리 사법적극주의 흐름에서 파악할 수 있다.[10]

엄격심사 원칙의 등장은 정치 영역과 행정 영역에서 갈등과 분쟁
이 온전히 해결되지 못했던 데에 기인한다. 즉, 1960~70년대 환경보
호, 소비자 보호의 가치가 대두되는 등 사회 가치가 분화되고 다양
화되는 과정에서, 정치 영역에서 일치되는 합의점을 쉽게 찾지 못하
는 민주주의의 문제점에 맞닥뜨리고, 당시 행정청 수의 증가와 더불
어 규제의 양이 늘어나는 한편 관료화로 인하여 행정에 대한 신뢰가
낮아짐에 따라, 법원은 이러한 문제 상황에 대하여 사법의 적극적
대응으로서, 특히 행정청의 재량권 일탈·남용에 대한 방어기제로서
사법심사가 필요하다는 인식을 하게 되었다.[11] 이에 따라 등장한 사
법심사 원칙이 바로 엄격심사 원칙이다.

---

8) 백윤기 미국 행정소송상의 엄격심사 원칙(The Hard Look Doctrine)에 관한
연구: 한국판례와의 비교분석을 중심으로 서울대학교 박사학위 논문
(1995), 36-37면

9) Shapiro, Sidney A. Murphy, Richard W., Arbitrariness Review Made Reasonable:
Structural and Conceptual Reform of the Hard Look, 92 Notre Dame L. Rev.
331(2018), 346-348면; 백윤기, 미국 행정소송상의 엄격심사 원칙(The Hard
Look Doctrine)에 관한 연구: 한국판례와의 비교분석을 중심으로 서울대학
교 박사학위 논문(1995), 36-47면; 이성엽, 행정부 법 해석권의 재조명, 경
인문화사(2012), 137-140면

10) 백윤기 미국 행정소송상의 엄격심사 원칙(The Hard Look Doctrine)에 관한
연구: 한국판례와의 비교분석을 중심으로 서울대학교 박사학위 논문
(1995), 8면

11) Ibid, 28-29, 35면

2. 엄격심사 원칙에 따른 사법심사 기준

가. Overton Park 판결(1971)[12]

엄격심사 원칙은 Citizens to Preserve Overton Park v. Volpe 판결(1971, Overton Park 판결)에서 전면에 등장하기 시작하였다.

연방지원고속도로법(Federal-Aid Highway Act of 1968) §18(a)은 '교통부장관(Secretary of Transportation)이 다른 방향으로 도로를 건설할 수 있음에도 불구하고, 공원을 가로지르는 도로를 건설할 경우, 연방자금지원은 승인될 수 없고, 만약 다른 방향으로 도로를 건설할 수 없다면, 공원을 최소한으로 침해하는 방향으로 하는 도로 건설만이 연방자금지원을 승인받을 수 있다.'고 규정하고 있다. 교통부장관은 Overton 공원을 가로지르는 6차선의 고속도로를 건설함에 있어, 연방자금지원 대상 사업이라고 승인하였는데, 이에 대해 공원과 건설되는 도로에 대한 이해관계인(시민, 환경단체)은, "이 사안에서 공원을 가로지르지 않는 방향으로 도로를 건설할 수 있고, 그것이 어렵더라도, 이 사건 도로 건설계획은 최소한의 침해를 하는 것이 아니어서, 교통부장관의 승인은 위법하다."고 주장하였다.

연방대법원은 당시까지 행정청의 사실인정에 관하여도 행정절차법(APA) §706(2)(F)의 전면적 재심사(de novo test)를 하여 왔음에도, 이 사건의 경우 부적절한 사실인정 절차가 행하여진 재결소송이라거나 비재결적 행정행위를 강제하는 소송수행 중 새로운 논점이 야기된 상황이 아니므로 전면적 재심사가 적용되지 않는다고 하였다. 또한 그 결정이 청문회의 산물도 아니고, 규칙제정기능의 행사도 아니므로 행정절차법(APA) §706(2)(E)에 따른 실질적 증거심사 원칙(substantial

---

12) 401 U.S. 402 (1971)

evidence test)도 적합하지 않다고 하였다. 대신 연방대법원은 행정절차법(APA) §706(2)(A)을 원용하면서, '자의·전단적이거나, 재량남용, 또는 법에 부합하지 않는 경우(arbitrary, capricious, an abuse of discretion, or otherwise not in accordance with law)' 행정행위는 무효라는 기준으로 사법심사를 하였다. 연방대법원은 위 심사 기준에 대하여 다음과 같이 설시하면서 엄격심사 원칙을 세웠다. "행정청이 그의 권한 내에서 행위를 하였는지(within the scope of his authority) 또한 그 결정이 관련 요소를 충분히 고려하였는지, 판단에 명백한 오류가 있었던 것은 아닌지에 대해 심사하여야 한다(based on a consideration of the relevant factors and whether there has been a clear error of judgment)."13) 다만 법원은 행정청이 절차적으로 필요한 고려를 충분히 하였는지를 심사하면 되고, 본안 판단의 타당성을 법원이 '실체 심사(substantial inquiry)'하되, 직접 법원의 판단으로 행정청의 판단을 대체하지는 않는다고 하였다.

이에 따라 연방대법원은 원심이 행정청 판단의 합리성 심사를 선서진술서(affidavits)에 의하여 하였는데, 이는 사후적(post hoc) 정당화에 불과하고, 모든 기록(whole record)을 심사의 토대로 삼아야 한다고 하면서, 행정상 모든 기록에 의하여 다시 판단할 것을 명하며 파기 환송 판결을 하였다.

Overton Park 판결(1971) 이후 행정절차법(APA) §706(2)(A)의 자의성 심사는 엄격심사 원칙을 의미하는 것으로 이해되었다.14) 결국, 엄격심사 원칙이란 행정청의 행정행위가 자의·전단적인지 여부를 심사하기 위해서 행정청의 판단의 합리성을 심사하여야 하는데, 그 방법으로는 행정청에게 충분한 이유 설명을 요구한다는 것이다. 이는 행

---

13) 401 U.S. 402 (1971), 416
14) 정하명, 미국 행정법상 행정부의 법률해석에 관한 사법심사의 범위, 공법학연구 8권 2호(2007), 430면

정청의 판단에 깊이 관여하지는 않으면서 심사밀도는 높이는 심사 방법이라고 볼 수 있다.[15]

나. State Farm 판결(1983)[16]

Motor Vehicles Mfrs. Ass'n v. State Farm Ins. 판결(1983, State Farm 판결)은 Overton Park 판결(1971)에서 설시된 엄격심사 원칙을 보다 확고히, 그리고 상세히 하였다.

도로교통안전국(National Highway Traffic Safety Administration, NHTSA)은 미국 교통 및 자동차 안전법(National Traffic and Motor Vehicle Safety Act, Act)에 따라 '자동차 안전의 필요에 부합하는(meet the need for motor vehicle safety) 적절한 연방 자동차 안전기준(appropriate federal motor vehicle safety standards)'을 설정해야 했고, 이에 따라 NHTSA는 기준 208(standard 208)을 설정하였다.

NHTSA는 특히 자동차 사고 2차 충격 시 탑승자를 보호하기 위해, 사고가 나는 순간 탑승자를 고정시킴으로써 충돌에서 발생하는 에너지를 탑승자에게 집중되지 않게 한다는 목표로 기준을 설정하고자 하였다. 이에 따라 NHTSA는 1977년 에어백, 자동벨트 및 다른 기술들을 포함한 자동안전장치들을 모든 자동차에 장착하도록 하게 했다. 대체로 피동 안전벨트(passive restraint) 또는 에어백을 사용하면 기준에 부합할 것으로 보였고, 어떤 방법을 선택할지는 자동차 제조업자들에게 맡겼다. 다만 NHTSA는 기준 설정에 따라, 60% 차량이 에어백을, 40%가 피동 안전벨트를 설치할 것이라고 예상하였다. 그런데 NHTSA가 1981년 실태를 점검해보니, 거의 99%에 달하는

---

15) 김춘환, 미국 연방대법원의 Overton Park 사건에 관한 판결의 검토, 토지공법연구 18집(2003), 605면
16) 463 U.S. 29 (1983)

신차가 자동 안전벨트(automatic seatbelt)를 선택했는데, 그 안전벨트
는 탈착 가능한 방식으로 제조되고 있어, 실상 운전자들은 안전벨트
를 탈착한 채 자동차를 운행하고 있었다. 이는 자동차 제조업자들이
에어백 제조 가격이 높기에, 기준에 부합하는 방식으로 자동 안전벨
트 방식을 선호했고, 자동 안전벨트가 탈착이 불가능하면 소비자들
이 외면할 것이기에 이를 탈착 가능하게 만들었기 때문이었다. 자동
차 제조업자들은 이처럼 '탈착 가능한 자동 안전벨트(detachable
automatic seatbelt)'가 실제로는 수동 안전벨트(current manual seatbelt)
와 완전히 같은 방식으로 쓰이고 있는 현실을 근거로, 기준이 차량
탑승자의 안전을 증진시키지 못함에도, 기준에 부합하기 위하여 자
동차 제조업자들이 큰 비용을 헛되이 쓰고 있다고 하면서 기준의 폐
지를 주장했다.

이에 NHTSA는 당시 레이건 정부의 규제완화 기조에 발맞추어,
1981년 기준 208을 폐지한다고 발표하였다. NHTSA은 탈착 가능한 자
동 안전벨트의 사용률에 대한 불확실성 때문에, 자동 안전벨트가 더
이상 합리적이거나 실현가능(reasonable and practicable)하다고 보지
않았다. 또한 그러한 요구를 이행하는데 쓰이는 높은 비용이 편익보
다 과다하여, NHTSA는 기준이 효과적이지 못한 규제 사례로 보게 될
까 우려했다.

이와 같은 기준 폐지가 위법한지 여부가 이 사건에서 쟁점이 되
었는데, 연방대법원은 Act에서, 기준 발령, 수정, 폐지에 모두 행정절
차법(APA) §706(2)(A)에 따라 사법심사할 것을 규정하고 있음을 근거
로, '자의·전단적이거나, 재량남용, 또는 법에 부합하지 않는 경우
(arbitrary, capricious, an abuse of discretion, or otherwise not in
accordance with law)' 행정행위는 무효라는 기준을 가지고 사법심사
를 하였다.

이 사건에서 연방대법원은 행정절차법(APA) §706(2)(A)의 자의성

심사 기준(arbitrary and capricious standard)에 대하여 구체적인 기준
을 세웠다. 즉, "위 기준은 협소하고, 법원은 자신의 판단으로 행정청
의 판단을 대체해서는 안 된다(standard is narrow and a court is not
to substitute its judgment for that of the agency)."[17]고 하면서도, "행정
청은 반드시 관련 자료를 조사하고, 행정행위에 대한 충분한 설명을
뚜렷이 하여야 하며(the agency nevertheless must examine the relevant
data and articulate a satisfactory explanation for its action), 그 설명을
심사할 때, 법원은 관련 요소에 기초하여 행정청의 결정이 이루어졌
는지, 그 판단에 명백한 오류가 없는지를 심사하여야 한다(in
reviewing that explanation, a court must consider whether the decision
was based on a consideration of the relevant factors and whether there
was a clear error of judgment)."[18]고 하였다

따라서 만약 행정청이 ① 의회가 고려하기를 의도하지 않았던 요
소에 의존하거나, ② 문제의 중요한 측면(an important aspect of the
problem)을 고려하는 데 완전히 실패하거나, ③ 결정에 대한 설명이
행정청 앞에 제시된 증거에 반하거나, ④ 단순한 견해 차이나 행정청
의 전문성 때문이라고는 할 수 없을 정도로 설득력이 없는 경우에는
규칙은 자의·전단적(arbitrary and capricious)이 된다고 하였다.

이러한 법리에 따라 연방대법원은 NHTSA의 기준 폐지를 취소하
였다.NHTSA가 기준 설정에 대하여 편익뿐 아니라 비용을 고려한 것
은 타당하나, 의회가 Act 하에서 안전을 가장 우선적인 요소로 의도
했으므로, NHTSA는 마땅히 가능한 다른 '대안(에어백)'을 고려했어야
했음에도 그러하지 아니하였고, 동 규제에 의한 안전 확보가 그렇게
도 비효율적인지에 대한 '발견된 사실과 결정 사이의 합리적 연관성
(rational connection between the facts found and the choice made)'을

---

17) 463 U.S. 29 (1983), 30
18) 463 U.S. 29 (1983), 30-31

포함한 충분한 설명을 하지 못했다는 이유였다. 상세히 살펴보면 다음과 같다.

첫째, 연방대법원은 NHTSA가 자동벨트가 쉽게 탈착 가능하면 수동벨트와 같다고 생각하는지 그 이유를 알 수 없었다. 자동벨트가 탈착 가능하지만 않으면, 운전자는 아무런 노력을 기울이지 않아도 자동 보호를 받게 되는 것 아닌가? 게다가 수동벨트와는 달리, 자동벨트의 경우 관성적으로 사용할 가능성이 더 크다. 이러한 요인이 있는데도, NHTSA는 왜 자동벨트 사용이 늘어나지 않는다고 예측하였는가? 연방대법원은 NHTSA가 탈착 가능한 자동 안전벨트와 현재 수동 안전벨트 사이의 중요한 차이점이 있음을 고려하지 않았다고 지적했다.

둘째, 연방대법원은 NHTSA가 대안으로서 에어백을 포기하였는지에 대해 당혹스러워했다. NHTSA는 자동 안전벨트 기술을 요구하지 않는 내용으로 기준을 폐지하기로 결정하면서 에어백에 대해서는 아무런 언급이 없었다. 그런데 에어백은 NHTSA에서 십 년 넘게 주장한, 기술적으로 적용가능하고 비용-편익적으로 합당한 기술이었음을 상기할 필요가 있다. 기준 208은 자동 안전벨트 또는 에어백을 요구하고 있었는데, NHTSA는 대안으로서 에어백에 대한 분석을 하지 않았다. 특히 Act는 기준이 현재의 기술에만 기대어 설정될 것이 아니라 탑승자의 안전을 위해서 기술을 촉진(technology-forcing)시킬 수도 있는 것으로 여겼으므로, 현재 기술을 이유로 에어백을 고려하지 않는 것도 받아들일 수 없다.

다. 소결: 행정청 판단 비대체-비존중 심사 방식

위와 같이 Overton Park 판결(1971), State Farm 판결(1983)에서 파악할 수 있는 행정청의 재량판단에 대한 사법심사 태도는, '법원이 행정청의 재량판단을 대체하는 방식으로 심사하지는 않되, 행정청의 판단을 엄격히 심사한다.'로 정리해볼 수 있다.

3. 보론: 실질적 증거심사 원칙

연방대법원의 사법심사 기준은, 법 문제(questions of law)에는 전면적 재심사 원칙이 적용되고, 사실문제(questions of fact)에는 엄격심사 원칙과 실질적 증거심사 원칙이 적용되는데, 엄격심사 원칙은 약식(informal) 절차에 적용되고, 정식(formal) 절차에 대해서는 실질적 증거심사 원칙이 적용된다고 봄이 일반적인 이해였다.[19]

그러나 오늘날 미국 행정이 대부분 약식 절차에 의하여 이루어지는 점을 고려하면[20] 약식 절차와 정식 절차를 구별하여 전자에 대해서는 엄격심사 원칙을, 후자에 대해서는 실질적 증거심사 원칙을 적용한다는 이분법적 분류는 현실적으로 타당하지 않고, 약식 절차에 대한 법 원리로 고안된 엄격심사 원칙을 보편적 사법심사 원칙으로 이해하여도 무방하다. 엄격심사 원칙의 심사 기준이 구체화되고 실질화되면서 행정청의 판단이 옳은지 여부가 아니라 행정청의 설명이 적절한지 여부를 심사의 쟁점으로 삼게 되었다는 측면에서, 엄격심사 원칙이 실질적 증거심사 원칙과 별다른 차이가 없게 된 점을 고려하면 더욱 그러하다.[21]

---

19) 백윤기, 미국 행정소송상의 엄격심사 원칙(The Hard Look Doctrine)에 관한 연구: 한국판례와의 비교분석을 중심으로, 서울대학교 박사학위 논문 (1995), 10면; 추효진, 미국 행정법상 실질적 증거심사, 서울대학교 석사학위논문(2013), 47면; 유제민, 독립규제위원회의 판단에 대한 사법심사 기준 및 강도에 관한 연구, 서울대학교 박사학위 논문(2019), 63-64면

20) Paul R. Verkuil, The Emerging Concept of Administrative Procedure, 78 Colum. L. Rev. 185(1974), 276-278면

21) 추효진, 미국 행정법상 실질적 증거심사, 서울대학교 석사학위논문(2013), 57면; 김은주, 미국행정법에 있어서 Chevron 판결의 현대적 의의, 공법연

따라서 이 책에서는 실질적 증거심사 원칙에 대하여는 별도로 다루지 않기로 한다.

제3절 존중 모델의 등장

Ⅰ. 존중 모델의 내용 및 심사 강도

존중 모델은, 법원은 행정청의 재량판단이 합리적인지 여부만을 판단할 뿐 옳은지 여부를 결정하지 않고, 법원이 행정청의 재량판단을 존중하는 것이 바람직하다고 보는 입장이다.[22] 이는 아래 Chevron U.S.A. Inc. v. Natural Resources Defense Council, Inc. 판결(1984, Chevron 판결)[23]을 대표로 쓴 John Paul Stevens 대법관이 한 "혼동될 때에는 행정청의 의견을 받아들인다(When I am so confused, I go with the agency)."[24]는 말로 요약될 수 있다.

존중 모델은 Chevron 판결에서 세워졌는데,[25] 이는 State Farm 판결(1983)이 재확인했던 엄격심사 기조를 크게 약화시켰다고 평가된다.[26]

구(2009), 52-53면; 안동인, 비례원칙과 사법판단권의 범위, 행정법연구 제34호(2012), 7면; 김태환, 미국 연방행정절차법에서의 실질적 증거 기준, 행정법연구 18호(2008), 316-318면

22) Cynthia R. Farina, Statutory Interpretation and the Balance of Power, Cornell Law Faculty Publications(1989), 453면

23) 467 U.S. 837 (1984)

24) Papers of Harry A. Blackman, Library of Congress, Madison Building, Box 397, Folder 7[Chabot, Christine Kexel, Selling Chevron, 67 Admin. L. Rev.(2015), 483면에서 재인용]

25) Thomas W. Merrill, Judicial Deference to Executive Precedent, 101 Yale L. J. 969(1992), 972면

II. Chevron 판결(1984)에 의한 사법심사 기준 (Chevron 존중원칙)

1. Chevron 판결(1984)의 내용 및 Chevron 존중원칙 정립

Chevron 판결(1984)의 사안은 이러하다. 대기청정법(Clean Air Act, CAA) §172(b)(6)에 따라 환경보호청(Environmental Protection Agency, EPA)은 고정오염원(stationary source)에 의한 오염물질 배출을 규제하였는데, CAA는 고정오염원의 의미를 규정하고 있지 않았다. 이에 EPA는 1981년 고정오염원의 정의에 대하여 개별 장비가 아니라 '전체 공장(plantwide)' 개념으로 접근하였다. 전체 공장 개념 하에서는 하나의 가상의 버블(bubble)이 전체 공장을 감싸고 있어, 그 버블 내에서 배출되는 오염 총량에 변화가 있는지를 살피게 되므로, 버블 내에서 어떤 오염물질 배출장치가 장치의 한 부분을 설치하거나 수정하였다고 하더라도 전체 공장의 오염 총량을 증가시키지만 않는다면 규제의 대상이 되지 않게 되었다.

이에 대하여 EPA의 고정오염원 해석 중 버블 개념이 CAA에 위반되는지 여부가 문제되었다. 항소법원[27]은 먼저 CAA가 고정오염원이라는 기술적 용어를 정의하였는지 조사한 연후, 법상 용어가 해석에 도움이 되지 않고 입법연혁도 모순적임이 밝혀지자, 독립적으로 사법심사를 하였다. 이후, 항소법원은 고정오염원에 대한 EPA의 해석은 대기를 청정하게 만들고자 하는 CAA의 취지를 위반하였다고 판시하였다.

---

26) 백윤기 미국 행정소송상의 엄격심사 원칙(The Hard Look Doctrine)에 관한 연구: 한국판례와의 비교분석을 중심으로 서울대학교 박사학위 논문 (1995), 118면

27) 685 F.2d 718 (D.C. Cir. 1982)

그러나 연방대법원은 항소법원의 판단과 달리, EPA의 해석이 합리적이라고 하며 항소법원은 의회가 고정오염원에 대한 정의를 정하지 않았음에도 이에 대해 행정청이 아닌 법원이 정의하게끔 하였다고 지적하였다. 구체적으로 연방대법원은 행정청의 법 해석 또는 재량판단을 사법심사하는 원칙을 다음과 같이 설시하였다.

즉, 법원은 행정청의 법 해석 또는 행정재량을 심사할 때, 두 가지 질문에 직면한다. 첫째, 의회가 직접 쟁점 대상에 대해 언급하는지 여부이다. 의회의 의도가 명백(clear)하다면 행정청과 법원은 그에 따르면 되므로 문제는 종료된다(the end of the matter)(Chevron STEP 1)28).

둘째, 만약 의회의 의도가 명백하지 않은 경우(silent or ambiguous), 이는 의회가 행정청으로 하여금 채워야 할 공백을 남긴 것으로 보이고, 따라서 법원은 자신의 법 해석을 시도하거나 그러한 해석으로 행정청의 법 해석을 대체해서는 안 되고, 행정청의 판단이 법상 허용될 수 있는 것이라면 이를 존중하여야 한다(Chevron STEP 2).29)

2. Chevron STEP 1, 2 정리

Chevron 판결(1984)에 의하여 정립된 사법심사 체계인 Chevron STEP 1, 2를 순서도로 정리하면 다음 〈그림 3〉과 같다. 즉, 법원은 우선, '의회가 직접 쟁점 대상에 대해 언급하는지' 확인한다. 이는 Chevron 판결(1984)을 인용하는 후속 판결에서는 '법의 문언이 명백(plain language of the statute)한가?'라는 질문으로 치환되기도 한다. 이에 대한 대답이 '그렇다'이면 그대로 문제는 종료된다. 의회의 의도, 즉 법의 문언대로 따르면 되기 때문이다(STEP 1). 만약 위 대답이 '아니다'이면 '행정청 판단이 허용될 수 있는가(합리적인가)?'를 질문한

---

28) 467 U.S. 837 (1984), 842
29) 467 U.S. 837 (1984), 843

다. 이에 대한 대답이 '그렇다'이면 행정청 판단을 존중하는 것으로 법원은 결정하면 되고, '아니다'이면 행정청 판단을 번복하면 된다(STEP 2).

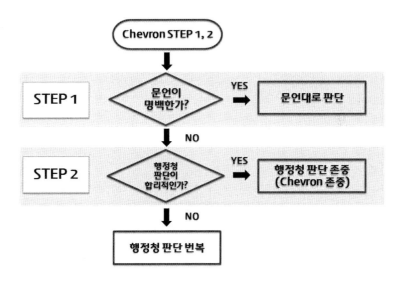

〈그림 3〉 Chevron STEP 1, 2 순서도

III. Chevron 존중원칙의 적용범위(Chevron STEP 0)

1. Chevron 존중원칙의 적용 여부

Chevron 판결(1984)이 설시된 이후, 연방대법원은 Chevron 존중원칙을 사법심사 원칙으로 가장 많이 원용할 정도로[30] 파급력이 상당하였다. 그러나 2000년대에 들어서면서 Chevron STEP 1, 2를 적용하

---

30) Gary Lawson, Stephen Kam, Making Law Out of Nothing at All: The Orgins of the Chevron Doctrine, 65 ADMIN. L. REV. 1, 2(2013), 2면

기에 앞서 Chevron 존중원칙이 적용되는지 여부를 먼저 검토할 필요가 있다는 논의가 발생하였다. 이 논의는 기존 Chevron STEP 1, 2 명칭에 맞추어 STEP 0로 명명되었다.[31]

2. United States v. Mead Corp. 판결(2001, Mead 판결)[32]

Chevron 판결(1984) 이후 연방대법원은 Mead 판결(2001)을 통해 Chevron 존중원칙이 적용될 사건인지 여부에 대하여 우선 심사하는 원칙을 세웠다(Chevron STEP 0). 즉, Mead 판결(2001)은 아래와 같이 독립적 판단 모델의 Skidmore 원칙이 적용되는 경우와 Chevron 존중원칙이 적용되는 경우를 구별했다.

Mead 판결(2001)의 사안은 이러하다. Mead 회사는 일일 스케줄, 전화번호, 주소, 달력 등으로 이루어진 일일계획표(day planners)를 수입·판매하는 업체인데, 관세청(United States Customs Service)은 해당 수입물품이 통일관세율표(Harmonized Tariff Schedule of the United States) subheading 4820. 10.에 규정된 '묶여진 일일장부(bound diaries)'에 속한다고 하여, 관세 면제 물품으로 분류하지 않고 4% 관세를 부과하는 처분을 하였다. 위 관세율표는 '등록부, 회계장부, 노트, 주문장부, 영수증 책자, 편지지철, 메모지철, 일일장부 및 유사물품(registers, account books, notebooks, order books, receipt books, letter pads, memorandum pads, diaries and similar articles)'을 하나의 항목으로 분류하면서 그 항목을 다시 두 개로 소항목으로 나누어 '① 묶여진 일일장부, 노트, 주소록, 메모지철과 편지지철 및 유사 항목(diaries, notebooks and address book, bound; memorandum pads, letter pads and similar articles)'에는 4% 관세율을, 그 밖의 항목을 '② 기타

---

31) Cass Sunstein, Chevron STEP zero. Virginia Law Review, Vol. 92, No. 29(2006)
32) 533 U.S. 218 (2001)

(others)'로 하여 면세(0%) 품목으로 규정하고 있었다.

관세청은 옥스퍼드 사전을 참고하여, 일일장부란, '지난 일일 사건의 매일의 기록(a daily journal of the past day's events)', '달력을 포함하여 일 단위 메모를 위해 인쇄된 날짜가 포함된 종이 묶음(a book including printed dates for daily memoranda and jottings; also⋯ calendars⋯)'인데, 일일장부가 첫 번째 정의에만 국한되지 않고, '묶여진(bound)'의 의미도 제본(bookbinding) 뿐만 아니라 금속, 플라스틱 등에 의한 묶음(reinforcements or fittings of metal, plastics, etc.)을 포함한다고 보았다. 이에 따라 Mead 회사의 수입물품으로서 일일계획표를 '묶여진 일일장부'에 해당한다고 본 것이다.

연방대법원은 이 사건에서, Chevron 존중원칙이 행정청의 모든 법 해석 및 재량판단에 적용되는 것이 아니라는 점을 확인하면서, "관련 법에서 의회가 행정청에게 일반적으로 법적 구속력을 가지는 규칙을 제정할 권한을 위임했다고 볼 수 있을 때"[33] Chevron 존중원칙이 적용된다고 하였고, 그러한 위임 여부는 예컨대, 행정청의 재결, 청문절차와 같은 규칙제정절차를 사용하는 경우 또는 그에 상응한 의회의 의도를 알 수 있는 표지(some other indication of comparable congressional intent)에 의하여 알 수 있다고 하였다. 그러나 이 사안은 청문 절차가 이루어지지 않았으므로, Chevron 존중원칙이 적용될 수 없고, 다만 Skidmore 원칙이 적용되어 일정한 존중을 받을 뿐이다.

연방대법원은 Mead 판결(2001)을 통해 법원이 행정청의 법 해석 및 재량판단에 대해 존중을 부여할지 여부 및 그 존중의 수준을 판단함에 있어 의회의 의사가 가장 중요함을 재차 확인하였다고 평가되나, 의회의 의사가 반드시 명시적이지 않고 묵시적일 수 있다는

---

33) 533 U.S. 218 (2001), 226-227

점에서 여전히 Chevron 존중원칙이 적용되는 것이 적정한지 명확하지 않다는 한계가 있다.

다만 연방대법원은 Mead 판결(2001)을 통해 '정식 절차'와 '약식 절차'를 나누었고,[34] 전자의 경우, 이해관계인들에 대하여 의견을 개진할 수 있는 기회를 제공하고, 행정청에게 합리적 응답을 할 의무를 부여함으로써 숙고의 과정을 거치게 하여 공정성을 증진시킬 수 있기 때문에, Chevron 존중원칙이 적용되는 것으로 추정된다고 하였다.[35] 반면 약식 절차는 그와 같은 참여의 기회가 제공되지 않으므로, Chevron 존중원칙이 적용되지 않고 Skidmore 원칙이 적용된다고 하였다. 결국 Mead 판결(2001)은 절차적 정당성을 요구한 것이라고 볼 수 있다.[36]

3. Barnhart v. Walto 판결(2002, Barnhart 판결)[37]

Barnhart 판결(2002)은 Mead 판결(2001)에서 언급한 '정식 절차를 거친 사안' 또는 '법적 구속력이 있는 사안'이 아니더라도 Chevron 존중원칙이 적용될 수 있음을 판시하여, Chevron 존중원칙의 적용범위를 넓혔다.

이 사안은 사회보장법(The Social Security Act)에 대한 사회보장국(The Social Security Administration)의 해석이 문제되었다. 사회보장법은 '12개월 이상 지속적으로 진행되었거나 그러할 것으로 예상되는 의학적 손상으로 인한 실질적 소득활동 불가능 상태'의 개인에 대하

---

34) Elena Kagan, David J. Barron, Chevron's Nondelegation Doctrine, Sup. Ct. Rev. 201(2001), 225면

35) Cass R. Sunstein, Chevron STEP zero. Virginia Law Review, Vol. 92, No. 29(2006), 225-226면

36) Keith Werhan, Principles of administrative law, Thomson/West(2008), 349면

37) 535 U.S. 212 (2002)

여 장애급여를 주도록 규정하고 있었다[42 U. S. C. §423(d)(1)(A)]. 사
회보장국은 2001년 이전까지는 정식 절차를 거치지 않은 채[2001년
에야 비로소 정식 절차(고지 및 의견제출 절차)를 거쳐 동일한 해석
을 하였다], 위 법에 대하여 '실질적 소득활동 불가능 상태도 12개월
이 되어야 한다.'고 해석하는 한편 12개월 이상 지속될 것으로 예상
되는 경우란 '실질적 소득활동 불가능 상태가 아직 12개월이 지나지
않은 경우'에 적용되는 것일 뿐이라고 해석하여 12개월이 경과하기
전 다시 소득활동을 하게 된 경우에는 이에 해당하지 않는다고 하였
다. 이에 따라 교사로 일하던 Walton이 1994. 10. 31.부터 1995. 9.말까
지 11개월 동안 조현병과 이에 따른 우울증으로 인하여 소득활동을
할 수 없었는데, 이후 소득활동을 개시한 이 사건에 대해서, 사회보
장국은 소득활동 불가능 상태가 12개월이 되지 않았다고 하여 장애
급여 지급을 거부하였다.

　연방대법원은 이 사건에서 종래 사회보장국의 해석이 정식 절차
에 의한 것이 아님에도 Chevron 존중원칙이 적용된다고 하면서, 사
회보장국의 해석을 존중한다고 결론지었다. Mead 판결(2001)에서 정
식 절차의 경우에 Chevron 존중원칙이 적용된다고 한정하였음에 비
하여 Barnhart 판결(2002)은 그 적용범위를 넓혔다고 평가될 수 있다.
이러한 결론을 낸 이유에 대해서, Barnhart 판결(2002)은 법적 문제의
성질(the interstitial nature of the legal question), 행정청의 관련 전문
성, 문제의 중요성, 행정의 복잡성, 행정청의 오랜 기간 숙고에 대한
고려 등으로 인하여, Chevron 존중원칙이 적용된다고 하였다.

　이에 따라 연방대법원은 사회보장국의 해석이 오랫동안 지속되
었고 위와 같은 이유를 고려하여 종래 정식 절차(고지 및 의견제출
절차)를 거치지 않았다 하여, 존중받을 자격이 자동적으로 상실되는
것은 아니므로, 사회보장국의 해석이 타당하다고 인정하였다.

4. 소결

위와 같은 판결들에도 불구하고 Chevron 존중원칙이 언제 적용되어야 하는지 여전히 명확하지 않다. 그러나 Mead 판결(2001)에서 설시하였듯, STEP 0은 'Chevron 존중원칙이 행정청의 모든 법 해석 및 재량판단에 적용되는 것이 아니라는 점'을 확인하면서, 광범위한 영향력을 가진 Chevron 존중원칙을 제한하는 역할을 수행하고 있다. 즉, STEP 0 논의는 법원이 행정청에게 맡겨온 법 해석과 재량판단의 권한을 다시금 법원에 가져오려는 하나의 이론적 근거로 작용하는 것이다. 따라서 STEP 0에서부터 Chevron 존중원칙을 배제하려는 시도가 강해질수록, 종래와 달리 법원이 사법적극주의적 태도를 취한다고 해석할 수 있다. 아래에서 살펴볼 최근 연방대법원의 King v. Burwell 판결(2015)[38]은 위 Mead 판결(2001), Barnhart 판결(2002)에 더해 STEP 0의 기준을 한층 강화하고 있는데, 이 또한 같은 맥락으로 해석할 수 있다.

IV. 존중 모델의 이론적·실제적 근거 및 사법자제주의

1. 존중 모델의 이론적·실제적 근거

가. 의회의 의도

법에서 명시적으로 해석권을 행정청 또는 법원에 위임하는 경우, 의회의 의사에 따라 행정청 또는 법원이 해석권을 갖게 됨은 마땅하

---

38) 576 U.S. 988 (2015)

다. Chevron STEP 1에서 '의회의 의도가 명백하다면 법원은 그에 따르면 되므로 문제는 종료된다.'고 하는 것은 바로 이를 의미한다. 다만 의회의 의도가 명백하지 않은 경우 즉, 법의 공백이 존재하거나 법이 불분명한 상황에서 의회의 의도를 어떻게 바라볼지 문제되는데, Chevron 존중원칙은 '묵시적으로 행정청에게 해석을 위임했다(묵시적 위임).'고 보고 있다.[39] 즉, Chevron 판결(1984)은 명시적 위임과 묵시적 위임을 구별하면서 행정청 판단 존중의 근거로 이 둘을 모두 승인한 것이다.[40]

나. 전문성

현대 행정국가는 행정청이 풍부한 인적, 물적 자원에 전문성까지 겸비된 행정청이 상대적으로 의회, 법원에 비해 규제의 정책결정에 있어 우월한 지위에 있다고 본다. 행정청은 행정청의 기관 특성상 풍부한 인력이 규제대상을 오랫동안 지속적으로 다루고 집중적으로 파악하기 때문에 사실관계 파악 능력(fact-finding competence)과 더불어 정책결정 능력(policy-making competence)이 탁월하다.[41] 반면 법원은 법관들로 구성되는데, 법관의 선발과정, 사무분담 내용 등에 따라 요구·습득·활용되는 법관의 지식체계 범위와 깊이에는 한계가 존재한다. 따라서 법원이 불확실성이 개재된 규제 영역에 전문성 또는 유연성을 가질 수 있을지 의문을 갖게 됨은 자연스럽고 행정청에게 책임을 부여하되 자율성을 확보하게 하여 효율적으로 임무를 수

---

39) David M. Hasen, The Ambiguous Basis of Judicial Deference to Administrative Rules, 17 Yale J. on Reg.(2000), 339-342면
40) 김은주, 미국행정법에 있어서 Chevron 판결의 현대적 의의, 공법연구 (2009),321면
41) Cass R. Sunstein, Law and Administration after Chevron, 90 Columbia Law Review 2071(1990), 2084면

행하도록 하고 법원은 이를 존중해야 한다고 본다.[42] 연방대법원이 Chevron 판결(1984)에서 행정청의 판단을 존중하는 근거로서 ① 행정청이 다양하고 충돌되는 정책을 조화롭게 수행할 수 있다는 점, ② 기술적이고 복잡한 영역(technical and complex arena)에서 행정가 가지는 전문성, ③ 일상 현실(everyday realities)에 대한 대응력을 언급한 것도 이러한 점을 지적한 것이다.

다. 민주적 정당성·정치적 책임성

행정부의 수반인 대통령은 국민으로부터 직접 선출되어 국민에게 직접 정치적 책임을 지고, 행정청은 대통령의 감시와 감독을 받음으로써 그에 따른 민주적 정당성을 가지는 한편 정치적 책임을 진다. 또한 행정청의 규제란 이해관계인을 포함한 다양한 사회 구성원의 선호를 참여 등을 통해 결집하여 이른바 공익(公益)을 도출해낸 뒤 이루어진 결과물[43]임을 감안하면, 사회 구성원의 참여 및 이들과의 의사소통을 통해 만들어지는 행정청의 규제나 정책에는 민주성과 공정성이 더해질 수 있다. 반면 법원은 법관들의 판단을 통해 행정청 규제에 대하여 사법심사를 하는데, 법관들은 국민에 의해 선출되지 않고 정치적 책임으로부터도 거의 자유로우므로, 법원의 사법심사는 민주주의 원리에서 가장 멀리 있다고 볼 수 있다.

Chevron 존중원칙은 규제와 관련하여 적용되는 사법심사 기준으로서 정책적 의사결정과 연관되므로, 선거에 의하여 뽑히지 않은 법관보다, 민주적 정당성이 큰 행정청이 정치적 책임성(electoral

---

42) 박정훈, 행정법에 있어서의 이론과 실제, 행정법의 체계와 방법론 (2005), 20, 38면
43) 허성욱, 공법이론과 공공정책(Ⅰ)-공법이론 연구방법론으로서 공공선택이론, 법경제학연구(2009), 153면

accountability)을 가지고 법 해석 및 재량판단을 하는 것이 타당하고 법원은 이를 존중할 필요가 있다는 뜻으로 이해할 수 있다.

라. 행정절차상 참여

사회구성원의 행정 절차에의 참여를 존중 모델의 근거로 삼을 수도 있다. 앞서 본 바와 같이 공익의 확정이란 다양한 개인들의 선호를 결집해서 사회적 선호를 도출해내는 것과 다름없다는 점을 상기한다면[44], 이해관계인이 행정절차에 참여한다는 것은 아직 미확정된 공익을 확정·형성해 나간다는 의미도 가지게 된다. 또한 이해관계인의 참여를 보장함에 따라 합리성이 보장되기도 하고, 행정에 민주성과 공정성이 더해질 수도 있다.

연방대법원도 Mead 판결(2001)에서 정식 절차와 약식 절차를 구분하고 전자에 대하여 Chevron 존중원칙이 적용된다고 보았는바, 이해관계인의 참여를 Chevron 존중원칙을 뒷받침하는 또 하나의 이론적 근거로 삼았다고 할 수 있다.

2. 존중 모델과 사법자제주의

앞서 살펴본 바와 같이 존중 모델의 이론적·실제적 근거는 ① 행정청이 법 해석 및 재량판단을 하는 것이 의회로부터 위임받은 범위 내의 권한을 행사하는 것으로서 의회의 의도에 부합하는 것이고(의회의 의도, 명시적·묵시적 위임), ② 행정청이 전문적이고 기술적인 분야에 관하여 법원보다 더욱 적합하며(전문성), ③ 행정청이 법원에 비하여 민주적 정당성, 정치적 책임성이 더 크고(민주적 정당성, 정

---

44) Ibid, 153면

치적 책임성), ④ 행정절차상 이해관계인의 참여를 보장함으로써 행
정의 합리성을 더할 수 있다(행정절차상 참여)는 점이다.

위와 같은 이론적·실제적 근거를 가지고 있는 Chevron 존중원칙
은 법상 공백이 있거나 불분명한 상황(silent or ambiguous)에서 법원
의 선제적 판단이 행정청의 의사결정에 대한 침해가 될 수 있음을
경계함과 동시에 권력분립 원리에 대한 엄격한 존중을 요구하는 것
이고, 따라서 사법자제주의(judicial restraint)와 맥락을 같이한다.[45]
그러므로 법원이 존중 모델을 채택할 경우, 행정법의 법 해석 및 재
량판단과 이에 따른 집행 영역에서, 행정청-법원 사이의 힘의 무게
를 행정청에 상당히 두는 결과가 발생함은 필연적이다. 존중 모델에
따르면, 법원은 의회의 의도 및 위임에 따라 민주적 정당성·정치적
책임성이 더 큰 행정청이 전문성에 의하여 내린 판단을 존중하여야
하는바, 이에 따라 법률가들이 종래 의지하던 형식 법리에서 벗어나,
정책 공간(policy space)이 전문성을 지닌 행정 관료들에게 부여되는
것이다.[46] 따라서 행정 관료들은 "어떤 규제가 최선의 법 해석 및 재
량판단의 결과인가?"라는 질문에 대하여 '점(點)'과 같은 단일한 답이
아니라 정답의 여유 '폭(幅)' 속에서 행정청이 스스로 선호하는 답을
택할 수 있는 광범위한 재량을 부여받게 되었다.[47]

---

45) Maureen B. Callahan, Must Federal Courts Defer to Agency Interpretations of
   Statutes: A New Doctrinal Basis for Chevron U.S.A. v. Natural Resources
   Defense Council,Wis. L. Rev.(1991), 1289면
46) E. D. Elliott, Chevron Matters: How the Chevron Doctrine Redefined the Roles
   of Congress, Courts and Agencies in Environmental Law, 16 Vill. Envtl. L.J.
   1(2005), 13-17면; 허성욱, 행정재량에 대한 사법심사 기준에 관한 소고 -
   미국 행정법상 쉐브론 원칙(Chevron Doctrine)과 해석규범(Canon)의 기능
   과 상호관계를 중심으로, 공법연구 41편 3호(2013), 538면
47) Cass R. Sunstein, Beyond Marbury: The Executive's Power To Say What the
   Law Is, 115 Yale L.J. 2580(2006), 2596면; E. D. Elliott, Chevron Matters: How
   the Chevron Doctrine Redefined the Roles of Congress, Courts and Agencies in

제4절 다시 독립적 판단 모델 :
전면적 재심사(de novo) 원칙의 부상

I. Chevron 존중원칙에서 전면적 재심사 원칙으로의 흐름

Chevron 판결(1984)이 선고된 이래 Chevron 존중원칙은 확고히 자리 매김하여 가장 많이 인용되는 사법심사 기준이 되었다.[48]

따라서 연방대법원은 Chevron 판결(1984)이 정립한 행정청의 재량판단 심사 체계인 Chevron STEP 1, 2를 대부분 인용하게 되는데, '행정청의 판단을 존중한다.'는 Chevron 존중원칙이 당초 의도한 결론에 도달하기 위해서는 당연하게도 각 STEP을 거쳐야 한다.

그런데 최근 연방대법원은 Chevron 판결(1984)이 마련한 STEP 1, 2는 물론 STEP 0에서도 행정청-법원 간 역학관계 관점에서, 법원의 역할에 무게를 두는 방향으로 사법심사를 하기 시작하면서 '행정청의 판단을 존중한다.'는 결론과 배치되는 판결을 여럿 내고 있다. 이는 최근 전면적 재심사(de novo) 원칙이 사법심사 기준으로 부상한다는 의미로 해석된다.[49]

Environmental Law, 16 Vill. Envtl. L.J. 1(2005)., 13-17면; 홍진영, 행정청이 행한 법률해석의 사법심사 방법론에 관한 고찰: 규칙과 기준의 관점에서 살펴본 Chevron 판결을 중심으로, 서울대학교 석사학위논문(2013), 54-55면

48) Beermann, Jack Michael, Chevron at the Roberts Court: Still Failing after All These Years, Fordham Law Review, Vol. 83, (2014), 101면; Cass R. Sunstein, Thomas J. Miles, Do Judges Make Regulatory Policy? An Empirical Investigation of Chevron, John M. Olin Program in Law and Economics Working Paper No. 294(2006), 1면(각주 2)

49) Walker, Christopher Jay, Toward a Context-Specific Chevron Deference,

이러한 연방대법원의 기조는, 미국 의회의 방향성과도 부합하고 있다. 미국 하원 공화당은 Chevron 존중원칙을 배제하기 위하여 '권력분립 복원법(Separation of Powers Restoration Act of 2016, H.R. 4768)'을 통과시키려는 시도를 하였다. 이는 행정절차법(APA) §706을 연방법원으로 하여금 행정청의 판단에 대하여 사법심사 원칙으로 전면적 재심사 원칙을 취하도록 개정하는 내용을 담고 있다.[50]

이하에서는 우선, 전면적 재심사 원칙의 내용 및 심사강도를 살펴보고(Ⅱ), 최근 연방대법원의 Chevron STEP 0, 1, 2 적용 양상이 어떻게 달라지고 있는지 검토하고, 이를 통해 전면적 재심사 원칙이 사법심사 기준으로 부상하고 있음을 확인하기로 한다(Ⅲ). 이후 전면적 재심사 원칙이 적용된 연방대법원 최근 사례를 살펴보기로 한다(Ⅳ).

Ⅱ. 전면적 재심사 원칙의 내용 및 심사강도

1. 전면적 재심사 원칙의 내용: 행정청 판단 대체 심사 방식

전면적 재심사 원칙은 법원이 법적 쟁점에 대하여 행정청의 판단을 고려하지 않고, 자유롭고 독립적으로(free and independent) 법원 스스로 쟁점에 대하여 판단을 내리는 사법심사 원칙을 말한다.[51] 따

Missouri Law Review, Vol. 81(2016), 1099면; Pojanowski, Jeffrey A., Without Deference, Notre Dame Law School Legal Studies Research Paper No. 1618.(2018), 1080면; The Rise of Purposivism and the Fall of Chevron: Major Statutory Cases in the Supreme Court, 130 Harv. L. Rev. 1227(2018), 1241, 1242, 1246면

50) Separation of Powers Restoration Act of 2016, H.R. 4768, 114th Cong.

51) Chad M. Oldfather, Universal De Novo Review, 77 Geo. Wash. L. Rev. 308 (2009), 312-316면

라서 전면적 재심사 원칙은 '법원이 행정청의 판단을 대체하는 방식
으로 심사'한다는 것으로 이해할 수 있다.

구체적으로, 전면적 재심사 원칙은 행정절차법(APA) §706(2)(F)에
규정되어 있는데, 법원에 의하여 전면적 재심사(de novo)되어야 될
정도로 사실에 의하여 뒷받침되지 않는 경우(unwarranted by the facts
to the extent that the facts are subject to trial de novo by the reviewing
court) 그와 같은 행정행위는 위법하여 무효라고 보는 원칙이다.

2. 전면적 재심사 원칙의 심사강도

전면적 재심사 원칙은 행정청이 나름 합리적인 판단을 하더라도
법원의 결론과 일치하지 않으면 배척되는 결과를 나타낸다는 점에
서 가장 강한 사법심사라고 볼 수 있다. 지금까지 살펴본 사법심사
원칙의 심사강도(행정청 판단에 대한 존중 정도)를 표로 정리하면 다
음과 같다.[52]

〈표 10〉 미국 사법심사 기준별 심사강도

약한 심사강도 (강한 존중)		←→		강한 심사강도 (약한 존중)
모델	존중 모델	독립적 판단 모델		
심사 기준	chevron 존중원칙	Skidmore 원칙	엄격심사 원칙 (hard look)	(실질적 증거심사 원칙) (substantial evidence)	전면적 재심사 원칙 (de novo)
APA	_53)	_54)	§ 706(2)(A)	§ 706(2)(E)	§ 706(2)(F)

---

52) Robert Glicksman, Richard Levy, Administrative Law: Agency Action in Legal
    Context, University Casebook Series(2014), 168면; 추효진, 미국 행정법상 실
    질적 증거심사, 서울대학교 석사학위논문(2013), 33면
53) Chevron 존중원칙은 행정절차법(APA)에 의하여 요구되는 사법심사 기준이

Ⅲ. 전면적 재심사 원칙의 부상

1. 종래 전면적 재심사 원칙의 적용범위

전면적 재심사 원칙은 앞서 보았듯, 종래 전통적으로 법 문제 (questions of law)에 적용되는 사법심사 원칙으로 이해되었으나,[55] 사실 문제와 법 문제를 구별하기는 어려울 뿐만 아니라[56] 사실문제에 적용되는 심사 기준 또한 법 문제에도 적용되고 있고[57], 반대로 사실문제와 법 문제가 혼합된 경우에도 전면적 재심사 원칙이 적용되고 있는 것이 실무이므로[58] 전면적 재심사 원칙을 법 문제에 한정하여 이해할 필요는 없어 보인다.

다만 전면적 재심사 원칙은 법원 스스로 쟁점에 대하여 판단하는

아니고 판례에 의하여 형성된 사법심사 기준이다. 이에 따라 Chevron 존중원칙이 행정절차법(APA)을 위반하고 있다는 비판도 존재한다[John F. Duffy, Administrative Common Law in Judicial Review, 77 TEX. L. REV. 113(1998), 193-198면; Cass R. Sunstein, Beyond Marbury: The Executive's Power To Say What the Law Is, 115 Yale L.J. 2580(2006), 2590면]

54) Skidmore 판결 당시(1944)에는 아직 행정절차법(APA)이 제정(1946)되지 않아, 사법심사 기준으로 행정절차법(APA)이 원용될 수 없었다.

55) Chad M. Oldfather, Universal De Novo Review, 77 Geo. Wash. L. Rev. 308 (2009), 314면; Forest Guardians v. Dombeck, 131 F.3d 1309 (9th Cir. 1997), 1311에서는 "법 해석은 법률문제로, 전면적 재심사 대상이다(The interpretation of a statute is a question of law which is ... reviewed de novo.)."라고 설시하고 있고 Statistica, Inc. v. Christopher, 102 F.3d 1577 (Fed. Cir. 1996), 1581도 같은 취지이다.

56) Jerry L. Mashaw, Administrative Law: The American Public Law System: Cases and Materials, West Academic Publishing(2014), 1076-1077면; Chad M. Oldfather, Universal De Novo Review, 77 Geo. Wash. L. Rev. 308(2009), 314면

57) 추효진, 미국 행정법상 실질적 증거심사, 서울대학교 석사학위논문(2013), 37면

58) Johnson v. Employment Sec., 112 Wash. 2d 172 (1989), 175-176면

심사 방식이어서 시간과 비용이 많이 들고, 행정청의 전문성을 존중할 필요성도 있어, Skidmore 원칙, 엄격심사 원칙, 특히 Chevron 존중원칙에 자리를 비켜주고 그동안 연방법원에서 소외되어 있었다.[59]

2. Chevron STEP 0, 1, 2의 적용범위 변화

가. Chevron STEP 0, 1, 2과 Chevron 존중원칙

연방법원은 Chevron 판결(1984)이 정립한 STEP 0, 1, 2 단계에 따라 행정청의 법 해석 및 재량판단을 사법심사하게 되는데, '행정청의 판단을 존중한다.'는 결론(Chevron 존중원칙)에 이르기 위해서는 ① Chevron 존중원칙이 적용되는 사안인지 우선 확인하여야 하고(STEP 0), ② '의회의 의도 또는 법의 문언이 명백하지 않음'(STEP 1) 또한 확인하며, ③ '행정청 판단이 허용될 수 있다'는 점까지 확인하여야 한다(STEP 2).

그런데 Chevron 판결(1984)은 STEP 0의 Chevron 존중원칙 적용 기준, STEP 1의 '명백' 개념과 STEP 2의 '허용가능성' 개념에 대해서 별다른 구체적인 언급을 하지 않았다. 이에 따라 법원은 ① 판결로 Chevron 존중원칙 적용 기준을 세우고(STEP 0), ② 전통적 법 해석론을 동원하여 '명백' 개념을 확인하며(STEP 1), ③ 법원의 역할을 정립하는 방법으로 '허용가능성' 개념을 해결하는데(STEP 2), 각 STEP 별로 최근 연방대법원의 변화되는 판단을 살펴보면, 사법심사 기준으로 독립적 판단 모델 중 전면적 재심사 원칙이 부상하는 모습을 볼 수 있다.

---

59) Thomas W. Merrill, The Origins of American-style Judicial Review, Comparative Administrative Law(2010), 410면

나. STEP 0의 Chevron 존중원칙 적용 예외 범위 확대

1) Chevron STEP 0는 Chevron 존중원칙 적용 기준에 관한 내용으로, '행정청의 판단을 존중한다.'는 Chevron 존중원칙에 도달하기 위한 첫 번째 관문 역할을 한다.

2) 과거 Mead 판결(2001)은 정식 절차에 대해서만 Chevron 존중원칙이 적용될 수 있고, 약식 절차에 대해서는 Chevron 존중원칙이 적용되지 않고 Skidmore 원칙이 적용된다고 하며 Chevron 존중원칙 적용 예외를 설시하였으나, 이후 다시 Barnhart 판결(2002)에서 약식 절차여도 행정청의 전문성 등을 고려하여 Chevron 존중원칙이 적용될 수 있다고 하여 다시 Chevron 존중원칙 적용 예외 범위를 좁혔다. 그러나 연방대법원은 아래에서 살펴볼 King v. Burwell 판결(2015)을 통해 특별한 사건(extraordinary case) 즉, '경제적이고 정치적으로 중요한(economic and political significance) 사건'에 대해서는 Chevron 존중원칙이 적용되지 않는다고 하여 다시금 Chevron 존중원칙 적용 예외 범위를 확대하고 있다. 그리고 위 판결은 Chevron STEP 0에서 Chevron 존중원칙이 적용되지 않을 경우 사용되는 사법심사 기준으로 전면적 재심사 원칙을 채택하였다.[60] 이는 Mead 판결(2001)에서 제시한 Skidmore 원칙보다 더욱 강화된 사법심사 기준이다.

다. STEP 1의 '명백' 범위 확대

1) Chevron STEP 1은 '의회의 의도 또는 법의 문언이 명백한지 여

---

60) Chabot, Christine Kexel, Selling Chevron, 67 Admin. L. Rev.(2015), 532면; Pojanowski, Jeffrey A., Without Deference, Notre Dame Law School Legal Studies Research Paper No. 1618.(2018), 1080면

부'에 관한 내용으로, Chevron 존중원칙에 도달하기 위한 두 번째 관문 역할을 한다. STEP 1이 제시하는 '명백'은 그 자체로 추상적인 개념이지만, '법 문언을 일의적으로 해석할 수 있음'을 의미한다고 본다.

2) Chevron 판결(1984)은 법의 문언이 어느 경우에 명백한 것인지 기준을 세우지 않고 있다. 이에 따라 법원으로서는 법의 문언이 명백한지 여부를 파악하려면 법을 해석해야 하는데 이를 위해서는 전통적인 법 해석론(의도주의, 문언주의, 목적주의)에 기댈 수밖에 없다.[61]
그런데 법원이 의도주의, 문언주의, 목적주의 어느 해석론을 택하느냐, 또는 각 해석론이 법에서 특정 의미를 도출하는 범위 및 정도를 어떻게 설정하느냐에 따라 STEP 1의 적용 범위가 달라진다. 즉, 〈그림 4〉에서 보는 바와 같이 STEP 1의 적용범위가 넓어질수록(A→B), STEP 1에서 문제가 종료되는 경우가 늘어나므로, 행정청 판단의 존중 여지는 줄어들게 된다.

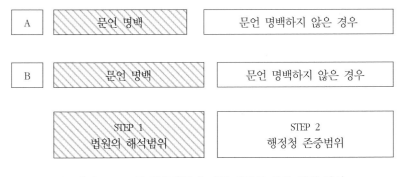

〈그림 4〉 STEP 1의 적용범위에 따른 행정청 존중 범위 차이

---

61) Lisa Schultz Bressman, Chevron's Mistake, 58 Duke Law Journal(2009), 551면;
Abbc R. Gluck, What 30 Yeas of Chevron Teach US About the Rest of
Statutory Interpretation, 83 Fordham L. Rev.(2014), 619면

3) 연방대법원은, Chevron 판결(1984) 이후 문언주의에 입각한 판결이 다수를 이루었다.[62]

문언주의는 당시 대세적 지위에 있던 심사 체계인 Chevron STEP 1에서 적용되어, Chevron 존중원칙을 지지하는 결과가 되었다. 즉, 언어 자체가 가지는 내재적 모호성으로 인하여 법의 문언을 문언 자체만으로는 일의적으로 해석하기 어려운바, 문언주의에 따를 경우 Chevron STEP 1에서 '법의 문언이 명백하다.'고 하는 경우보다 '법의 문언이 명백하지 않다.'고 판단할 경우가 많게 된다.[63] 따라서 문언주의에 따를 경우, 행정청의 재량판단에 대한 사법심사가 Chevron STEP 1을 넘어 Chevron STEP 2로 가는 경우가 많게 되어, Chevron 존중원칙이 보다 폭넓게 적용되는 결과를 발생시키게 되었다.[64] 이러한 심사 태도는 당시 연방대법원이 사법자제주의적 입장이었음을 나타내준다.

4) 그런데 최근 연방대법원은 목적주의[65](적어도 맥락주의)를 채

---

62) 홍진영, 행정청이 행한 법률해석의 사법심사 방법론에 관한 고찰: 규칙과 기준의 관점에서 살펴 본 Chevron 판결을 중심으로, 서울대학교 석사학위 논문(2013), 95면

63) Jellum, Linda, The Impact of the Rise and Fall of Chevron on the Executive's Power to Make and Interpret Law , Loyola University Chicago Law Journal, Vol. 44, No. 1(2012), 175면; Jan S. Oster, The scope of judicial review in the german and U.S. administrative legal system, 9 German L.J. 1267(2008), 1281면

64) Jellum, Linda, The Impact of the Rise and Fall of Chevron on the Executive's Power to Make and Interpret Law, Loyola University Chicago Law Journal, Vol. 44, No. 1(2012), 176면

65) 목적주의 해석에 따른 판결의 기원은 Church of the Holy Trinity v. United States 판결(143 U.S. 457)(1892)에서 찾을 수 있으나, 사법적극주의의 상징으로서 많은 비판을 받았고, 1989년 선고된 Public Citizen v. U.S. Department of Justice 판결(491 U.S 440) 이후 2007년 Zuni Public School District No. 89 v. Department of Education 판결(550 U.S. 81)의 별개의견에서 인용될 때까지 인용되지 않았으며, 이후 다른 해석론, 특히 문언주의가

택하는 모습을 보인다.

목적주의는 법의 '목적(purpose)-궁극적으로 입법자가 달성하고자 하는 결과(what the legislature ultimately sought to accomplish)'를 파악하고자 하고, 법 해석의 결과를 그 해석이 입법의 목적에 기여하는가에 비추어 평가하려는 해석론이고,[66] 한편 맥락주의는 문언주의의 해석 범위를 확장된 형태인데,[67] 모두 법 문언 자체 뿐만 아니라 문언이 쓰인 정책 맥락(policy context), 의미 맥락(semantic context)을 모두 고려하므로, 문언적으로 모호해 보이는 법 문언에 대하여 연방대법원이 종래 문언주의 입장와 달리 '법의 문언이 명백하다'고 결론짓는 경우가 발생하고 있다.

그리고 그 결과, Chevron STEP 1에서 문제가 해결되게 되어, Chevron STEP의 끝에 마련된 Chevron 존중원칙이 사안에 적용되지 않게 되고 있다.[68] 결국 연방대법원은 위 그림에서 종래 A의 모습을 보였다면 현재는 B의 모습을 보이고 있고, 이로써 현재 연방대법원이 취하고

연방법원의 해석론으로 자리매김하는 계기가 되었다[Manning, John F., What Divides Textualists from Purposivists?, 106 Colum. L. Rev. 70(2006), 87면]. 그러나 최근 연방대법원은 Bond v. United States 판결(572 U.S. 844)(2014), Yates v. United States 판결(574 U.S. 528)(2015) 등에서 목적주의 해석론을 채택하고 있다.

66) 김종구, 미국 연방대법원의 법 해석과 텍스트주의, 미국헌법연구, 21권 3호(2010), 291면

67) Adler, Jonathan H. and Cannon, Michael F., King v. Burwell and the Triumph of Selective Contextualism, Cato Supreme Court Review(2014), 52면; Hoffer, Stephanie R. and Walker, Christopher Jay, Is the Chief Justice a Tax Lawyer?, Pepperdine Law Review, Vol.(2015), 34면

68) 1989년부터 2005년까지의 행정청의 법 해석 심사 중 Chevron 원칙이 적용된 69건의 연방대법원 판결을 살펴보면, 법원이 STEP 1에서 '법의 문언이 명백하다'고 선언한 경우, 행정청의 판단과 배치되는 결론을 내린 경우가 90%를 상회했다[Cass R. Sunstein, Thomas J. Miles, Do Judges Make Regulatory Policy? An Empirical Investigation of Chevron, John M. Olin Program in Law and Economics Working Paper No. 294(2006), 13면(각주 26)].

있는 사법심사 기준이 Chevron 존중원칙에서 전면적 재심사 원칙으로 이동하고 있다거나, 혹은 전면적 재심사 원칙이 부상하고 있다고 평가할 수 있게 된다.69)70)

라. STEP 2의 '허용가능성' 범위 축소

1) Chevron STEP 2는 '행정청 판단이 허용될 수 있는지 여부'에 관한 내용으로, Chevron 존중원칙에 도달하기 위한 마지막 관문 역할을 한다.

---

69) Chabot, Christine Kexel, Selling Chevron, 67 Admin. L. Rev.(2015), 507면;J. Picrce, Jr., The Supreme Court's New Hpertextualism: An Invitation to Cacophony and Incoherence in the Administrative State, 95 COLUM. L. REV. (1995), 778면;Chabot, Christine Kexel, Selling Chevron, 67 Admin. L. Rev.(2015), 484면; Walker, Christopher Jay, Toward a Context-Specific Chevron Deference,Missouri Law Review, Vol. 81(2016), 1099면; Pojanowski, Jeffrey A., Without Deference, Notre Dame Law School Legal Studies Research Paper No. 1618.(2018), 1080면; The Rise of Purposivism and the Fall of Chevron: Major Statutory Cases in the Supreme Court, 130 Harv. L. Rev. 1227(2018), 1241-1242, 1246면; Kent Barnett,Christopher J. Walker, Chevron STEP Two's Domain, 93 Notre Dame L. Rev. 1441(2018), 1455면; Nat'l. Ass'n. of Clean Air Agencies v. EPA, 489 F.3d 1221(2007), 1228에서는 "Chevron STEP 1에서는, 전통적인 법 해석 도구를 이용해서, 일단 법을 전면적 재심 사하여야 한다(Under Chevron Step One, we always first examine the statute de novo, employing traditional tools of statutory construction)"고 설시하고 있다.

70) 2003년부터 2013년까지 연방항소법원 판결의 경우에는 STEP 2까지 적용된 경우 행정청 승소율이 93.8%이지만 STEP 1까지 적용된 경우는 행정청 승소율이 39.0%이고, 이는 전면적 재심사 원칙이 사법심사 기준으로 당초부터 적용된 경우 행정청 승소율 38.5%와 거의 일치함을 알 수 있다 [Christopher J. Walker, Chevron STEP Two's Domain, 93 Notre Dame L. Rev. 1441(2018), 1462면].

2) 법원이 독자적으로 판단한 '최선(best)'이 아래 〈그림 5-1〉[71]의 A라고 할 때, 법원이 바라보는 '허용 가능성 범위(Range of Permissible Interpretations)'는 아래 〈그림 5-1〉의 ⓐ~ⓑ영역이라고 할 수 있다. 이 경우, 행정청의 법 해석 또는 재량판단이 아래 그림의 B라고 하였을 때, B는 허용 가능성 범위에 포함되므로, 법원은 행정청의 법 해석 또는 재량판단인 B가 최선이 아니라 하더라도 존중하는 결론을 낼 것이다(STEP 2). 이러한 STEP 2에 의할 경우, 2003년부터 2013년까지 연방항소법원 판결의 경우에는 STEP 2까지 적용된 경우 행정청 승소율이 93.8%에 달하였다.[72]

3) 그러나 최근 연방대법원은 허용가능성 범위를 좁게 판단하는 모습을 보이고 있을 뿐만 아니라(〈그림 5-1〉→〈그림 5-2〉), 최선의 판단이 A라고 선언하면서 '행정청의 판단을 존중한다.'는 결론을 의도적으로 배척하고 있다. 이는 연방대법원이 재량판단을 행정청에게 맡긴 후 이를 감독하는 데 그치는 역할에서 벗어나, 독자적으로 규제의 정책 맥락까지 고려하여 판단하는 사법적극주의적 태도를 보이고 있음을 알려준다.

---

71) Matthew Stephenson, Adrian Vermeule, Chevron Has Only One Step, 95 Va. L. Rev. 597(2009), 601면을 참조하되, 연방대법원의 변화에 맞추어 이를 나누어 살펴보았다.
72) Kent Barnett, Christopher J. Walker, Chevron STEP Two's Domain, 93 Notre Dame L. Rev. 1441(2018), 1462면

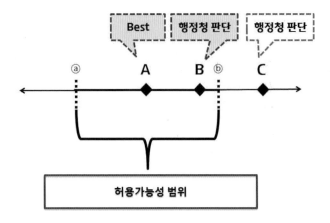

〈그림 5-1〉 허용가능성 범위 변경에 따른 행정청 판단 존중 여부(1)

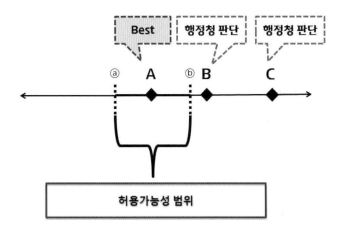

〈그림 5-2〉 허용가능성 범위 변경에 따른 행정청 판단 존중 여부(2)

마. 소결

연방대법원은 Chevron STEP 0에서는 Chevron 존중원칙 적용 예외 범위를 확대하고, STEP 1에서는 '법의 문언이 명백한 경우'를 넓게 보며, STEP 2에서는 '행정청 판단의 허용가능성' 범위를 좁게 보는 방식으로, 전면적 재심사 원칙을 사법심사 기준으로 채택하는 경우를 늘리고 있다.

IV. 전면적 재심사 원칙이 적용된 연방대법원 판례

1. STEP 0: King v. Burwell 판결(2015)[73]

가. 건강보험개혁법(Patient Protection and Affordable Care Act, ACA)은 모든 국민이 건강보험에 가입해 적절한 급여 혜택을 받을 수 있도록 하는 것을 근본 목표로 삼고 있는데, ACA를 지탱하는 두 기둥은 건강보험 개인 가입 의무(individual mandate)와 연방정부가 저소득 계층 가입자에게 제공하도록 한 세액공제(tax credits)이다. 이 사건에서는 세액 공제가 문제가 되었다.

즉, ACA는 각 주로 하여금 건강보험거래소를 설치하도록 규정하고 있고, 만약 주정부가 이를 거부할 경우에는 연방정부(보건복지부)가 직접 운영하는 거래소를 설치하도록 하고 있다. 이때 연방정부가 설치한 거래소(Federal Exchange)는 주정부가 운영하는 거래소와 동일한 기능을 하도록 규정된다. 그런데 ACA는 '주 정부가 설치한 거래소(Exchange established by the State)'를 통한 건강보험 가입을 세액

---

73) 576 U.S. 988 (2015)

공제의 자격으로 규정하고 있었던바[26 U.S.C §36B(b)(2)(A)], 연방정부
가 설치한 거래소를 통해 건강보험에 가입한 사람에 대하여도 세액
공제를 할 수 있는지가 문제되었다. 이에 대하여 국세청(Internal
Revenue Service, IRS)은 주 운영 거래소뿐만 아니라 연방정부가 설치
한 거래소를 통해 등록한 가입자 역시 세액공제의 자격 요건을 충족
한다고 판단하였다.

나. 연방대법원은 다음과 같이 판단하였다.
우선, 이 사건에서 Chevron 존중원칙은 적용되지 않는다고 하였
다. Chevron 존중원칙은, 법이 모호한 경우 그 모호함은 해석이라기
보다는 정책결정에 가까우므로 의회가 전문성과 민주적 정당성·정
치적 책임성이 큰 행정청으로 하여금 그 틈을 채우도록 하는 묵시적
위임을 이론적 근거로 하는데, 특별한 사건(extraordinary case)의 경
우에는 의회가 그러한 묵시적 위임을 했다고 보기 어려우므로 이러
한 때에는 Chevron 존중원칙이 적용되지 않는다. 그런데 특별한 사
건이란, '경제적이고 정치적으로 중요한(deep economic and political
significance)' 사건을 의미한다고 보아야 하는바, 이 사건은 수십억
달러의 비용이 매년 지출되고, 수백만 명의 사람들의 건강보험에 영
향을 미치는 사건이므로 특별한 사건에 해당한다. 따라서 이 사건에
서는 Chevron 존중원칙이 적용되지 않는다.
다음으로, 연방대법원은 위 규정을 해석하는데, 해당 규정의 문언
(주 정부가 설치한 거래소)에 의하면, 연방정부가 설치한 거래소는
이에 해당할 수 없겠지만, 위 법은 의회가 모든 주의 거주자에게 자
격 요건을 부여하고자 제정되었을 뿐 아니라 모든 거래소가 이들에
게 건강보험을 제공하도록 되어 있다는 법 규정을 감안할 때, '건강
보험시장을 무너뜨리기 위해서가 아니라 개선하려는(to improve
health insurance markets, not to destroy them)' ACA의 입법목적을 고

려하여 위 문구가 오직 주정부가 운영하는 거래소만을 포섭한다고
볼 수는 없고, 연방정부가 설치한 거래소도 이에 해당한다고 판단하
였다.

　다. 결국, 연방대법원은 이 사건에서 Chevron 존중원칙은 적용되
지 않는다고 하면서, IRS의 해석을 존중하지 않았지만, 결론적으로는
같은 견해를 취했다. 이 사건에서 연방대법원은 단지 "IRS의 해석을
존중한다."고 하며 Chevron 존중원칙을 적용하여도 같은 결론을 낼
수 있었음에도, 그렇게 하지 않음으로써 Chevron 존중원칙을 약화시
키는 거대한 수정(massive revision)[74]을 가지고 왔다고 평가된다. 연
방대법원은 Chevron 존중원칙 적용 여부에 대한 기준으로 '특별한
사건', 즉 '경제적, 정치적 중요성'이라는 요소를 새롭게 정립하였는
바, 이는 Chevron STEP 0의 Chevron 존중원칙 적용 예외 범위를 확대
한 것으로 볼 수 있다.[75]

　나아가 연방대법원은 문언, 구조에 더해 입법목적을 고려해 '최선
(best)'의 법 의미를 찾았고(목적주의), IRS의 해석이 어떠한지와 관계
없이, 연방대법원이 독자적으로 찾은 그 의미를 이 사건에서 적용될
의미로 확정지었다(전면적 재심사 원칙).[76] 따라서 이 판결은 전면적
재심사 원칙과 목적주의가 결합한 사례로, Chevorn STEP 0에 대한
기준을 강화하였다는 점에 의의가 있다.

---

74) Lederman, Leandra and Dugan, Joseph, King v. Burwell: What Does It Portend
　　for Chevron's Domain?, Pepperdine Law Review Online 72 (2015), 79면;
　　Chabot, Christine Kexel, Selling Chevron, 67 Admin. L. Rev.(2015), 483면
75) Mila Sohoni, King's Domain, 93 Notre Dame L. Rev. 1419(2018),
　　1420-1421면
76) Pojanowski, Jeffrey A., Without Deference, Notre Dame Law School Legal
　　Studies Research Paper No. 1618.(2018), 1080면; Chabot, Christine Kexel,
　　Selling Chevron, 67 Admin. L. Rev.(2015), 532면

2. STEP 1: Wisconsin Central Limited v. United States(2018)[77]

가. 과거 대공황(Great Depression) 당시, 철도 근로자에 대한 연금 기금(pension funds)이 파산 직전으로 몰리고 있었다. 근대화가 되면서, 민간 철도회사는 많은 수의 근로자를 채용했고, 이는 국가의 교통에 핵심 역할을 수행하고 있었다. 이러한 상황을 타개하기 위해 철도 퇴직 세법(Railroad Retirement Tax Act, RRTA)이 입법되었고, 이는 민간 철도 연금 계획을 연방정부의 지배 아래 두는 것을 골자로 하였다. 이로 인하여 철도 근로자들은 상대적으로 다른 사회보장 시스템 하의 근로자들보다 연금을 더 잘 받게 되었다.

RRTA가 제정될 무렵, 철도회사는 근로자들에게 급여를 돈으로 지급할 뿐만 아니라 식품, 숙박, 철도 티켓과 같은 것으로도 지급했다. 당시 회사는 그와 같은 현물 이익(in-kind benefits)은 근로자의 퇴직 시 연금을 계산할 때는 포함시키지 않았고, 의회도 과세 대상을 '금전적 보수 (money remuneration)'로 한정하면서 현물 이익에 과세하지 않았다. 그런데 몇몇 철도회사가 근로자들에게 스톡옵션(Stock option)을 제공하자, 스톡옵션이 '금전적 보수'에 해당하는지가 문제되었다. 정부는 RRTA 하에서 스톡옵션은 금전으로 용이하게 변환될 수 있어 '금전적 보수'에 해당한다고 보았다.

나. 연방대법원은 RRTA의 '금전적 보수'를 해석하면서, 문언, 입법사뿐만 아니라 다른 법까지 고려하였다.

즉, 의회가 1937년 당시 RRTA를 제정할 때 '돈'은 '당국에 의해 교환 매개체로서 발행된 것(issued by [a] recognized authority as a medium of exchange)'이라고 이해되었으므로 입법사를 고려하면 스

---

77) 138 S.ct 2067 (2018)

톡옵션은 위 '금전적 보수'에 해당하지 않는다. 물론 스톡옵션을 돈으로 사고 팔수는 있지만, '교환의 매개'가 되지는 않는다. 부가된 '보수(renumeration)'라는 단어도 그 의미를 바꿀 수 없다.

또한 내국세입법(Internal Revenue Code) §27(d)에서는 1939년 돈과 주식을 별개로 취급하고, 연방보험료법(Federal Insurance Contributions Act) §3121(a)도 '모든 보수(all remuneration)'에 '현금이 아닌 매개로 지불되는 것(paid in any medium other than cash)'이라고 하여 '돈'과 '보수'를 구별하고 있다. 따라서 RRTA의 '금전적 보수'에는 돈이 아닌 다른 형태가 포함되기는 어렵다.

다. 결국 연방대법원은 문언, 구조, 체계적 단서에 따라 '돈'이라는 단어는 명백히 '주식'을 배제하는 것이라고 보아, 철도 근로자에게 제공되는 스톡옵션은 RRTA 하의 과세대상인 '금전적 보수'에 해당하지 않는다고 하였다. 이러한 연방대법원의 해석은 맥락주의에 따른 것으로 볼 수 있고, 이와 같이 법의 의미를 명백하게 밝혀낸 이상(Chevron STEP 1), 연방대법원은 Chevron STEP 2로 넘어갈 필요 없이 사건을 해결할 수 있었다.

이 판결은 맥락주의에 따라 연방대법원이 RRTA의 '금전적 보수'의 의미를 해석했고, 또한 연방대법원의 법 해석론에 의하여 사건이 해결되어 전면적 재심사 원칙이 적용된 사례라고 할 것이다.

3. STEP 2: Utility Air Regulatory Group v. EPA 판결 (UARG 판결, 2014)[78]

가. 전국대기환경기준(National Ambient Air Quality Standards, NAAQS)

---

78) 573 U.S. 302 (2014)

달성(또는 분류 불가) 지역에서는 주요 배출 시설(major emitting facility)을 신설하거나 보수하려는 경우 '심각한 악화 방지 프로그램(Prevention of Significant Deterioration Program: PSD)'에 따라 허가를 얻어야 한다. PSD 허가는 기존의 NAAQS을 모두 충족하거나 시설에서 배출되는 대기오염물질에 대하여 최적 가용 통제 기술(Best Available Control Technology: BACT)이 사용되는 경우 가능하다[CAA § 165(a), §169(3)]. 즉, 기존의 대기질이 악화되지 않도록 하는 것이 PSD의 취지라고 할 것이다.

한편 주요 배출 시설이란 '어떤 대기오염물질(any air pollutant)을 연간 250톤 이상 배출할 가능성이 있는 시설'이라고 정의되어 있지만, 예외적으로 CAA에서 열거되어 있는 특정 오염물질에 대해서는 연간 100톤 이상으로 배출기준을 강화하고 있다[CAA § 169(1)].

이때 CAA의 규제기준이 온실가스를 포함한 것인지 여부에 대하여, EPA는 온실가스에 관해서는 기준을 완화한다는 내용(연간 10만톤 이상의 온실가스를 배출하는 경우 PSD 허가 대상)의 조정규칙(Tailoring Rule)을 공표하였다.[79] 이는 온실가스를 규제기준에 포섭된다고 볼 경우 거의 모든 시설이 PSD 허가 대상 시설이 되는 현실을 고려한 것이다.

그러나 여전히 온실가스 규제를 원하지 않던 UARG가 위 규제의 위법성을 다투었다. 이에 특정 오염원이 온실가스를 배출하는 경우 PSD 허가 대상인지가 특히 문제되었다. 즉, 온실가스가 CAA의 PSD 규제 대상이 되는 대기오염물질에 해당하는지가 쟁점이었다.

나. 이에 대하여 항소법원[80]은 문언주의에 따라 법을 해석해야

---

79) Prevention of Significant Deterioration and Title V Greenhouse Gas Tailoring Rule, 75 Fed. Reg. 31514 (June 3, 2010)
80) Coalition for Responsible Regulation, Inc. v. EPA, 684 F.3d 102 (D.C. Cir.

한다고 하면서(We begin our analysis, as we must, with the statute's plain language)[81], Chevron STEP 1에 따라 문언주의에 따라 '어떤 대기오염물질(any air pollutant)'의 의미를 해석하려 하니, 'any'는 넓게 해석되어야 함이 타당하므로, 온실가스는 이에 포함된다고 명백하다고 하였다. 그리고 이는 지난 Massachusetts v. EPA 판결(2007)[82]에서 설시한 온실가스를 대기오염물질로 본 것과도 결론을 같이하는 것이라고 하였다.

그러나 연방대법원은 PSD 규제 대상의 대기오염물질은 좁게 해석하여야 한다며 항소법원의 판단을 받아들이지 않았다. 우선 Massachusetts v. EPA 판결(2007)의 '대기오염물질'은 폭넓게 규정되어 있어, PSD 규제의 대기오염물질과는 해석을 다르게 할 필요가 있음을 지적하였다. 즉, 온실가스에 PSD 규제가 적용된다고 하면 이는 지나친 부담이 되는 현실을 연방대법원은 고려한 것이고, 이에 대해 보충의견은 "소매점, 사무실, 아파트, 쇼핑센터, 학교, 교회들은 모두 매년 250톤을 넘는 온실가스를 배출하므로, PSD 규제 기준(250톤/년)을 그대로 적용할 경우 재앙적 결과(disastrous consequences)가 초래된다."는 점을 명확히 하였다.[83] 결국 연방대법원 다수의견은 의회가 EPA에게 온실가스 조정규칙을 제정할 권한을 위임하였다고 볼 수 없다고 하였고, 따라서 재량권 남용에 해당하여 그 효력을 인정할 수 없으며, 이를 근거로 온실가스에 PSD 규제를 하는 것을 금지한다고 밝혔다.

주목할 점은 이 판결이 목적주의에 입각하여 독자적으로 내린 해석과 EPA의 해석이 일치하지 않는다는 이유로 행정청의 판단을 번

2012)
81) 684 F.3d 102 (D.C. Cir. 2012), 134
82) 549 U.S. 497 (2007)
83) 573 U.S. 302 (2014), 346

복하였다는 점이다. 이는 Chevron STEP 2에서 행정청의 판단을 번복한 드문 사례로, 최근 연방대법원이 전면적 재심사 원칙을 점차 늘리고 있다는 점을 보여준다.[84]

4. STEP 2:Michigan v. EPA 판결(2015, Michigan 판결)[85]

이 판결도 위 UARG 판결(2014)과 마찬가지로 목적주의 해석론과 전면적 재심사 원칙을 적용하여 Chevron STEP 2에서 행정청의 판단을 번복한 드문 사례이다.[86] 이 판결 또한 연방대법원이 Chevron 존중원칙으로부터 멀어지는 것을 알려주는 중요한 판결이다.[87] 이 판결은 이 책에서 주제로 삼고 있는 비용편익분석에 대한 사법심사를 한 사례이기도 하므로, 자세한 사실관계와 평가는 아래 제5장에서 다루기로 한다.

---

84) Chabot, Christine Kexel, Selling Chevron, 67 Admin. L. Rev.(2015), 497면; Pojanowski, Jeffrey A., Without Deference, Notre Dame Law School Legal Studies Research Paper No. 1618.(2018), 1085면; Carlson, Ann E. and Herzog, Megan, Text in Context: The Fate of Emergent Climate Regulation after UARG and EME Homer, 39 Harvard Environmental Law Review 23(2015), 24면

85) 135 S. Ct. 2699 (2015)

86) The Rise of Purposivism and the Fall of Chevron: Major Statutory Cases in the Supreme Court, 130 Harv. L. Rev. 1227(2018), 1241면; Connor P. Schratz, Michigan v. EPA and the Erosion of Chevron Deference, 68 Me. L. Rev. 381(2016), 385면

87) Connor P. Schratz, Michigan v. EPA and the Erosion of Chevron Deference, 68 Me. L. Rev. 381(2016),382, 396면

V. 소결: 전면적 재심사 원칙 부상의 효과

Chevron 각 STEP의 적용 양상 변화에 따라 발견할 수 있는 전면적 재심사 원칙의 부상은 연방대법원이 사법적극주의 심사 태도를 시도하는 모습으로 해석할 수 있고,[88] 다음과 같은 결과를 발생시키고 있다.

첫째, 법원의 역할이 감독자에서 적극적 판단자로 재조정되었다.[89] Chevron 존중원칙 하에서는 행정청-법원 간 역학관계에서, 행정청에 무게중심을 두고, 법원은 행정청의 재량판단이 허용할 만한지 여부를 판단하여 행정청의 판단이 허용 가능한 범위 내에 있으면 이를 존중해주었을 뿐이다. 그러나 전면적 재심사 원칙 하에서 법원은 스스로 정책·의미 맥락을 고려하여 최선(best)을 탐구하게 되었고, 이와 행정청의 재량판단이 불일치하는 경우 번복하는 판결을 하게 되었다. 이로 인하여 행정청에 쏠려 있던 힘의 무게를 법원에 가져오게 되어 행정청-법원 사이 권한이 재분배되었다. 이는 법원이 그동안 도외시하였던 자신의 역할(법 해석 및 적용)을 수행하여야 한다는 반성적 고려와도 일치한다.[90]

둘째, 의회에서의 타협안으로서 탄생한 법 문언을 적극 해석함으로써 결과적으로 의회를 존중하게 되었다.[91] 연방대법원은, 문언(what Congress said)을 넘어 의회가 진정으로 의도했던 목적(Congress

88) The Rise of Purposivism and the Fall of Chevron: Major Statutory Cases in the Supreme Court, 130 Harv. L. Rev. 1227(2018), 1247면
89) Ibid, 1243-1245면
90) Duffy, Administrative Common Law in Judicial Review, 77 TEX. L. REV. 113(1998), 193-198면; Cass R. Sunstein, Beyond Marbury: The Executive's Power To Say What the Law Is, 115 Yale L.J. 2580(2006), 2590면
91) The Rise of Purposivism and the Fall of Chevron: Major Statutory Cases in the Supreme Court, 130 Harv. L. Rev. 1227(2018), 1245-1246면

meant Something else)에 주목함으로써 그 법의 뜻을 살림으로써 의회를 존중하고자 하고, 이와 같은 의회에 대한 존중이, 행정청에 대한 존중보다 헌법적 권력분립 원리에 더욱 부합하는 것으로 파악하고 있다는 것이다.

제5절 소결: 시대적 요구에 따라 달랐던 사법심사 기준

이 장에서는 미국에서의 비용편익분석에 대한 판례를 논의하기에 앞서, 행정청의 재량판단에 대한 사법심사 기준 및 방법에 관하여 미국의 논의를 살펴보았다.

연방대법원의 행정청 재량판단에 대한 주된 사법심사 기준 및 강도를 법원이 스스로의 판단으로 행정청의 판단을 대체할 수 있는지 여부'와 '행정청의 판단 존중 여부 및 정도'를 기준으로 분류하면 다음과 같다.

〈표 11〉 미국의 사법심사 기준 분류

심사 기준	약한 심사강도 (강한 존중) ←→		강한 심사강도 (약한 존중)
	행정청 판단 비대체 사법심사		③ 행정청 판단 대체 사법심사
	① 판단 존중	② 판단 비존중	
미국	Chevron 존중원칙	엄격심사 원칙	전면적 재심사 원칙

연방대법원은 시대별로 행정청-법원 간 역학관계를 어떻게 설정하는지에 따라서 그 심사 기준을 다르게 채택하여 왔다[(Skidmore 원

칙→) 엄격심사 원칙→ Chevron 존중원칙→전면적 재심사 원칙]. 이는 각 시대가 법원에 요구하는 역할이 달랐기 때문으로 볼 수 있다. 따라서 행정청의 재량판단에 대한 사법심사 기준의 정립은 어느 심사 기준이 '타당한지'보다 '필요한지'를 묻는 것이 우선되어야 할 것이다.

제5장에서는 이와 같은 미국에서의 행정청의 재량판단에 대한 사법심사 기준 및 방법을 토대로 하여, 비용편익분석에 대한 판례는 어떻게 이루어져 왔는지, 관련 논의와 함께 구체적으로 확인 및 검토하기로 한다.

제5장
미국의 대표적 비용편익분석
심사 판례 흐름 분석

제1절 개관

이 장에서는 미국 연방법원이 비용편익분석을 심사한 대표적 판례를 분석해 연방법원의 비용편익분석 심사 흐름을 살펴보기로 한다.

이를 위하여 우선 심사대상으로서 미국의 비용편익분석에 대하여 그 법적 근거, 내용 등에 대해서 간략히 검토하여 규범적 모습을 살핀다(제2절). 이후 미국의 비용편익분석을 심사한 대표적 판례를 소개하되, 비용편익분석의 규범적 지위 변화와 연결 지어(제3절), 각 판례를, ① '해당 규제법이 행정청에게 요구하는 비용편익분석의 정도(즉, 행정청의 약식 비용편익분석 활용이 금지되는지, 필수적인지 또는 정식 비용편익분석 활용이 필수적인지)'를 법원이 어떻게 파악하고 있는지, ② 비용편익분석의 내용상 하자에 대하여 법원이 어떠한 기준 하에서 어떠한 방법으로 심사하고 있는지(즉, 행정청의 판단을 자제적·존중적으로 심사할지 아니면 실체적으로 심사할지)를 쟁점으로 하여 분류해보고, 각 쟁점에 대해서 법원의 비용편익분석에 대한 선호 변화 및 행정청-법원 간 역학관계 설정에 따른 심사 기준의 변화를 관련 지어 심도 있게 검토하고자 한다(제4절).

이를 통해 우리나라 법원이 비용편익분석을 거친 행정청의 규제를 심사할 때 고려하고 염두에 두어야 할 지점을 확인하고, 비용편익분석에 대한 구체적 사법심사 기준 및 방법의 틀을 정립하는 데 시사점을 얻고자 한다.

제2절 미국의 비용편익분석 현황

Ⅰ. 법률 및 행정명령

1. 법률

1936년 홍수관리법(Flood Control Act)은 '누군가에게 발생하는 편익이 추정비용을 상회한다면 홍수조절을 위한 연방프로그램에 착수하여야 한다.'고 규정하였다[33 U.S.C. §701(a)]. 연방법률로는 최초로 비용편익분석을 하도록 하여 비용편익분석의 방향성을 제시하였다는 점에서 의의가 있다.[1] 다만 환경 비용(environmental cost)이 고려되지 않고, 할인율이 낮았다는 점에서 비판을 받았다.[2]

1969년 국가환경정책법(The National Environmental Policy Act, NEPA)에서는 환경영향평가(Environmental Impact Statements, EIS)를 규정하였고, 그 평가성에 포함되어야 할 내용 중 '인간 환경의 지역적 단기 사용과 장기적 생산성의 유지, 향상과의 관계'를 들고 있는 바(42 U.S.C. §4332), 환경영향평가를 할 때 비용편익분석을 하도록 하는 것으로 해석될 수 있다.

1972년 소비자안전법(Consumer Product Safety Act)과 1976년 독성물질관리법(Toxic Substances Control Act)에서도 비용편익분석을 도

---

1) Bernard Schwartz, Cost-Benefit Analysis In Administrative Law: Does It Make Priceless Procedural Rights Worthless?, Administrative Law Review Vol. 37, No. 1(1985), 4면: 박영도, 한귀현, 주요국가의 입법평가 관련제도(Ⅱ) -미국의 규제영향분석제도-, 한국법제연구원(2007), 26면

2) Michael S. Baram, Cost-Benefit Analysis: An Inadequate Basis for Health, Safety, and Environmental Regulatory Decisionmaking, Environmental Science (1980), 479면

입·활용하도록 했다(15 U.S.C. §2058, §2605).

1980년 규제유연성법(Regulatory Flexibility Act)은 중소기업에 대한 과잉규제 문제를 해소하기 위해 유연한 규제를 하도록 하고, 중소기업에 대하여 부여하는 규제의 경제적 영향에 관해 규제유연성분석(Regulatory flexibility analysis)을 하도록 함으로써 비용편익분석을 도입하였다[5 U.S.C. §603, §605(b)].

1996년 예산미조치명령개혁법(Unfunded Mandates Reform Act)은 주, 지역 정부 등(State, local, and tribal governments)에 합계 연간 1억 달러 또는 민간부문(private sector)에 연간 1억 달러를 초과하는 지출을 수반할 것으로 예상되는 규칙의 제정을 제안하는 경우, 행정청은 정성·정량적으로 비용과 편익을 평가(a qualitative and quantitative assessment of the anticipated costs and benefits)하도록 규정하고 있다(2 U.S.C. §1532)

2006년 중소기업규제공정화법(The Small Business Regulatory Enforcement Fairness Act)도 규제유연성법과 마찬가지로 규제유연성분석을 도입하였다[5 U.S.C. §603, §605(b)].

2. 행정명령[3]

비용편익분석의 시원은 1970년대 초 닉슨 행정부가 실시한 생활 수준평가(Quality of Life Review) 제도에서 찾아볼 수 있다. 위 제도는 당시 환경규제 영향으로 기업들 비용이 늘어나자 규제로 인한 기업들의 비용을 측정하고자 마련된 것이었다.

1974년 포드 행정부는 행정명령 11821호로 전국적으로 1억 달러 이상의 영향을 미치는 새로운 규제가 물가상승에 미치는 영향을 사전에 분석하도록 했다(Inflation Impact Assessment).

1978년 카터 행정부는 행정명령 12044호로 매년 중요한 10대 규제에 대해 심도 있는 사전영향분석을 하도록 했다. 이에 따라 미국 예산관리국(The Office of Management and Budget, OMB)은 규제영향 심사국(Regulatory Analysis Review Group)을 설치하였다.

---

3) 미국 대통령의 행정명령에 대해 직접 정의하는 헌법 또는 법률은 존재하지 않는다. 이에 따라 행정명령의 개념이 명확하지 않고, 그 실체도 느슨하고 다양하며 광범위하게 이해된다. 다만 대체로 연방의회에 구속하지 않는 연방정부 정책 형성, 행정청 설립, 행정청 내부 규칙 제정, 연방의회의 법 보충, 법 해석을 통한 입법형성 등 여러 목적을 달성하기 위하여 연방정부가 관행적으로 행정권을 행사하는 수단이 행정명령이라고 보고 있다[Joel L. Fleishman and Arthur H. Aufses, Law and Orders: The Problem of Presidential Legislation, Law and Contemporary Problems Vol. 40, No. 3(1976), 1면]. 한편 의회조사국(Congressional Research Service)의 연구보고서에서는,'행정명령은 일반적으로 행정청 공무원 또는 행정청을 대상으로 하며 이들의 행동을 규율하고자 한다. 행정명령은 시민에 대해서는 간접적인 효력을 가진다.'고 하고 있다[U.S. House of Representatives, Committee on Government Operations, Executive Order & Proclamation: A Study of a Use of Presidential Powers, 85th Cong., 1st Sess.(1957), 1면]. 따라서 대통령의 행정명령은 행정청 및 그 소속 직원에 대한 내부적 효력을 가진 행정권 행사로 이해되고, 국민에 대한 대외적 효력은 간접적일 뿐인 것으로 이해된다[Independent Meat Packers Ass'n v. Butz, 526 F.2d 228 (8th Cir. 1975), 236; Phillip J. Cooper, By Order of the President: The Use and Abuse of Executive Direct Action, University Press of Kansas(2002), 113-114면]

1981년 레이건 정부는 작은 정부(small government)를 표방하며 규제 완화를 달성하고자 행정명령 12291호를 채택하였는데, 이로 인하여 중앙 집중적 비용편익분석의 역할이 본격적이고 전면적이 되었다. 행정명령 12291호는, 행정청이 규제를 발령하는 경우, 규제영향분석(RIA)을 하도록 하면서 그 일부로서 비용편익분석을 의무화 하여 이를 예산관리국(OMB) 내 규제정보관리실(The Office of Information and Regulatory Affairs, OIRA)에 제출하도록 하였다. 규제로 인한 사회에 대한 잠재 편익이 규제로 인한 잠재 비용을 초과하지 않으면 규제는 공포될 수 없고, 순 편익을 극대화하고 순 비용을 최소화하는 대안을 선택해야 한다는 내용이 행정명령 12291호의 핵심이다. 이후 레이건 정부에서는 후속 행정명령 12498호의 제정으로 예산관리국(OMB)으로 하여금 독립규제기관에서 계획 중인 규제에 대한 심사까지 하도록 하였다.

1993년 클린턴 정부는 행정명령 12291호 및 12498호를 폐지하고 독자적인 행정명령 12866호를 공포하였다. 행정명령 12866호는 비용편익분석에 있어 형평(equity), 배분적 영향(distributive impacts) 등과 같이 금전으로 환산되기 어려운 질적 편익에 상대적으로 비중을 두었지만, 규제가 필요한 경우 순 편익을 극대화할 수 있는 대안을 선택해야 한다는 핵심 기조는 종래 행정명령과 같았다. 다만 행정청이 규제정보관리실(OIRA)에 제출해야 하는 규제안은 중요 규제(significant regulatory action)[4]로 제한하였다.

부시 행정부는 클린턴 정부의 행정명령 12866호를 유지하면서 이

---

4) 여기서 '중요(significant)'의 의미는, ① 연간 경제에 1억 달러 이상의 영향을 미치는 경우, ② 심각한 정책의 불연속성을 초래하는 경우 또는 다른 행정청의 계획된 행위에 방해가 되는 경우, ③ 보조금, 공공요금 등에 관한 예산 또는 대상자의 권리의무를 변경하는 경우, ④ 법적인 구속력, 대통령의 우선순위 또는 대통령령의 기본원칙으로부터 새로운 법적, 정책적 이슈를 불러일으키는 경우 등을 의미한다.

를 행정명령 13422호, 13535호로 개정하였고, 이때 예산관리국(OMB)
은 2003. 2. '연방규제의 비용과 편익에 관한 2003년도 의회보고서
(Draft 2003 Report to Congress on the Costs and Benefits of Federal
Regulations)'를 발표하고, 2003. 9. 예산관리국(OMB) 지침으로서 '규제
영향분석(Circular A-4, Regulatory Analysis)'를 발표하였는데, 이들 발
표에서는, 특히 비용편익분석이 규제분석의 주요한 방법이라고 명
시되어 있었다.

2011년 오바마 행정부는 종래 행정명령을 행정명령 13563호로 개
정하였다. 오바마 행정부에서는 비용편익분석의 강력한 주장자인
캐스 선스틴(Cass Sunstein)이 규제정보관리실(OIRA)의 수장으로서 업
무를 수행하기도 하였다.

2017년 트럼프 행정부는 행정명령 13771호를 공포하였는데, 규제
를 완화하는 것을 넘어 특히 규제비용을 절감하는 것을 표방하였다.
즉, 연내 총 규제비용의 증가분이 0을 넘지 않게 하는 규제비용총량
제를 실시하는 것을 골자로 하였는바, 구체적으로 행정청이 하나의
규제를 신규 도입하기 위해서는 도입규제의 비용에 해당하는 규모
로 비용을 부담시키는 적어도 기존의 규제 두 개를 폐지(one in, two
out/Two for one)하여 상쇄시키도록 규정하였다.

3. 법률과 행정명령의 관계 및 사법심사

모든 과정은 법에 의하여 허용된 한도 내에서 이루어져야 하므
로,5) 의회가 제정한 법률과 대통령의 행정명령이 충돌하면 법률이
우선함은 명백하다. 또한 행정명령은 사법심사를 예정하고 있지 않
으므로(즉, 행정명령을 위반하였다 하여 이를 위법이라고 할 수 없으

---

5) Gary Marchant(장철준 역), 미국에서의 규제분석: 근본적 긴장관계와 정당선
논의, 공법연구 Vol.38 No.1-1(2009), 40면

므로),[6][7] 법원이 행정청의 규제에 대하여 위법이라고 평가할 때의 준거는 행정명령이 아니라 개별 규제법이 된다.

다만 대통령의 행정명령과 달리 의회에 의해 제정된 개별 규제법은 비용편익분석을 명시적으로 규정하지 않거나 규정이 모호한 경우가 많다.[8] 따라서 행정청의 규제에 대한 판단의 준거가 되는 개별 규제법의 의미, 특히 '법이 행정청에게 비용편익분석을 어느 정도로 요구하는지(즉, 행정청의 약식 비용편익분석 활용이 금지되는지, 필수적인지 또는 정식 비용편익분석 활용이 필수적인지)'를 파악하는 것이 중요해진다.

II. 규제영향분석의 대상 및 절차

1. 대상

행정명령 12291호는 모든 규칙(all rules)에 대하여 규제정보관리실(OIRA)에 규제영향분석을 제출하도록 하였으나, 행정명령 12866호는 '중요 규제(significant regulatory action)'에 대하여 규제정보관리실

---

6) 행정명령 12291호 §9("This order...is not intended to create any right or benefit, substantive or procedural, enforceable at law.")

7) Improving Regulation and Regulatory Review, 76 Fed. Reg. 3821 (Jan. 18, 2011).; Cass R. Sunstein, Cost-Benefit Analysis and Arbitrariness Review, 41 HARV. ENVTL. L.REV. 1 (2017). 19면; Caroline Cecot & W. Kip Viscusi, Judicial Review of Agency Benefit-Cost Analysis, 22 GEO. MASON L. REv. 575 (2015), 587면; Jonathan Masur & Eric Posner, Against Feasibility Analysis, 77 University of Chicago Law Review 657 (2010), 667면; Reeve Bull & Jerry Ellig, Judicial Review of Regulatory Impact Analysis: Why Not the Best, 69 ADMIN. L. REV. 725 (2017), 743면; Nat'l Truck Equip. Ass'n v. NHTSA, 711 F.3d 662 (6th Cir. 2013), 670

8) 이성엽, 행정부 법 해석권의 재조명, 경인문화사(2012), 62면

(OIRA)에 제출하도록 하는 것으로 변경하였다. 여기서 중요 규제란
① 연간 경제에 1억 달러 이상의 영향을 미치는 경우, ② 심각한 정
책의 불연속성을 초래하는 경우 또는 다른 행정청의 계획된 행위에
방해가 되는 경우, ③ 보조금, 공공요금 등에 관한 예산 또는 대상자
의 권리의무를 변경하는 경우, ④ 법적인 구속력, 대통령의 우선순위
또는 대통령령의 기본원칙으로부터 새로운 법적, 정책적 이슈를 불
러일으키는 경우 등을 의미한다.

2. 절차

미국은 예산관리국(OMB)과 그 소속 기관인 규제정보관리실(OIRA)
이 규제심사 기능을 수행하는데, 행정청은 이해관계인 등과 협의한
후 규제영향분석 초안을 작성하여 규제정보관리실(OIRA)에 제출한
다. 이에 따라 규제정보관리실(OIRA)이 규제심사를 하는데, 규제영향
분석 초안은 관보에 공시되어 의견제출절차가 진행된다. 이후 각 의
견을 반영하여 행정청은 규제영향분석 최종안을 작성하고 규제정보
관리실(OIRA)은 이를 심사한다. 심사를 마친 규제안은 규제영향분석
과 함께 관보에 게재된다. 이때 규제영향분석에서 가장 핵심은 비용
편익분석이다.9)

규제영향분석의 일환으로 수행되는 비용편익분석은 Circular A-4
에서 제시된 바에 따라 이루어진다.10) 즉, 기준선11) 정의(Define the

---

9) 윤현진, 규제행정법과 비용편익분석 - 미국에서의 논의를 중심으로, 이화
   여자대학교 박사학위논문(2015), 33면; Circular A-4, OIRA, Regulatory
   Analysis;Circular A-4, OIRA, Regulatory Impact Analysis: A Primer
   https://www.reginfo.gov/public/jsp/Utilities/circular-a-4_regulatory-impact-an
   alysis-a-primer.pdf
10) Circular A-4, OIRA, Regulatory Analysis; 윤현진, 규제행정법과 비용편익분
    석 - 미국에서의 논의를 중심으로, 이화여자대학교 박사학위논문(2015),

Baseline)→분석의 시간지평 설정(Set the Time Horizon of Analysis)→규제 대안 범위 확인(Identify a Range of Regulatory Alternatives)→규제 대안의 결과 확인(Identify the Consequences of Regulatory Alternatives)→비용과 편익의 정량화 및 화폐가치화(Quantify and Monetize the Benefits and Costs)→미래 편익과 비용 할인(Discount Future Benefits and Costs)→비정량화 및 비화폐가치화 편익과 비용 평가(Evaluate Non-quantified and Non-monetized Benefits and Costs)→편익, 비용, 순편익의 불확실성 유형화(Characterize uncertainty in benefits, costs, and net benefits)의 절차에 따라 이루어진다.

제3절 비용편익분석의 규범적 자리매김

I. 종래 논의: 가치 이론(value thoery)적 접근

비용편익분석은 경제학에 이론적 토대를 두고 있지만, 가치를 정량화 및 화폐가치화(즉, 일원화)하여 편익·비용으로 환원한 뒤 이를 양적으로 비교한다는 핵심 특성으로 인하여 공리주의, 결과주의와도 연결될 수 있어, 철학적 관점에서도 비용편익분석은 논의의 대상이 되었다.

Steven Kelman은 비용편익분석이 공리주의에서 비롯되었다는 점에 주목하여, 비용편익분석은 '편익이 비용보다 크면 정당하다.'는 내용에 지나지 않으므로 도덕적 관점에서 타당하지 않다고 지적했다.12) 편익이 '옳음(morally right)'과, 비용이 '그름(morally wrong)'과

33-40면

11) 기준선은 규제를 발령하지 않았을 때(no change) 맞게 될 상황을 의미

12) Steven Kelman, Cost-Benefit Analysis: An Ethical Critique, 5 REGULATION 33

동일하지 않으므로, 편익과 비용의 판단에 앞서 옳고 그름에 대한 판단이 선행되어야 한다고 보았다.13) 그가 바라보기에 공리주의 또한 도덕 철학의 일종이라고 할 것인데, 공리주의에 따를 경우 도덕적으로 부당한 결과가 발생할 수 있다. 예컨대, ① 나치 독일 당시 한 노인이 히틀러에 반대하는 의견을 표명하는 경우 그는 연금을 잃을 것이고(비용), 그의 발언으로 나치 독일이 바뀌는 결과(편익)는 발생하지 않을 것이다. 따라서 비용이 편익보다 크므로, 공리주의에 따를 경우 그는 아무런 말·행동을 하지 않는 것이 도덕적으로 정당하게 된다. ② 두 개의 세상이 있고 모두 같은 정도의 행복을 누리고 있다고 가정했을 때, 한 세상은 거짓과 불의로 가득하고, 한 세상은 도덕과 정의로 가득한 경우, 공리주의에 따르면 각 세상은 아무런 차이가 없게 된다. 나아가 ③ 어떤 범죄가 범죄자에게 주는 만족감이 매우 크고(편익), 피해자에게 주는 고통이 상대적으로 적은 경우(비용), 자칫 범죄가 정당화될 가능성이 있다. 각 사례의 부당성을 통해, Steven Kelman은 비용편익분석을 적극적으로 비판하고 있다.14) 또한 그는 비용편익분석에서 사용되는 지불용의액(WTP)으로 표상되는 화폐가치화를 비판하면서, 비시장재화, 예컨대 신선한 공기, 평화, 조용함 등은 화폐가치화하기 적절하지 않다는 점을 지적한다.15) 비시장재화에 관하여, 얻기 위하여 치르고자 하는 금액과 악화된 상황을 보상받고자 하는 금액이 서로 다르고, 화폐가치화 하는 과정에서 그 가치가 제대로 환산되지 않을 수 있기 때문이다.

이러한 비판 기조는 계속하여 이어졌다. Martha Nussbaum은 비용편익분석이 가치의 동질성(homogeneity)을 전제로 하여, 다양한 가치

(1981), 33-40면
13) Ibid, 34면
14) Ibid, 34-36면
15) Ibid, 36면

를 하나의 가치로 환원하는 것이 본질적인 문제임을 지적한다.16) 비용편익분석이 가치를 화폐가치화하면서 발생하는 오류에 대하여, 가중치(weighting)를 설정함으로써 조정하려 하지만, 비용편익분석 자체만으로는 우리가 가중치를 어떻게 두는지 설명할 수 없고, 대안을 선택하는 과정에서 도덕적 판단에 대한 정보를 제공할 수 없는 한계가 있다고 한다.17) 이에 대응하여 비용편익분석은 세금을 부과하는 방식 등으로 윤리적 문제에 관하여 비용과 편익을 조정하려고 하지만, 그것 또한 비용편익분석은 비도덕적 선택이 비용이 높다는 것을 알려줄 수 있을 뿐, 도덕적으로 정당하다는 것을 알려주지는 않는 한계가 있다. 또한 비용편익분석을 통해 가치를 화폐가치화한다 하여, 그 가치가 환가된 금액만큼의 가치만 있다고 단정할 수 없다. 그러한 화폐가치화는 우리가 가치를 그렇게 평가하게끔 하므로, 유의할 필요가 있다는 점 또한 지적한다.18)

John Broome도 이러한 비판에 동참한다.19) 그는 비용편익분석의 목적은 가치 측정(valuation), 즉 대상에 대하여 '좋은 것(goodness)인지 여부와 그 정도를 측정하는 것'이라고 한다.20) 따라서 비용편익분석은 대상 가치의 참값(true value)을 측정해야 하므로, 가치 이론에 근거하여 정당화되어야 하는데, 현재 비용편익분석 지지자(경제학자)들은 그 가치 이론을 등한시하고, 생명의 가치 등에 대해 실질적으로 판단하지 않고 있다는 점을 지적한다.21) 비용편익분석은 사

---

16) Martha C. Nussbaum, The Costs of Tragedy: Some Moral Limits of Cost-Benefit Analysis, 29 Journal of Legal Studies 1005 (2000), 1005-1036면
17) Ibid, 1032면
18) Ibid, 1033면
19) John Broome, Cost-Benefit Analysis and Population, 29 Journal of Legal Studies 953 (2000), 953-970면
20) Ibid, 955면
21) Ibid, 956면

람들의 선호에 따라 가치를 측정하고 화폐가치화하는데, 같은 화폐가치(1달러)라도 각 사람에게 의미하는 바가 다르므로 각 사람의 지불용의액(WTP)을 액면 그대로 받아들이기 어렵다. 그는 이러한 문제는 사람의 선호에 기반하여 가치를 측정하는 방법 자체가 문제라기보다는 화폐가치화에 따른 문제라고 하면서, 화폐가치가 아닌 다른 단위[예컨대, HYE(healthy-years equivalent)[22]]를 사용할 필요가 있음을 주장하기도 한다.[23] 한편, 그는 비용편익분석이 민주적 의사결정의 수단이기도 하므로, 민주주의 이론(democratic theory)에 의하여 정당화되어야 하는데, 비용편익분석 실무는 이 부분에 대해서는 별다른 주목이 없다는 점 또한 지적한다.[24]

Frank Ackerman, Lisa Heinzerling 또한 비용편익분석에 구조적 결함이 존재하므로, 이를 유지할 필요가 없다고 한다.[25] 이들은 이익(profit)을 극대화하려는 사적 시장은 공공 영역과 다름을 전제한다.[26] 그리고 비용편익분석은, ① 비용 추정, ② 편익의 화폐가치화, ③ 할인율 책정의 단계를 거치는데, 이와 같은 방식은 일반인이 세상을 바라보는 방식과 다름을 지적한다.[27] 즉, 우리들 대부분은 행복을 돈으로 사지 못한다고 믿는다. 따라서 인간 생명은 사거나 팔 수 있는 대상이 되지 못하고 이는 위법할 뿐만 아니라 비도덕적이다. 나아가 통계적 사람(statistical people)은 존재하지 않고, 사람들은 이

---

22) A. Mehrez & A. Gafni, Quality-Adjusted Life Years, Utility Theory and Healthy Years Equivalents, 9 Med. Decision Making 142 (1989), 142-149면
23) John Broome, Cost-Benefit Analysis and Population, 29 Journal of Legal Studies 953 (2000), 958면
24) Ibid, 954면
25) Frank Ackerman, Lisa Heinzerling, Pricing the priceless: Cost-benefit analysis of environmental protection, University of Pennsylvania Law Review, Vol. 150, Issue 5 (2002), 1553-1584면
26) Ibid, 1553-1584면
27) Ibid, 1557-1560면

타적이며(people care about other people), 투표와 구매는 다르다는 점, 수치는 모든 것을 말할 수 없다는 점, 인위적 가격은 비싸다는 점, 미래를 할인할 경우 미래를 사소하게 만들 수 있다는 점 등을 근거로 비용편익분석은 정책 결정에 도움이 되지 못한다고 한다.[28]

David Driesen은 비용편익분석이 겉보기와 다르게 중립적이지 않을 뿐만 아니라 실무적·이론적으로 반환경적(anti-environmental)이고, 건강, 안전, 환경에 대해 큰 보호를 하지 못한다고 주장한다.[29] 비용편익분석이 때로 이들을 보호하는 형태의 규제안을 선택하게 한 몇 개의 사례도 발견되지만, 전반적으로 비용편익분석은 그와 건강, 안전, 환경적 가치를 보호하지 않는 방향으로 작동했음을 실증적으로 밝힌다. 또한 건강, 안전, 환경적 가치는 정량화될 수 없을 뿐만 아니라 불확실성(risk)을 정량적으로 평가하는 것과 편익을 화폐가치화하는 것은 매우 어려움을 전제로(extraordinarily difficult)[30], 비용편익분석이 거치는 이러한 과정 자체에 상당한 자원이 요구되고, 그럼으로써 건강, 환경보호를 위한 규제 발령을 지연시키게 되는 점을 지적함으로써, 비용편익분석의 방법론이 중립적일 수 없다고 한다. 그리고 비용편익분석의 방법론 선택은 결국 필연적으로 가치 선택의 문제와 연결되어 있고, 가치 선택은 결국 지불용의액(WTP) 또는 수령의사액(WTA)을 묻는 것인데, 이 둘은 이론적으로 같아야 하나 실증적으로 같지 않고, 지불용의액(WTP)이 대체로 수령의사액(WTA)보다 적게 나타난다. 그런데 의사결정자들은 지불용의액(WTP)을 토대로 규제를 발령하게 되고, 이로써 건강, 환경의 편익이 적게 측정됨을 밝힌다.[31] 나아가 시장 교환(market exchange)이란 완전한 정보 아래

---

28) Ibid, 1564-1578면
29) Driesen, D, Is Cost-Benefit Analysis Neutral?, College of Law Faculty- Scholarship, 17(2006), 1-73면
30) Ibid, 6면
31) Ibid, 66-67면

에서만 효율적이고, 칼도-힉스 효율성은 극도로 완전한 정보가 가정된 경우에 비로소 적용 가능한 것이므로, 비용편익분석을 실시하기 위해서는 많은 정보를 가정해야 한다. 그런데 비용편익분석은 그 과정에서, '오염 유발자들이 얼마나 지불해야 하는가(must pay)'에 대해서는 고민하지 않는다.32) 그렇다면 지불용의액(WTP)을 통해 편익을 측정한다는 것은 그 자체로 불완전한 정보 하에 친산업적, 반환경적 가치 선택을 하게 된다는 뜻이 된다. 한편, 할인율 또한 세대 간 형평에 대한 가치판단의 문제라 할 것인데, 이 또한 비용편익분석에서는 크게 다루어지지 않는다.33)

요컨대, 비용편익분석에 대한 가치 이론적 비판은, 비용편익분석의 토대를 이루는 공리주의, 결과주의에 대한 의무론적 관점에서의 비판과 맥락이 상통한다고 할 것이다. 시장에서 거래되지 않는 비시장재화의 가치를 화폐가치화하고, 이를 상호 비교한 후, 보다 큰 것에 대한 선택이 정당화되는 것에 대한 근본적인 불신과 반감이 비용편익분석에 대한 비판의 핵심이라고 할 것이다.

II. 최근의 논의: 가치 이론과 거리두기

1. 유용한 의사결정수단으로서의 비용편익분석

비용편익분석에 대한 가치 이론 관점에서의 비판은 비용편익분석의 내재적 한계에 대한 지적이었으므로 이를 근본적으로 극복하기란 불가능했다. 그러나 비용편익분석은 현실적으로 행정명령 12291호가 채택된 이후 미국에서 규제 발령 및 선택의 주요한 단계

---

32) Ibid, 67면
33) Ibid, 68면

로서 기능하고 있다. 이에 따라 비용편익분석의 규범적 지위를 재설
정함으로써 그 정당성을 보완하고자 하는 시도가 등장했다.

Matthew Adler, Eric Posner는 비용편익분석을 '도덕적으로 옳음 또
는 좋음에 대한 기준(a criterion of moral rightness or goodness)'이 아
니라 '도덕적으로 정당화된 의사결정수단(morally justified decision
procedure)'으로 볼 것을 주장했다.[34][35] 비용편익분석에 대한 가치
이론 관점에서의 비판은 실상 공리주의·결과주의에 대한 비판임을
인식하면서, 공리주의·결과주의를 추구할 경우 가장 높은 합계 효용
(highest total utility)이 우선시되어, 효용 괴물(utility monster)[36]이 정
당화될 수 있다는 문제가 발생함을 인정한다.

따라서 비용편익분석은 이러한 가치 이론(공리주의·결과주의)와
거리두기를 해야 함을 주장한다. 이에 따라 비용편익분석이 완벽하
지 않음을 인정하고, 비용편익분석을 가치 이론 관점에서 정당화하
는 더 이상의 노력은 하지 않는다. 다만 주어진 여러 제약, 예컨대
인식론적 한계뿐만 아니라 정치 과정에서 주어지는 한계 속에서, 행

---

34) Matthew D. Adler, Incommensurability and Cost-Benefit Analysis, 146
University of Pennsylvania Law Review 1371 (1998), 1371-1418면; Matthew
D. Adler & Eric A. Posner, Introduction, to Cost-Benefit Analysis, 29 Journal
of Legal Studies 837(2000), 837-842면; Richard A. Posner, Cost-Benefit
Analysis: Definition, Justification, and Comment on Conference Papers, 29
Journal of Legal Studies 1153 (2000). 1153-1177면; Matthew D. Adler & Eric
A. Posner, Implementing Cost-Benefit Analysis When Preferences Are
Distorted, 29 Journal of Legal Studies 1105 (2000). 1105-1147면
35) Matthew D. Adler, Incommensurability and Cost-Benefit Analysis, 146
University of Pennsylvania Law Review 1371 (1998), 1373면
36) 철학자 Robert Nozick이 창안한 개념으로, '다른 이들의 희생으로 인하여
거대한 효용을 얻는 존재'[Robert Nozick, ANARCHY, STATE, AND UTOPIA
(1974), 41면 Stein, Mark S. Nozick: A Utilitarian Reformulation [comments],
Northern Illinois University Law Review, Vol. 18, Issue 2 (1998), 343면에서 재
인용]

정청의 행동이 공공선택 요소에 따라 좌우되려고 할 때, 비용편익분석이 일정한 역할을 할 수 있음을 강조한다.

또한 비용편익분석이 주목하는 대상이 후생(well-being)이 아니라 선호(preference)임을 밝힌다. 즉, 후생을 늘리기 위해 비용편익분석을 실시하는 것이 아니라, 선호에 따른 선택을 하기 위하여 비용편익분석을 실시한다는 것이다. 결국, 비용편익분석의 정당성 또는 타당성은 가치 이론에 따라 평가받아서는 안 되고, 우리가 추구하고자하는 목적에 부합하는지에 따라 판단되어야 한다는 것이다.

Eric Posner는 기관적 관점에서도 비용편익분석의 정당성을 발견한다.[37] 그는 하나의 규범적 가정을 제시한다. '대리인(행정청)은 주인(대통령, 의회)의 목표를 달성하고자 하여야 한다(agencies should implement the goals of the principals).'[38] 주인이 효율적인 사업을 진행하려 하는데, 대리인(행정청)을 통제하지 못한다고 한다면, 대리인(행정청)은 자신의 선호대로 일을 처리하고자 할 것이다. 만약 그러한 태도가 심각한 문제가 된다면, 주인은 대리인(행정청)에 개입할 필요가 있다. 그런데 행정청으로 하여금 비용편익분석이라는 수단을 사용하게 할 경우, 비용편익분석이 제공하는 투명한 정보를 통해 주인은 행정청의 의사결정과정을 감시하기 용이해지므로, 이러한 대리인 문제를 완화시킬 수 있다. 이에 따라 비용편익분석은 행정청(대리인)의 임의적 재량을 감소시키고, 대통령과 의회(주인)가 추구하고자 하는 후생을 증가시킬 수 있게 한다. 이와 같은 주인-대리인 관점(기관적 관점)을 그는 비용편익분석의 정당화의 새로운 관점으로 제시한다.[39]

---

37) Eric A. Posner, Controlling Agencies with Cost-Benefit Analysis: A Positive Political Theory Perspective, University of Chicago Law Review. 68(4)(2001), 1137-1199면
38) Ibid, 1187면

Cass Sunstein은 전통적인 경제학이 아닌, 인지심리학(cognitive psychology)과 행동경제학(behavioral economics) 관점에서도 비용편익 분석의 정당성을 주장한다.40) 즉, 그는 규제에 대한 공공의 요구가 사실 오해(misunderstanding of facts)에 기반할 우려가 있음을 지적한다.41) 즉, 실제보다 어떤 사고의 발생 가능성을 과장해서 생각하기 쉽고(The Availability Heuristic), 정보나 평가에 대해서 가질 수 있는 오해가 생각보다 전염성이 크며(Aggravating Social Influences: Informational and Reputational Cascades), 비전문가는 전문가보다 위험(비용)을 과대평가하고, 편익을 과소평가하는 경향이 있고(Dangers On-Screen, Benefits Off-Screen), 일견 편익을 발생시키는 것처럼 보이는 규제로 인하여 다른 편익이 감소될 수 있다는 구조적 문제가 존재하지만 이는 잘 보이지 않으며(Systemic Effects and "Health-Health Tradeoffs"), 사람들은 감정과 불필요한 우려에 의해 좌우될 가능성이 있고(Emotions and Alarmist Bias), 사람들은 당면한 문제에 대하여만 판단하기 쉬우며, 사회 전체적 관점에서 문제를 바라보기는 쉽지 않아 각 판단이 종합적으로는 부조화할 수 있다는 점(Separate Evaluation and Incoherence), 결국 부족한 정보가 부적절하고 때로는 과도한 규제를 요구하게 되는 결과가 발생될 수 있다는 점 등을 근거로, 비용편익분석이라는 유용한 의사결정도구를 통해 위와 같은 문제점을 극복할 수 있다는 점을 논증하는 한편,42) 비용편익분석이 이론적으로 불완전하더라도 그 목적(취지)을 고려하면 유용하다는 주장을 한다.43) 이러한 비용편익분석의 강점을 '외국어 효과(foreign language

---

39) Ibid, 1186면
40) Cass R. Sunstein, Cognition and Cost-Benefit Analysis, John M. Olin Program in Law and Economics Working Paper No. 85(1999), 1면
41) Ibid, 7면
42) Ibid, 7-15면
43) Ibid, 35-36면

effect)'로도 표현하는데44), 비용편익분석이라는 낯선 도구를 통할 때, 우리는 보다 합리적이고 이성적일 수 있다는 통찰이다.

이처럼 종래 가치 이론과 구분지어 비용편익분석에 정당성을 부여하고자 하는 시도가 대체로 받아들여지면서, 비용편익분석에 대한 반대론자들도 비용편익분석의 필요성과 목표(취지)에 인정하는 공감대가 형성이 되었다고 보인다.45) 이에 따라 비용편익분석에 대한 논의는 보다 효율적이고 타당한 방법론을 모색하는 방향으로 옮기게 되었다고 할 것이다.46)

2. 시장주의적 접근의 보편화·규범화

시장주의적 접근이 문제 해결의 방식으로 보편화·규범화되는 것도 의사결정수단으로서의 비용편익분석에 대한 수용성을 높이고 있다. 비시장재화로서 환경의 가치를 주창하는 환경주의자들도 공해권(pollution rights)과 같은 권리를 설정하고 이를 거래함으로써 보다 효율적인 방식으로 환경을 보호하고자 하는 시도를 하고 있고, 이러한 시도가 규범화(예컨대, 배출권거래제)되고 있는 것이 단적인 사례

---

44) Ibid, 4-6면
45) Jeehyun Choi, Proposals for a Sustainable Energy Regulatory Framework: The Case of Carbon Pricing in South Korea, University of California, Berkeley (2018), 48면
46) Lewis A. Kornhauser, On Justifying Cost-Benefit Analysis, 29 Journal of Legal Studies 1037(2000). 1052-1053면; Gary S. Becker, A Comment on the Conference on Cost-Benefit Analysis, 29 Journal of Legal Studies 1149 (2000), 1149-1152면;Robert H. Frank & Cass R. Sunstein, Cost-Benefit Analysis and Relative Position, 68 U. CHI. L. REV. 323 (2001),323-374면; Robert W. Hahn & Cass R. Sunstein, A New Executive Order for Improving Federal Regulation - Deeper and Wider Cost-Benefit Analysis, 150 U. PA. L. REV. 1489 (2002), 1489-1552면;W. Kip Viscusi, Monetizing the Benefits of Risk and Environmental Regulation, 33 Fordham Urb. L.J. 1003 (2006), 101-143면

이다. 따라서 단지 정량화·화폐가치화의 난해함을 이유만으로는 비용편익분석을 반대한다는 것은 이제 설명하기 어렵게 되었다.[47)

시장주의적 접근은 당면한 문제를 거래 가능한 재산권의 설정과 보호로 해결될 수 있다고 본다는 점에서, Ronald Coase의 후예로 볼 수 있고, 공공선택이론(public choice theory)과도 같은 맥락이라는 평을 받는다.[48) 코즈 이론은 거래 비용(transaction cost)이 없다면, 시장이 사적 거래를 통해 효율적인 결과를 가져오고, 외부효과로 인해 초래되는 비효율성을 극복할 수 있다고 주장하였다는 점에서,[49) 공공선택이론은 사회 실체는 곧 개인의 집합이라는 방법론적 개인주의(methodological individualism)와 개인과 집단은 모두 사익을 우선하는 이기적이고 합리적 선택을 한다는 사익추구 가정을 바탕으로 경제이론을 정치과학에 접목시킨 이론이라는 점에서[50) 위와 같은 평은 합당하다.

시장주의는 개개인들이 자신들의 선호에 대해 보다 온전히 알 수 있음을 고려한 것이고, 이를 바탕으로 시장은 더욱 정확하고 효율적으로 개개인의 선호를 반영할 수 있다고 전제한다고 할 것인데,[51) 그와 같은 전제는 집단이 소규모이고, 역사가 오래되며, 문제가 개인들과 밀접한 경우에나 가능하다는 점에서[52), 그 한계가 분명하다 할

---

47) Matthew D. Adler & Eric A. Posner, Introduction, 29 Journal of Legal Studies 837 (2000). 841면

48) Michael C. Blumm, The Fallacies of Free Market Environmentalism, Harvard Journal of Law and Public Policy, Vol. 15(1992), 372면

49) Ronald H. Coase, The Problem of Social Cost, 3J.L. & ECON. 1(1960)

50) Daniel A. P. Farber, Philip P. Frickey, Law and Public Choice: A Critical Introduction, University of Chicago Press(1991)

51) Robyn Eckersley, Free market environmentalism: friend or foe?,Environmental Politics, volume 2, issue 1 (1993), 6면

52) Elinor Ostrom(윤홍근, 안도경 공역), 공유의 비극을 넘어 - 공유자원 관리를 위한 제도의 진화, 랜덤하우스코리아(2010), 327면

것이다. 그러므로 시장주의적 접근이 보편화·규범화되었다고 하여 비용편익분석의 정당성 문제가 해결되었다고 볼 수는 없고, 단지 비용편익분석에 대한 수용성이 상대적으로 높아진 배경을 확인할 수 있는데 그 의의가 있다고 할 것이다.

3. 정치적 편향성의 극복 수단

비용편익분석이 정치적으로 편향하여 활용될 수 있는 문제 또한 제기되고 있다.

Erik Olson은 비용편익분석이 정치적 개입에 약하다는 점을 지적했고, 예산관리국(OMB)이 규제완화의 편의(bias)를 가지고 있음에 따라, 기술적 쟁점을 정치화한다고 한다.[53]

Stuart Shapiro와 John Morrall III 또한 2000년에서 2009년까지 이루어진 경제적으로 주요한 109개의 규제에 대한 비용편익분석을 검토한 결과, 비용편익분석에 의해 제공된 정보와 순 편익 사이의 상관관계(correlation)가 거의 발견되지 않았고, 정치가들이 비용편익분석의 실제 수행에 있어 중요한 역할을 한다는 점을 밝혀냈다. 즉, 비용편익분석 결과, 정치적으로 관심이 있는 규제의 순 편익이 다른 규제의 순 편익보다 높게 평가되었다. 결국 비용편익분석이 정치적 맥락에서 이루어지고 있다는 것이다.[54]

비용편익분석이 후생만을 증가시키게끔 헌법에서 명령하고 있지는 않으므로 정치적 목표나 동기에 어느 정도 필연적으로 종속될 수

---

53) Erik D. Olson, The Quiet Shift of Power: Office of Management & Budget Supervision of Environmental Protection Agency Rulemaking under Executive Order 12,291, 4 VA. J. NAT. Resources L. 1 (1984), 13-14면

54) Stuart Shapiro, John F. Morrall III, The triumph of regulatory politics: Benefit-cost analysis and political salience, Regulation & Governance 6(2012), 189-206면

밖에 없으나, 어느 한 정치주체(특히 이익집단)만의 선호에 의하여 영향을 받아 그에 따라 비용편익분석이 실시되는 것이 바람직하지 않음은 물론이다.

그러나 이에 대하여, Daniel Cole은 비용편익분석이 정치적으로 이용될 수 있는 문제에 대응하여, 도리어 비용편익분석이 보다 투명하고 정식(formal)적으로 활용될 필요가 있다고 한다.[55] 정식 비용편익분석이 투명하게 실시될 경우, 감시 주체는 행정청이 실시한 비용편익분석에 대하여 그 오류와 문제점을 지적하기 수월해진다. 실제로 앞서 제3장 제4절 III. 2.에서 본 '맑은 하늘(Clear Skies)' 법안에서 문제된 비용편익분석 대하여 의회조사국(Congressional Research Service)이 행정청이 실시한 비용편익분석을 비판하는 보고서를 작성하게 된 것도, 바로 이러한 비용편익분석의 장점 덕분이었다.

III. 소결

자원은 희소하고 선택은 필연적이다. 따라서 대안의 상호 비교는 선택의 전 단계로서 반드시 필요한 과정이다. 의무론(deontological)에 입각하여 결과주의나 공리주의를 비판함이 일견 타당하다 할지라도, 옳고-그름의 기준에 따른 접근은 가치 상호 간 교환(trade-off)이라는 개념을 허용하지 않음으로써, '최적'의 선택을 하는 데에 큰 도움이 되지 못할 우려가 있다.

실상 비용편익분석에 대한 비판자들도 일상을 살아감에 있어 선택의 문제, 교환의 문제에서 자유롭지 못하다. 안전, 생명과 건강에 대하여 큰 가치를 부여한다 하더라도 매일같이 집을 청소하거나 차

---

55) Daniel Cole, Law, Politics, and Cost-Benefit Analysis, 64 Alabama Law Review 55 (2012), 88-89면

량을 정비하지는 못한다. 이것은 깨끗한 공기, 교통상의 안전이 중요하지 않다는 것이 아니라 시간과 노동력 같은 희소한 자원을 어떻게 활용하느냐의 문제이다.

따라서 가치 이론의 맥락에서 한걸음 물러나 살펴볼 때, 비용편익분석은 경제적 타당성을 달성하기 위한 방법이자 의사결정수단으로서 그 유용성, 나아가 정당성이 있다고 할 것이고, 이는 앞서 보았듯 비용편익분석의 투명한 정량화·화폐가치화를 통해서 이익집단과 같은 정치 주체들의 왜곡을 방지할 수 있고, 비합리적인 편의(bias)에서 벗어나 논리적 의사결정을 할 수 있게 한다는 점을 볼 때 더욱 그러하다고 할 것이다.

최근 미국의 논의도 이러한 점에 주목하여, 이제 비용편익분석은 '한계가 있고 완벽하지는 않지만, 경제적 타당성을 달성할 수 있는 유용한 의사결정수단'으로 규범적 자리매김을 하였다고 보인다. 다만 비용편익분석은 그 방법론에 대하여 여전히 제도적·기술적 발전이 필요할 뿐만 아니라, 비용편익분석에는 가치판단이 개입될 수밖에 없어, 정치적 숙의(political deliberation)가 선행되어야 할 것이므로 이를 어떻게 비용편익분석의 담론에 반영시킬지 등에 관하여 관련 논의는 계속될 것이고, 계속되어야 할 것이다.

지금까지 비용편익분석의 정당성을 둘러싼 미국의 논의를 살펴보았다. 아래에서는 이러한 논의가 연방법원의 비용편익분석에 대한 사법심사에 어떠한 영향을 미쳤는지 검토해보기로 한다.

제4절 연방법원의 비용편익분석 심사 판례 흐름

Ⅰ. 비용편익분석의 활용 금지·의무 여부에 대한 판례

1. 비용편익분석에 대한 규범적 자리매김 논의의 반영

미국의 비용편익분석에 규범적 자리매김 논의는 '행정청이 비용편익분석을 실시하는 것이 정당한가 또는 타당한가'에 대한 의문에 대한 답을 하는 과정이었다고 할 것이다.

이를 사법심사의 관점에서 보면, '해당 규제법이 행정청에게 요구하는 비용편익분석의 정도(즉, 행정청의 약식 비용편익분석 활용이 금지되는지, 필수적인지 또는 정식 비용편익분석 활용이 필수적인지)'를 법원이 어떻게 파악하고 있는지로 바꾸어 볼 수 있다. 물론 해당 규제의 토대가 된 법의 문언이 '해당 규제법이 행정청에게 요구하는 비용편익분석의 정도' 및 '비용편익분석에 대한 사법심사 기준 및 방법' 등에 대해 명백하게 규정하고 있다면, 법원은 그 명령에 따라 행정청이 실시한 비용편익분석을 심사하면 충분할 것이다. 그러나 문제는 해당 규제법의 문언이 적어도 외관상 명백하지 않을 때이다.

이때 법원으로서는 해당 규제법을 해석함에 있어 '행정청이 비용편익분석을 실시하여서는 안 된다.'는 태도를 취할 수도 있고, '행정청이 약식 또는 정식 비용편익분석을 실시하여야 한다.'는 태도를 취할 수도 있다. 전자는 앞서 본 비용편익분석에 대한 가치 이론적 접근과 맥락을 같이 하고, 후자는 적어도 가치 이론적 관점에서 벗어나 의사결정수단으로서 비용편익분석의 유용성을 인정하는 최근 논의와 맥락을 같이 한다고 평가할 수 있다.

연방항소법원과 연방대법원은 시간에 따라 전자에서 후자로 심사 태도가 변화되었는바, 이는 법원이 비용편익분석을 심사함에 있어 앞서 본 비용편익분석에 대한 규범적 자리매김 논의가 반영되었다고 평가할 수 있다.

아래에서는 '비용편익분석의 요구 정도'의 의미에 대해서 우선 단계별로 나누어 본 뒤, 시간 흐름에 따라 연방항소법원 및 연방대법원의 심사 태도가 변화되는 양상을 살펴보기로 한다.

2. 비용편익분석의 활용 스펙트럼

앞서 보았듯, 비용편익분석은 약식-정식으로 나눌 수 있다(제3장 제2절 Ⅱ). 약식-정식은 연속적 스펙트럼 하에서 다양한 형태로 이해할 수 있으나, 전자와 후자의 가장 큰 차이는 '정량화·화폐가치화' 여부로 이해해도 별다른 무리가 없다.

즉, 약식 비용편익분석은 정량화를 전제로 하지 않고 비용과 편익의 (정성적) 비교(comparisons of benefits and costs) 또는 비용과 편익의 관계를 고려(a consideration of the relationships between the benefits and costs)하면 충분하다고 하는 반면[56], 정식 비용편익분석은, 행정청이 '① 비용과 편익을 모두 정량화·화폐가치화하고, ② 편익이 비용을 정당화하며(즉, 순현재가치≥0 또는 편익/비용≥1 등), ③ 정량화가 적절하지 않거나 가능하지 않은 경우에는 설득력 있는 설명을 하여야 한다.'고 대체로 이해된다.[57]

위와 같은 비용편익분석이 실시될 수 있는 각 형태를 고려할 때,

---

56) Amy Sinden, Cost-Benefit Analysis, Ben Franklin, and the Supreme Court, 4 UC IRVINE L. REV. 1175 (2014). 1185면
57) Cass R. Sunstein, Cost-Benefit Analysis and Arbitrariness Review, 41 HARV. ENVTL. L.REV. 1 (2017). 5면

법원이 파악(해석)하는 '해당 규제법이 행정청에게 요구하는 비용편익분석의 정도'는「① 약식 비용편익분석이 금지되는 단계(즉, 비용을 고려해서는 안 되는 단계)→② 약식 비용편익분석이 필수적인 단계(즉, 정성적 평가로 충분하다는 단계)→③ 정식 비용편익분석이 필수적인 단계(즉, 정량화를 해야 하는 단계)」와 같이 단계를 나누어 볼 수 있다.

그런데 연방항소법원과 연방대법원의 판례를 살펴보면, 시간의 흐름에 따라 ① 단계→② 단계로 변화되었음을 발견할 수 있다(이후 ③ 단계로 변화되는 양상에 대해서는 아래 II.항에서 다루기로 한다).

3. 종래 연방항소법원 및 연방대법원의 태도

가. 약식 비용편익분석이 금지되는 단계

1) American Textile Mfrs. Inst., Inc. v. Donovan 판결
   (1981, American Textile Mfrs. 판결)[58](① 판결)

가) 직업안전 및 보건법(Occupational Safety and Health Act, Act)은 노동부장관(Secretary of Labor)에게 작업장에서의 유독물 및 인체유해물질에 대한 안전 및 보건 기준(occupational safety and health standards dealing with toxic materials or harmful physical agents)을 설정할 것을 명한다. Act §3(8)은 위 기준에 대하여 '고용과 그 고용의 장소에서의 안전과 건강을 제공하는 데 합리적이고 필요하거나 적절한 것(reasonably necessary or appropriate)'이어야 한다고 규정하고 있고, Act §6(b)(5)는 행정청이 위 기준을 설정함에 있어서 따라야 할

---

58) 452 U.S. 490 (1981)

규칙제정과정을 규정하면서 장관에게 '가장 유력한 증거에 근거하여, 실행 가능한 범위까지 어떠한 피고용자도 건강상의 중대한 손상을 입지 않도록 가장 적절하게 보장하는 기준(to the extent feasible, on the basis of the best available evidence that no employee will suffer material impairment of health)'을 설정할 것을 요구하고 있다.

이에 따라 직업안전보건국(Occupational Safety and Health Administration, OSHA)은 목화먼지(cotton-dust) 흡입이 면폐증(綿肺症, byssinosis)의 원인이고 면직 공작 근로자 12명 중 1명이 이로 인해 장애를 입는다는 전제 하에 목화먼지에의 노출한계 기준을 설정하였다. 기준 설정으로 인해 예측되는 산업계의 비용은 6억 5,650만 달러(= 공학 기술적 통제 비용 5억 4,300만 달러 + 기타 비용)이었다.[59]

나) 이 사건에서는 OSHA의 기준 설정으로 인한 '중대한 건강 손상에의 리스크 감소'가 '소요되는 비용'에 비추어 의미 있는 것인지 여부, 즉 기준 설정에 비용-편익의 합리적 관계(reasonable relationship)가 반영되었는지가 쟁점이 되었다. 연방대법원은 다음과 같은 이유로 OSHA의 기준이 적법하다고 판단하였다.

우선, Act §6(b)(5)의 '실행 가능한 범위까지(to the extent feasible)'의 문언 의미에 대하여, 연방대법원은 첫째, 의회가 행정청에게 비용편익분석을 하라는 의도였다면, 홍수관리법[Flood Control Act 33 U.S.C, §701(a)]이나 대륙붕외부육지법[Outer Continental Shelf Lands Act Amendmnets of 1978, 43 U.S.C. §1347(b)]에서 하듯이 법에 명시하였을 것인데, 이 사안은 그렇지 않으므로, OSHA의 기준 설정에서 비용편익분석은 요구되지 않는다고 보이는 점,[60] 둘째, Act §6(b)(5) 문언은 'cost-benefit(비용-편익)'이 아니라 'feasible'을 언급하고 있을 뿐이고, 'feasible'의 의미는 '실행가능(capable of being done)'일 뿐이어

---

59) 452 U.S. 490 (1981), 490-491
60) 452 U.S. 490 (1981), 510

서 OSHA는 '실행가능한 범위까지(to the extent feasible)' 근로자들이
건강상 장해를 겪지 않도록 기준을 설정하면 되는 것으로 보이는
점61), 셋째, 입법취지 및 연혁에 비추어 보아도 의회는 처음부터 이
법이 상당한 비용을 발생시킬 것을 알면서도 근로자의 건강과 안전
을 위해서 필요한 경우 기준을 설정할 수 있다고 한 것으로 보이므
로 법에 의하면 의회는 근로자의 건강이라는 편익을 어떤 요소(특히
비용)보다 우선하는 것으로 보이는 점62)을 근거로 하여, 결과적으로,
연방대법원은 산업과 기업에게 부담되는 실질적인 비용보다 근로자
들의 건강 환경에 대한 가치를 보다 우위에 두었다. 따라서 연방대
법원은 OSHA가 노출 기준을 정하는데 비용을 고려하는 정도를 엄격
히 제한하였다.

　다음으로 Act §3(8)의 '합리적으로 필요하거나 적절해야 한다
(reasonably necessary or appropriate)' 부분 해석에 대해서, 연방대법
원은 Act §3(8)이 비용편익분석의 의미로 고려될 여지가 있음은 인정
하면서도, 의회가 Act §6(b)(5)에서 특별히 별도의 부가적인 요구로서
'기준이 건강 장애를 실행가능한 범위까지(to the extent feasible) 방
지할 것'을 규정하고 있으므로, 비용편익분석을 적용할 경우 위 규정
의 취지가 몰각될 우려가 있음을 고려하여 그와 같은 해석은 받아들
이지 않았다.63) 다만 비용편익분석에 의할 때 보호 기준이 1,000㎍/
㎥이고, 타당성 분석(feasibility analysis)에 의할 때 보호 기준이 500㎍/
㎥이라고 한다면, OSHA는 비용편익분석에 따라 덜 엄격한 지점을 선
택할 수도 있다는 가능성은 열어두었다.64)

　마지막으로 Act §6(f)에 의하면, 노동부장관의 결정은 전체적으로

---

61) 452 U.S. 490 (1981), 492
62) 452 U.S. 490 (1981), 519-521
63) 452 U.S. 490 (1981), 491-492
64) 452 U.S. 490 (1981), 513

기록에서 실질적 증거(substantial evidence in the record considered as a whole)에 의하여야 하는데, 이 사건 기준이 '경제적으로 실행가능 (economically feasible)' 여부가 기록을 전체적으로 고려했을 때 OSHA의 기준이 실질적 증거로 지지되는지가 문제되었다(substantial evidence test).[65] OSHA는 기준에 따른 비용 예측을 두 개의 재정 분석(financial research)을 거쳤는데, 한 분석(Research Triangle Institute)은 공학 기술 적 통제에 11억 달러가 든다고 하였고, 다른 분석(Hocutt-Thomas)은 공학 기술적 통제에 5억 4,300만 달러가 든다고 하였다.[66] OSHA는 후자를 채택하였는데, 연방대법원은 분석의 한계를 인식하고 산업 계가 더 많은 자료를 생산하는 것을 거부했기 때문에 정확한 비용 예측이 어려웠던 것을 인정하면서도, Act §6(b)(5)에서 가장 유력한 증 거에 근거에 기초하여(on the basis of the best available evidence) 기준 을 세우면 된다고 규정하고 있는바, 각 비판을 고려하고 비용을 예 측한 OSHA의 선택은 합리적인 것이고, OSHA의 기준이 경제적으로 실행가능(economically feasible)하다는 결론이 실질적 증거심사 (substantial evidence test)를 오인하거나 지극히 잘못 적용한 경우에 해당하지 않으므로, 타당하다고 하였다.[67]

다) 이 판결은 아직 행정명령 12291호가 발령되기 전 판결로 비용 편익분석이 본격적으로 도입되기 전에 선고되었다. 연방대법원은 법에 명시적으로 규정되어야만 행정청이 (약식) 비용편익분석을 할 의무가 발생한다고 보았지만, 행정청이 자체적으로 비용편익분석을 하는 것을 위법하다고 하지는 않았다(허용). 이는 행정청에게 절차형 성의 재량을 인정하고 법원이 절차적 요건을 부가할 수는 없다는 취 지의 Vermont Yankee Nuclear Power Corp. v. NRDC 판결(1978,

---

65) 452 U.S. 490 (1981), 523
66) 452 U.S. 490 (1981), 523-524
67) 452 U.S. 490 (1981), 528

Vermont Yankee 판결)68)과 궤를 같이 하고, 법률의 한계 내에서 행정청은 스스로의 절차를 형성해 나갈 자유가 있다는 것과 법원은 특별한 사정이 없는 한 이러한 행정청의 재량에 간섭해서는 아니 된다는 입장을 전제로 하고 있어,69) 행정청의 해석과 재량을 존중한다는 측면에서 이후 곧 있을 Chevron 판결(1984)의 태도로 이어진다고 평가할 수 있다.

2) Whitman v. American Trucking Associations, Inc.
(2001, Whitman 판결)70)(② 판결)

가) 대기청정법(Clean Air Act, CAA) §108(6)은 EPA에게 대기 중 각 오염물질에 관하여 CAA §109(a)에 따라 전국대기환경기준(National Ambient Air Quality Standards, NAAQS)을 규정하여 공표할 것을 의무화하고 있었다. 일단 NAAQS가 규정되면 EPA는 그 기준과 그것에 근거한 평가 기준을 5년마다 재검토하여 적절하게 수정해야 한다[CAA §109(b)(1), CAA §109(d)(1)]. NAAQS의 수준은 '안전의 적절한 마진(an adequate margin of safety)을 확보할 정도', '공공 건강을 보호하기 위해 필요한 정도(requisite to protect the public health)'로 규정되어 있었다[CAA§109(b)(1)]. 이에 따라 EPA는 1997년 NAAQS의 부유성 고형물(浮遊性固形物, particulate matter) 및 오존에 대해 규제를 강화하는 방향으로 수정했다.

나) 이 사건에서는 쟁점이 여러 가지가 있었는데, 여기서는 비용

---

68) 435 U.S. 519 (1978), 523
69) Rogers, William H., A Hard Look at Vermont Yankee: Environmental Law Under Close Scrutiny, 67 Geo. L. J.(1977), 36면 이하; Stewart, Richard B., Vermont Yankee and the Evolution of Administrative procedure, 91 Harv. L. R. 1805(1978), 73면 이하
70) 531 U.S. 457 (2001)

편익분석과 관련하여 EPA가 CAA §109(b)(1)에 따라 NAAQS를 설정할 때 비용을 고려할 수 있는지에 대하여만 살펴보기로 한다.

연방대법원은 CAA §109(b)(1)의 '적절한 마진(adequate margin)' 또는 '필요한(requisite)'은 그 의미가 모호하지 않다고 보았다. 즉, 연방대법원은 CAA가 EPA에게 비용 고려를 허용할 때는 종종 명시적으로 했고(the CAA often expressly grants the EPA the authority to consider implementation costs)[71], 모호한 규정으로는 비용을 고려하는 의미를 포함하지 않았는데, CAA §109(b)(1)의 '적절한 마진(adequate margin)' 또는 '필요한(requisite)'과 같은 보통의 단어는 명시적으로 EPA가 비용을 고려하는 것을 허용하지 않음이 문언 및 입법사상(statutory and historical context) 상당히 명백하다고 보았다.[72]

연방대법원은 비용을 공공 건강에 부차적인 요소로만 파악하였고, 만약 비용을 고려하게 되면 CAA §108, §109에서 명시적으로 규정된 공공 건강을 침해할 잠재적 가능성이 있다고 우려하였으므로, CAA는 EPA가 NAAQS를 설정할 때 비용을 고려하는 것을 금지했다고 보았다.[73] 이에 대해 엄격한 NAAQS 실행하는데 경제적 비용이 높으면, 이로 인하여 대기질을 높이는데 쓰인 건강을 상쇄할 건강 손해(예컨대, 산업이 폐쇄되면 그 산업에 의지하는 근로자나 소비자를 빈곤하게 만들 수 있는 가능성)가 발생할 수 있다는 점도 소송절차에서 지적되었는데, 연방대법원은 그 지적의 타당성을 인정하면서도 위와 같은 해석을 함이 문언상 명백하므로 지적을 받아들이지 않았다.[74]

위 문언의 의미가 명백한 이상 이에 따르면 족할 뿐이므로 문제

---

71) 531 U.S. 457 (2001), 457
72) 531 U.S. 457 (2001), 471
73) 531 U.S. 457 (2001), 465
74) 531 U.S. 457 (2001), 466

는 모두 해결된 것이라 본 것이다[The text of § 109(b)...unambiguously bars cost considerations from the NAAQS-setting process, and thus ends the matter for us as well as the EPA][75].

다) 이 판결은 American Textile Mfrs. 판결(1981)보다 비용편익분석에 대하여 엄격한 태도를 취했다. 즉, 연방대법원은 비용을 고려함이 명시적으로 규정되지 않는 한 비용을 고려하여서는 안 된다고 하였다(금지). 특히 위 판결에서는 만약 행정청(EPA)이 비공식적으로 비용을 고려했다면, 이는 그 자체로 위법한 것이라고까지 설시하였다 (Footnote 4).

나. 약식 비용편익분석이 필수적인 단계

1) 연방항소법원 판결

가) Chemical Mfrs. Ass'n v. EPA 판결(2000, Chemical Mfrs. 판결)[76](❸ 판결)

(1) EPA는 CAA §112(g)(2)에 따라 1996년 달성 가능한 최대 통제 기술에 근거한(maximum achievable control technology) 보다 엄격한 새로운 유해 대기 오염물질 배출 기준(emission standards)을 만들었다. CAA는 유해 폐기물 소각로(hazardous waste combustors)에 대하여 위 기준이 '신속히(expeditiously)' 적용되도록 하였는바[CAA §112(i)(3)(A)], EPA가 발령한 새로운 기준은 '3년' 내에 고비용을 수반하는 수정 (modifications)을 요구하거나, 유해 폐기물을 소각하는 것을 조기에 중단할 것을 명령하고 있었다(early cessation).

(2) 이에 따라 EPA의 새로운 기준이 조기 중단을 명령할 법적 권

---

75) 531 U.S. 457 (2001), 470
76) 217 F.3d 861 (D.C. Cir. 2000)

한이 있는지, EPA의 규제로 인하여 환경이나 건강 편익이 발생하는
지 여부가 쟁점이 되었는데, 여기서는 비용편익분석과 관련하여 후
자에 대해서만 살펴보기로 한다.

항소법원은 우선 CAA의 '신속히'의 의미가 모호함을 확인하였고
(Chevron STEP 1), 이후 EPA의 조기 중단 조치가 '신속히'의 의미에
포함된다고 봄이 허용가능한지 여부를 검토하였다(Chevron STEP 2).[77]
결론적으로 항소법원은 EPA가 CAA의 '신속히'를 조기 중단으로 해석
한 것은 자의·전단적이라고 하였다. 즉, 항소법원은 행정청이 조기
중단 조치가 건강과 환경에 어떤 편익을 주는지, 얼마나 편익을 주
는지 증명하지 못했다고 판단했다. EPA의 새로운 기준은 폐기물들이
다른 소각로로 재배치되는 결과를 초래함으로써 위 기준 설정의 목
적을 우회하는 상황을 발생시키고, 이로써 EPA의 새로운 기준에도
불구하고 여전히 환경적 손해가 일어날 수 있다는 점을, 항소법원은
명확히 지적한 것이다. 결국 조기 중단 조치가 있다 해서, 소각되는
유해 폐기물의 양이나, 대기 오염물질 배출량이 의미 있게 줄어든다
고 볼 수 없고, 폐기물이 재배치되는 과정에서, 누출, 유출, 오염의 리
스크가 늘어날 수 있어, 환경적 손해는 같다고도 할 수 있는 것이다.

따라서 항소법원은 State Farm 판결(1983)에 의하여 요구되는 '발
견된 사실과 결정 사이의 합리적 연관성(a rational connection
between the facts found and the choice made)'을 행정청이 충분히 설
명하지 못했다고 하면서[78], 조기 중단 조치가 법원은 자의·전단적이
라고 판단하였다(엄격심사 원칙).

(3) 이 판결은 '규제로 인한 편익이 없으면 그러한 규제는 자의·전
단적'이라고 판단하여, 약식 비용편익분석을 활용해야 함을 확인한
데 의의가 있다.[79] 한편 이 판결에 대해서는 항소법원이 Chevron 판

---

77) 217 F.3d 861 (D.C. Cir. 2000), 866
78) 217 F.3d 861 (D.C. Cir. 2000), 866

결(1984)에 의해 정립된 Chevron STEP 1, 2에 따라 사법심사를 하면서, Chevron STEP 2의 허용가능성 심사 기준을 엄격심사 원칙으로 삼음으로써, Chevron 존중원칙을 퇴색시켰다는 비판도 존재한다.[80]

나) Inv. CO. Inst. v, Commodity Futures Trading Comm'm
(2013, Inv. CO. Inst. 판결)[81](❹ 판결)

(1) 상품거래법(The Commodity Exchange Act, CEA) 하에서 상품선물거래위원회(Commodity Futures Trading Commissio, CFTC)는 선물(futures)과 파생상품(derivatives)을 규제한다[CEA §2(a)]. 또한 CEA는 직접 피규제기관에게 특정 의무를 부과하기도 하고, 선물펀드운용사(Commodity Pool Operators, CPOs)에게 CFTC에 등록할 것을 요구하는 한편, 각종 규제에 따를 것을 요구한다. 그러나 CEA는 또한 CFTC에 대하여 일정 요건을 충족한 기관들에 대하여 규제에서 제외할 수 있는 권한도 부여하였다.

2000년 상품 선물 현대화법(Commodity Futures Modernization Act)이 입법되었는데, 위 법은 CFTC와 증권거래위원회(Securities and Exchange Commission, SEC)의 스왑(swaps) 대부분에 대한 규제를 금지했다. 2003년 CFTC는 이와 같은 규제완화 기조에 맞추어 규제 제외 요건을 완화하였다.

그러나 2008~2009년 금융위기를 겪으면서, 파생상품 규제가 제대

---

79) Richard G. Stoll, Cost-Benefit Analysis through the Back Door of Reasoned Decisionmaking, 31 ENVTL. L. REP. News & Analysis 10228 (2001), 10228면
80) Scott Anderson, Chemical Manufacturers Ass'n v. Environmental Protection Agency: The D.C. Circuit Demands Proof That Limiting Hazardous Waste Combustion Has Health Benefits. Tulane Environmental Law Journal Vol. 14, No. 1(2000), 212면
81) 720 F.3d 370 (D.C. Cir. 2013)

로 이루어지지 않았다는 반성으로 도드-프랭크 금융개혁법안 (Dodd-Frank Wall Street Reform and Consumer Protection Act)이 통과 되었고, 이에 맞추어 CFTC도 다시금 규제 체계를 엄격하게 하기로 시작하였다. 2011년 CFTC는 2003년 이전으로 기준을 복귀한다는 새 로운 규제를 제안했다. 주요한 특징은 규제 제외 요건을 좁히는 것 이었다.

(2) 이 사건에서는 CFTC의 새로운 규제가 행정절차법(APA)과 CEA 를 위반했는지가 쟁점이 되었다. 항소법원은 행정절차법(APA) §706(2)(A)의 엄격심사 원칙에 따라 이를 사법심사하였는데, 결론적으 로 규제가 적법하다고 판단했다.

여기서는 특히 CFTC가 비용, 편익을 적절히 평가하지 못했는지 여부가 쟁점이 되었는데, 이 부분을 위주로 살펴본다.

CEA는 CFTC에게 비용과 편익을 고려하라고 한다[7 U.S.C. §19(a)(2)]. 엄격심사 원칙에 따라 법원은 행정청이 관련 자료를 조사 하였는지, 행정행위에 대한 충분한 설명을 뚜렷이 하였는지, 그 설명 을 심사할 때, 법원은 관련 요소에 기초하여 행정청의 결정이 이루 어졌는지, 그 판단에 명백한 오류가 없는지를 심사하면 충분하다.

항소법원은 우선 CFTC가 규제의 필요성을 적절히 설명했다고 보 았다. 다음으로 항소법원이 비용과 편익을 적절히 산정하였는지에 대하여, CFTC가 정량화 할 수 없는 편익을 산정하고, 규제에 따른 비 용을 고려하지 않았다는 문제제기가 있지만, 항소법원은 CFTC가 CEA에 따라 비용과 편익을 모두 고려하면 될 뿐, "절대 발생하지 않 을 것으로 보이는 가정적 비용(hypothetical cost)까지 고려할 의무는 없다."고 하고,[82] "미지의 규제(unknown regulation) 비용까지 산정하 는 것은 불가능하다."고 하였다[83]. 또한 CFTC가 편익에 대하여 정확

---

82) 720 F.3d 370 (D.C. Cir. 2013), 378
83) 720 F.3d 370 (D.C. Cir. 2013), 378

한 수치를 제공하지 않은 점에 대하여는, "법은 측정할 수 없는 것을 측정하라고 하지 않는다(the law does not require agencies to measure the immeasurables)."[84]고 하면서 CFTC는 정량화할 수 없는 편익을 고려함으로써 비용과 편익을 고려하라는 법의 의무를 충족시켰다고 판단하였다.

(3) 이 판결은 행정청이 정량화 및 화폐가치화할 수 없는 비용과 편익을 정성적 관점에서 살펴보면 된다고 하고(약식 비용편익분석), 행정청에가정적 비용(hypothetical cost) 또는 측정할 수 없는 비용과 편익(immeasurables)을 측정할 의무를 부과하지 않았다는 데에 의의가 있다.

2) 연방대법원 판결

가) Entergy Corp. v. Riverkeeper Inc.(2009, Entergy Corp. 판결)[85]((⑤ 판결)

(1) Entergy 회사는 원자력발전소 및 화력발전소를 운영하는 회사로서, 각 발전소로부터 발생하는 전기를 판매한다. 발전 과정에서 높은 열이 수반되므로, 온도를 낮추기 위해서 주변 강(江)에서 물을 공급받아야 한다. 그런데 발전소에 물을 공급하는 과정에서 어류들이 흡입구에 흡착되거나(impingement), 흡입(entrainment)되어, 사상의 결과가 발생하게 된다. 이러한 현상은 미국 내 각 발전소에서 공통적으로 겪는 현상인데, 이로 인한 피해는 생태계, 물 속 생물에 대한 영향을 고려하면 상당하고, 특히 어획 활동과 관련한 피해만 산정하여도 연간 약 7-8,000만 달러에 달한다고 한다.

수질오염방지법(Clean Water Act, CWA) §316(b)는 이러한 피해를

---

84) 720 F.3d 370 (D.C. Cir. 2013), 379
85) 556 U.S. 208 (2009)

방지하기 위하여 냉각수 흡입 시설에 관하여 환경에 대한 악영향을 최소화하기 위한 '최적 가용 기술(Best Available Technology, BAT)'을 사용하여야 한다고 규정하였다.

BAT 강제 규정과 관련하여 EPA는 단계별로 규칙을 만들었다. 우선, 신규시설(Phase I)에 대해서는 처리수를 밀폐 사이클(closed-cycle)로 재활용할 수 있도록 하는 장치를 도입하였다. 기존시설(Phase II)에 대하여는 원칙적으로 이들 시설에도 재활용 장치를 도입하도록 하되, 예외적으로 대체 방안을 사용할 수 있도록 하였다[40 CFR 125. 94(b)(1), (2)]. 즉, 예외적으로 재활용 장치 도입으로 인한 비용이 편익보다 훨씬 큰 경우, 다른 방법을 통해 피해 저감 목표를 달성해도 좋다는 것이다.

(2) 문제는 EPA 규칙에 반영된 그와 같은 대체 방안이 CWA가 규정하는 '최적 가용 기술(BAT)'에 부합하는지 여부였다. 무엇보다 발전소 운영 주체가 비용과 편익을 산정할 때 실상과 다르게 산정할 가능성이 있고, 대체 방안을 선택할 경우 신기술 발전에 장애가 될 우려가 있었으며, 목표 달성 여부 심사가 과연 가능한지에 대한 의문이 있어, CWA의 입법취지가 달성하기 어렵다는 비판이 있었기 때문이다.

이에 EPA가 비용편익분석을 의사결정에서 사용할 수 있는지가 쟁점이 되었는데, EPA는 CWA에 따라 냉각수 흡입구 구조물 기준이 환경에의 악영향을 최소화하기 위하여 '최적 가용 기술(BAT)'을 사용하도록 되어 있다고 하면서(CWA §1311. 1316), 위 법의 해석에 대하여 비용편익분석의 사용이 허용된다고 해석하였다.

연방대법원은 Chevron 존중원칙에 따라 EPA의 그와 같은 해석이 유일한 해석이거나 가장 합리적인 해석은 아니더라도 존중한다고 하였다.[86] EPA는 Chevron 존중원칙에 따라 법을 합리적으로 해석할 수 있음을 증명하면 되는데(법원에 의해 최선이라고 해석되거나 가능한 유일한 해석일 필요는 없다), 그와 같은 증명이 성공하였다고 본 것이다. 즉, 연방대법원은 BAT를 명확한 용어로 볼 수 없어, 의회가 CWA에서 직접적으로 비용편익분석이 '최적 가용 기술(BAT)'의 환경적 기준에 쓰일 수 있는지 여부에 대해서 언급하지 않는다고 지적하면서(Chevron STEP 1), 그렇다면 결국 EPA의 BAT에 대한 해석이 합리적인지 여부를 심사하여야 하는데, EPA가 BAT 속에 비용편익분석의 의미가 포함된다고 해석한 것이 해석이 합리적 범위 내에 있는 한, 비록 그러한 해석이 최선의 해석에 해당하지 않는다고 하더라도, EPA의 결정은 존중되어야 한다고 하였다(Chevron STEP 2). 연방대법원은 BAT에서 'Best'에 집중하면 '최선(most advantageous)의 것'으로 해석하게 되지만, 'Best technology'는 단위 비용이 적게 든다는 의미로서 '최대한 효율적(most efficiently)인 것'으로 해석할 수도 있다고 보았다.[87] 그리고 CWA에는 "환경에의 악영향을 '최소화'하기 위하여"라고 규정하는데, 이때 '최소화'의 의미도 '오염물 방출의 박멸', '극단적인 문서작업의 최소화'와 같은 표현보다는 약한 의미로 새김이 타당하다고 보았다.[88] 따라서 연방대법원은 BAT에 비용과 편익을 형량해야 한다는 의미를 포함한다고 본 행정청의 해석을 존중해야 한다고 결론지었다.

결국 연방대법원은 Chevron 존중원칙에 따라 EPA의 규제가 타당하다는 결론을 내렸다. 이러한 연방대법원 판결에 따라 EPA는 규제를 함에 있어 기술 비용, 추가 비용과 관련 환경 이익의 관계를 고려할 수 있게 되었다.

(3) 이 판결은 법원이 환경적 보건과 안전 분야 규제에서 비용편익분석을 비중 있게 바라보면서, Chevron 존중원칙에 따라 행정청의

---

86) 556 U.S. 208 (2009), 218
87) 556 U.S. 208 (2009), 218
88) 556 U.S. 208 (2009), 219

'비용을 고려한다.'는 판단을 존중하였다(Chevron 존중원칙) Whitman 판결(2001)에서 연방대법원이 법의 해석이 모호한 때 문언의 의미를 비용편익분석을 금지하는 것으로 해석한 것에 비해, 이 판결에서는 모호한 문언의 의미를 약식 비용편익분석을 허용하는 것으로 해석하였다는 점에서 상반된다(또는 변화되었다)고 볼 수 있다.

나) Fed. Commcn v. Fox Television Stations(2009, Fox TV 판결)[89](⑥ 판결)

(1) Fox TV가 방영하는 빌보드 뮤직 어워드(Billboard Music Awards)에서 2002년 가수 Cher가 "So f* * * 'em."이라고 말하고, 2003년 영화배우 Nicole Richie가 "Have you ever tried to get cow s* * * out of a Prada purse? It's not so f* * *ing simple."이라고 말한 사건이 있었다. 연방법(Federal law)은 '어떤 외설적(indecent) 언어'도 방송하는 것을 금지했는데, 이를 위반하는 경우 벌금 등의 제재가 이루어질 수 있었다(18 U.S.C. §1464). 연방통신위원회(Federal Communication Commission, FCC)는 1975년 금지 언어를 규정한 이래, 2004년 금지되는 언어 범위를 점차적으로 확대하고, F-word 또는 S-word를 욕설로 사용하는 경우(expletive use), 나아가 단 한 번만 그와 같이 사용하여도 외설적일 수 있다고 선언하는 내용의 명령을 내렸다.

(2) 이 사건에서는 이러한 FCC의 명령이 자의·전단적인지 여부가 쟁점이 되었다.

연방대법원은 행정절차법(APA) §706(2)(A)의 엄격심사 원칙에 따라 사법심사를 하면서, FCC는 관련 자료를 조사하고, 행정행위에 대한 충분한 설명을 뚜렷이 하면 되고, 법원이 FCC의 판단을 대체해서는 안 되므로, 행정청이 정책을 변경할 때 종래 사실관계와 특정 관련

---

89) 556 U.S. 502 (2009)

이익을 설명할 필요는 있다 해도, 새로운 정책이 종래보다 낫다는
점을 법원이 만족할 정도로 증명할 필요는 없다고 하였다.[90] 즉, 새
로운 정책이 법 하에서 허용되고 그에 대한 합당한 이유가 있으며,
행정청이 그것이 더 낫다고 믿으면 문제가 없는 것이다.

이러한 사법심사 기준 하에서, 연방대법원은 FCC의 새로운 정책
을 자의·전단적이라고 보지 않았다. 우선 FCC는 그들의 새로운 정책
이 종래 FCC의 행위와 불일치함을 알지만 새로운 정책이 전적으로
합리적이라고 생각한다. 욕설로 사용된다 하더라도 F-Word는 성적
의미(sexual meaning)에서 비롯되어 상대방을 모욕하고 공격할 수 있
다. 게다가 FCC가 보기에, 기술발전으로 소리를 가리는 삐-소리를
사용하는데 쓰이는 비용은 줄어들고 있으므로, 정책을 바꿔도 무리
가 없다고 여긴 것이다. 그리고 새로운 정책은 '어린아이들의 복지
(well-being)를 위한 정부의 이익'에 부합한다.[91]

한편 FCC에게는 순간적 욕설이 아이들에게 해로운 선제공격(first
blows)이라는 사실을 입증하기 위한 실증적 증거(empirical evidence)
가 요구되지도 않는다.[92] 아이들에 대한 비속어가 미치는 해로운 영
향 등에 대한 실증적 증거를 획득하기 위해서는, 아이들을 두 집단
으로 분류해 한쪽은 모든 외설로부터 보호하고, 다른 한쪽은 의도적
으로 몇 년 동안 외설적 방송에 노출시키는 등의 통제된 연구를 해
야 하는데 이는 교육적·현실적으로 바람직하지도 가능하지도 않다.
이러한 이유로 행정청은 실증적 자료를 제시하지 않아도 되고, '아이
들은 그들이 본 것을 흉내 내는 것'을 아는 것만으로 실증적 자료를
대체하 충분하다.

---

90) 556 U.S. 502 (2009), 513-514
91) 556 U.S. 502 (2009), 519
92) 556 U.S. 502 (2009), 519

(3) 이 판결은 정량화 및 화폐가치화할 수 없는 비용과 편익을 정성적 관점에서 고려하여 이를 산정·형량하였다는 데에 의의가 있다 (약식 비용편익분석). 특히 실증적 증거(empirical evidence)를 요구하지도 않았다는 점에서 주목할 만하다.

4. 소결

앞서 본 판결을 표로 정리하면 다음 표와 같다(③ 단계 부분은 아래 Ⅱ.에서 다루기로 한다).

〈표 12〉 비용편익분석의 요구 정도별 연방법원 판결

	←금지■··	··■ 허용 ■··	■·■ 의무 →
단계	① 약식 비용편익분석이 금지되는 단계 (즉, 비용을 고려해서는 안 되는 단계)	② 약식 비용편익분석이 필수적인 단계 (즉, 정성적 평가로 충분하다는 단계)	③ 정식 비용편익분석이 필수적인 단계 (즉, 정량화를 해야 하는 단계)
2심	-	Chemical Mfrs. 판결 Inv. CO. Inst. 판결	Corrosion Proof Fittings 판결 Business Roundtable 판결
3심	American Textile Mfrs. 판결 Whitman 판결	Entergy Corp. 판결 Fox TV 판결	Michigan 판결 (논란 있음)

이 부분의 추세 변화(① 단계→② 단계)는 앞서 본 비용편익분석의 규범적 정당성에 관한 논의와 연결지어 볼 수 있다.

American Textile Mfrs. 판결(1981), Whitman 판결(2001)과 달리 '비용편익분석의 요구 정도'를 적어도 약식 비용편익분석으로 확정하기 시작한 것은 이제 법원이 비용편익분석을 선호(수용)하게 되었기 때문이라고 할 것이다.[93] 이미 행정명령이 발령되어 비용편익분석이 본격적으로 도입되었지만, 이는 행정청 공무원 또는 행정청을 대상으로 이들을 규율하는 것일 뿐이고, 사법심사를 예정한 것은 아니었기 때문에, 법원이 반드시 비용편익분석을 수용하거나 행정청의 규제에 대한 사법심사에서 이를 특히 고려할 이유는 없었다. American Textile Mfrs. 판결(1981), Whitman 판결(2001)은 이러한 점을 반영한 것이라고 볼 수 있다.94)

그러나 종래 '사회구성원의 총 편익이 총 비용을 초과하면 바람직하다.'는 내용의 공리주의 또는 '가치 영역과 과학 영역은 구분될 수 있다.'는 내용의 진보주의(progressivism)를 그 이념적 배경으로 삼았던 비용편익분석은95), 이후 어떠한 이론과도 연결될 수 있는 '의사결정에 도움을 주는 도구'일 뿐이라는 발견 또는 재해석에 따라 범용성을 획득하게 되었고, 실무적으로도 연방정부가 성장함에 따라 비용편익분석의 활용도가 높아졌으며 더욱 늘어날 예정이다.96) 이는 비용편익분석이 그 반대론자들이 주장하듯 윤리적·도덕적 정당성 문제 등이 있다 하더라도 정책 결정에 있어 합리적 의사결정도구이자 정당성을 제공하는 기능을 하기 점은 부인할 수 없기 때문이다. 비용편익분석은 완전하지는 않지만, 적절히 수정해서 사용할 수 있을 뿐만 아니라, 그 방법론도 발전하고 있다.

---

93) Cass R. Sunstein, Cost-Benefit Analysis and Arbitrariness Review, 41 HARV. ENVTL. L. REV. 1 (2017), 4-5면; Jonathan S. Masur & Eric A. Posner, Cost-Benefit Analysis and the Judicial Role, 85 U. CHI. L. REV. 935 (2018) 972면

94) Paul R. Noe & John D. Graham, The Ascendancy of the Cost-Benefit State?, 5 ADMIN. L. REV. ACCORD 85 (2020), 95면

95) Robert H. Nelson, The Economics Profession and the Making of Public Policy, Journal of Economic Literature Vol. 25, No. 1 (1987), 52-54면

96) Eric Posner & Matthew D. Adler, Rethinking Cost-Benefit Analysis, 109 Yale Law Journal 165 (1999), 169면; Paul R. Noe & John D. Graham, The Ascendancy of the Cost-Benefit State?, 5 ADMIN. L. REV. ACCORD 85 (2020) 112면

이에 따라 비용편익분석은 현대적으로 재부상(modern rebirth)하게 되었고,[97] 이제 연방대법원도 이러한 이념적·실무적 흐름을 반영하여 Entergy Corp. 판결(2009)에서 볼 수 있듯, 사법심사에서 비용편익분석을 반영하기 시작하였다고 할 것이다.[98] 항소법원이 비용편익분석을 선호하고 있는 것은 이미 명확하였고, 연방대법원의 비용편익분석에 대한 선호도 Entergy Corp. 판결(2009) 이후 종래와 그 결을 달리한다고 할 것이다.[99]

그러나 지금까지 살펴본 연방항소법원과 연방대법원의 판례는 행정청으로 하여금 '약식 비용편익분석'을 요구하는지 정도에 관한 것이었다. 연방법원이 여기서 더 나아가 행정청으로 하여금 '정식 비용편익분석'을 요구한 경우가 있는지, 그리고 그와 같은 요구를 하는 것이 '법원의 역할'과 어떠한 관계가 있는지 보다 심층적으로 검토할 필요가 있다. 아래에서는 이 부분에 관하여 대표적 판례를 중심으로 살펴보기로 한다.

---

97) Eric Posner & Matthew D. Adler, Rethinking Cost-Benefit Analysis, 109 Yale Law Journal 165 (1999), 171면
98) Jonathan S. Masur & Eric A. Posner, Cost-Benefit Analysis and the Judicial Role, 85 U. CHI. L. REV. 935 (2018) 975면; Paul R. Noe & John D. Graham, The Ascendancy of the Cost-Benefit State?, 5 ADMIN. L. REV. ACCORD 85 (2020), 100, 129면
99) Jonathan S. Masur & Eric A. Posner, Cost-Benefit Analysis and the Judicial Role, 85 U. CHI. L. REV. 935 (2018), 975면; Paul R. Noe & John D. Graham, The Ascendancy of the Cost-Benefit State?, 5 ADMIN. L. REV. ACCORD 85 (2020), 85-86면

Ⅱ. 비용편익분석의 실체적 심사 여부에 대한 판례

1. 심사대상의 확정 및 사법심사 기준

가. 법원이 정식 비용편익분석을 요구하는 것의 의미

만약 법원이 '해당 규제법이 행정청에게 요구하는 비용편익분석의 정도'를 ① 약식 비용편익분석이 금지되는 단계(즉, 비용을 고려해서는 안 되는 단계), ② 약식 비용편익분석이 필수적인 단계(즉, 정성적 평가로 충분하다는 단계)를 넘어 ③ 정식 비용편익분석이 필수적인 단계(즉, 정량화를 해야 하는 단계)로 파악(해석)한다면, 행정청이 행한 정식 비용편익분석이 사법심사의 대상이 될 것이다.

나. 심사대상 확정의 의미: 행정청-법원 간 역학관계

1) 연방항소법원 및 연방대법원에서는 종래 ① 단계와 ② 단계의 구별이 중요한 쟁점이었고, ① 단계에서 ② 단계로 넘어가는 추세를 보였음은 앞서 본 바와 같다. 그러나 연방항소법원은 아래 Corrosion Proof Fittings 판결(1991)[100]과 그 심사 기조를 이어받은 Business Roundtable 판결(2011)[101] 등에서 알 수 있듯, '해당 규제법이 행정청에게 정식 비용편익분석을 요구한다.'고 파악한 후(③ 단계), '행정청이 한 정식 비용편익분석에 대하여 실체적 심사'를 하고 있다. 그리고 연방대법원도 이와 같은 흐름에 동참하려는 듯한 모습을 보인다 [Michigan 판결(2015)[102]].

---

100) 947 F.2d 1201 (5th Cir. 1991)
101) 647 F.3d 1144
102) 135 S.Ct. 2699

2) 약식 비용편익분석은 앞서 보았듯 비용과 편익의 정성적 비교이고, 이는 그저 규제의 장점(advantage)과 단점(disadvantage)을 나열해 비교해본다는 의미와 다를 바 없다. 따라서 ② 단계에 머무르는 사법심사 기조 하에서는 비용편익분석의 독자적 특성(특히 정량화)이 고려되지 않을 뿐만 아니라 법원이 행정청에게 정식 비용편익분석을 요구하지 않아 행정청이 정식 비용편익분석을 실시하였다 하더라도 이에 대하여 구체적 심사를 하지 않으므로, 비용편익분석에 대한 사법심사는 그 독자성을 갖지 못한 채 결국 행정청의 재량판단에 대한 사법심사로 통합·귀결될 수밖에 없었다.

그러나 법원이 '해당 규제법이 행정청에게 요구하는 비용편익분석의 정도'를 정식 비용편익분석이 필수적인 단계(즉, 정량화를 해야 하는 단계)로 파악한다는 것은, '정식 비용편익분석'을 구체적 심사대상으로 보고, 행정청이 실시한 정량화·화폐가치화에 대하여 이를 실체적으로 심사한다는 것을 의미하게 된다.

따라서 이는 법원이 과연 행정청이 실시한 비용편익분석에 대하여 실체적으로 심사하는 것이 타당한지·가능한지에 관한 논의(제3장 제4절 III, IV)와 긴밀하게 연결되고, 행정청-법원 간 역학관계 하에서 법원의 역할을 어떻게 정립할지에 대한 논의와 이어지게 된다. 위 논의는, 앞서 제4장에서 살펴본 기존 행정청의 재량판단에 대한 사법심사 맥락(Chevron 존중원칙→전면적 재심사 원칙)에서도 검토하여야 할 뿐만 아니라, 법원이 비용편익분석의 특성(정량화·화폐가치화)을 고려하여 비용편익분석에 독자적 의미를 부여한 것인 만큼, 비용편익분석의 특성을 충분히 고려하여야만 의미 있는 논의가 될 것이다.

아래에서는 연방항소법원과 연방대법원의 판례를 검토함으로써 사법심사 기조의 달라진 양상을 확인하기로 한다.

2. 정식 비용편익분석을 실체적 심사한 판례

가. 항소법원 판결

1) Corrosion Proof Fittings v. EPA(1991, Corrosion Proof Fittings 판결)[103]
   (❼ 판결)

가) 석면(asbestos)은 중피종(中皮腫, mesothelioma), 석면증과 폐암을 유발할 수 있는 물질이다. EPA는 연구 결과, 석면이 잠재적 발암물질임을 확인하고, 석면 노출이 인간 건강에 비합리적 리스크를 부여한다는 결론을 내었다. EPA는 독성물질관리법(Toxic Substances Control Act, TSCA) §6(a)에 따라 거의 모든 제품에서 석면의 제조, 수입, 공정, 유통을 금지하는 규칙을 발령했다.

나) 이에 대하여 EPA의 규칙 제정 절차가 하자가 있는 것은 아닌지, EPA의 규칙이 실질적 증거(substantial evidence)에 의하여 기초하고 있는지 여부가 쟁점이 되었다.

우선 항소법원은 사법심사 기준으로 행정절차법(APA)의 자의성 심사가 아닌 TSCA의 실질적 증거심사(substantial evidence test)를 선택하였다. 이 사건 규제 발령의 근거가 되는 TSCA에서 실질적 증거심사를 요구했기 때문이었다[TSCA §19(c)(1)(B)(i)].[104]

실질적 증거심사는 '행정청의 결정이 전체 기록(whole record)에 기초하고, 합리적인 사람이 그러한 결론이 적절하다고 받아들일 수 있는지 여부(a resonable mind might accept as adequate to support [its] decision)'를 심사하는 것이다.[105] 실질적 증거심사는 일반적으로 약

---

103) 947 F.2d 1201 (5th Cir. 1991)
104) 947 F.2d 1201 (5th Cir. 1991), 1213-1214
105) 947 F.2d 1201 (5th Cir. 1991), 1213

식(informal) 절차에 적용되는 자의성 심사보다 더 엄격하다.

EPA가 실질적 증거를 검토했는지 평가하기 위해서는, ① 환경에 들어가는 규제대상 화학물질의 양이 상당한지(substantial) ② 화학물질에 대한 노출이 상당한지(substantial) 또는 심각한지(significant) 검토해야 한다.106) 이때 EPA는 정량화 가능한 리스크, 비용과 편익에 엄격히 의존할 필요는 없지만, 대신 주어진 방법 안에서 재량을 행사한 이유를 설득력 있게 설명해야만 하고, 사실과 결정 사이에 합리적 연결을 제공해야만 한다.

다) 이러한 법리에 비추어 사안을 검토한 항소법원은, EPA가 석면 금지를 정당화할 충분한 실질적 증거를 제시하지 못했다고 하였다. 즉, TSCA에는 비용과 편익을 형량하라는 취지의 문언이 있고[TSCA §6(c)(1)(C-D)], 최소한의 부담이 되는 방법(least burdensome requirements)을 선택하라고 규정하고 있는데, 항소법원은 EPA가 TSCA의 요구를 충족시키지 못하였다고 판단하였다.107)

우선, 석면 '금지'는 가장 부담이 되는 규제이다. 예컨대, 라벨링에서부터 화학물질의 양을 제한하는 방법으로도 입법목적을 달성할 수 있는데, 금지라는 수단은 가장 부담이 되는 규제이다. 그런데 EPA는 현행 유지와 석면 금지 상태만을 비교하고 그 중간 영역(라벨링 등)은 고려하고 않은 채, 금지를 선택하였다.

게다가 금지라는 규제를 선택하는 데에 대한 정당화 과정도 충분하지 못했다. 즉, 항소법원은 EPA가 행한 비용편익분석의 방법론적 흠을 확인했을 뿐만 아니라, 석면을 금지함으로 인해 의도하지 않은 결과(예컨대, 다른 위험한 대체물의 사용이 증가되는 것)가 발생하는 것 또한 고려하지 않았다는 점을 지적했다.

EPA가 행한 비용편익분석의 방법론적 흠은 다음과 같다.108)

---

106) 947 F.2d 1201 (5th Cir. 1991), 1214
107) 947 F.2d 1201 (5th Cir. 1991), 1215

첫째, EPA는 비용에 대해서 할인(discount)하면서 편익에 대해서는 그와 같이 할인하지 않았다. 이로 인하여 규제로 인한 비용과 편익을 형량하기 어려운 결과가 발생했다.

둘째, EPA는 곧 발생하는 비용(soon-to-be-incurred)이 지연 가능한(postponable) 비용보다 더 해로움을 고려하지 않았다. 예컨대, EPA는 석면에 노출된 시기와 손해가 현실화되는 시기를 동일선상에 놓고 분석을 하였다. 이러한 방식에 의하면 같은 시기 적은 양의 석면에 노출되어 건강에 별다른 악영향이 없는 X라는 근로자와, 많은 양의 석면에 노출되어 곧 석면 관련 질병이 발생할 Y라는 근로자의 경우를 동일하게 취급할 우려가 있다. 이는 EPA가 노출 기간만 고려하고 손해가 명백해지는 기간을 고려해지지 않기 때문이다.

셋째, EPA는 다음 13년까지 구할 수 있는 생명의 수만 포함시키고, 추가적으로 구할 수 있는 생명은 정량화되지 않는 편익(unquantified benefits)으로 간단히 정리하며, 정량화되지 않는 편익을 근거로 규제 비용보다 편익이 훨씬 크다고 결론내렸다. 예컨대, EPA는 석면 파이프를 금지함으로써 3명의 생명을 살릴 수 있다고 계획하는데, 이는 1명당 4,300만~7,600만 달러에 해당하는 높은 비용이 필요함에도, 2000년 이후부터는 정량화되지 않는 편익에 의하여 그 비용이 정당화된다고 주장하였다. 그러나 항소법원은 이러한 EPA의 분석은 사법 심사 자체를 불가능하게 하는 것이라고 지적함으로써, 비록 TSCA가 정량화되지 않는 편익을 고려하도록 하였지만, 그것이 으뜸패로 의도한 것은 아님을 명확히 하였다(unquantified benefits never were intended as a trump card)[109]. 정량화되지 않는 편익은 EPA가 최선의 시도를 했음에도 정량화될 수 없고, 그럼에도 의미 있는 경우에 EPA에게 고려할 수 있는 편익일 뿐이라는 것이다(정식 비용편익분석).

---

108) 947 F.2d 1201 (5th Cir. 1991), 1218-1229
109) 947 F.2d 1201 (5th Cir. 1991), 1219

한편 EPA가 석면을 금지함으로 인해 의도하지 않은 결과가 발생하는 것을 고려하였는지 여부에 관하여 보건대, EPA는 석면을 사용하지 않게 되어 석면 대신 사용할 물질은 또 얼마나 해로운지에 대한 검토를 하지 않았다. 물론 TSCA가 EPA에게 모든 석면 대체물을 검토할 것을 요구하지 않지만, 적어도 이해관계인에 의해 문제시된 대체물의 독성에 대해서는 이를 평가할 필요가 있었다. EPA에 위임된 기관은, '연구가 더 필요하고, 대체물이 곧 사용될 수 있을 것으로 보이지 않으며, 대체물의 안정성도 보장될 수 없다.'고 하였던바, 그럼에도 EPA는 대체물에 의한 위험(danger)을 평가하지 않았다. 이는 EPA의 규제를 비합리적인 것으로 만든다. 또한 석면 없는 제품(예를 들어 브레이크, 파이프 등)이 현재 제품보다 안전한지에 대해서도 설명하지 못했다.

라) 이 판결에서 항소법원은 TSCA에 따라 사법심사 기준으로 실질적 증거심사 원칙을 채택하였고, 이에 따라 심사한 결과 편익이 비용을 상회한다는 행정청의 판단과 달리 편익이 비용보다 작다고 판단함과 아울러 행정청이 행한 비용편익분석의 방법론적 흠을 지적하며, 행정청의 정식 비용편익분석을 실체적 심사하였다.

이 사건에서 알 수 있는 항소법원의 태도는, 법상 비용편익분석을 제한한다는 규정이 없다면, 법원은 행정청의 비용편익분석이 실현가능한 최대로 완전하고 엄격하게 수행될 것을 요구할 것으로 보인다는 것이다(정식 비용편익분석). 법원은 이 사건에서 문제된 비용편익분석이 불완전하다고 여겼고, 비합리적이라고 여겼다. 이러한 법원의 사법심사 태도는 아래에서 살펴볼 Business Roundtable v. SEC(2011)에서도 이어진다.

2) Business Roundtable v. SEC(2011, Business Roundtable 판결)[110]
(❽ 판결)

가) 증권거래법(Securities Exchange Act, SEA) §14(2)에 따라 SEC는 2010. 8.경 Rule 14a-11을 발표하였다. 종래 회사는 정기주주총회에 앞서 주주들에게 의결권 위임장 자료(proxy materials)를 발송하는데, 위 규칙에 의하면 상장회사의 경우 3년 이상 3% 이상의 주식을 보유한 주주에게 전체이사의 1/4에 해당하는 이사 후보자를 위 의결권 위임장 자료에 포함시킬 것을 요구할 수 있는 권리를 부여하는 규정을 정관에 포함하도록 되어 있다.[111] 즉, 오랫동안 미국 회사법에서 논의되었던 소수주주가 주주제안권을 행사하여 이사후보를 추천하면 회사가 발송하는 의결권 위임장 자료에 이들을 포함시켜야 한다는 이사후보추천(proxy access) 문제에 대하여 SEC가 규칙을 제정한 것이다. SEC는 Rule 14a-11이 이사회와 기업의 성과 및 주주 가치를 향상시키는 잠재적 편익을 가지고 이것이 Rule 14a-11로 인한 잠재적 비용을 정당화한다고 하였다.

나) SEC는 경제적 영향이 최선일 수 있도록 해야 하는 법상 의무가 있고, 새로운 규칙이 '효율성, 경쟁, 자본 형성(efficiency, competition, capital formation)'에 대하여 효과를 갖게 해야 한다는 특별한 의무가 있는데[SEA §3c(f), §3w(a)(2), §4a-2(c)], 이 사건에서는 그러한 의무와 관련하여 위 Rule 14a-11의 효력이 문제되었다.

다) 항소법원은 행정절차법(APA) §706(2)(A)의 엄격심사 원칙에 따

---

110) 647 F.3d 1144 (D.C. Cir. 2011)
111) 소수주주에 대하여 독자적 의결권 대리행사권유(proxy solicitation)를 하도록 하는 번거로움을 줄여준다는 점에서 소수주주에 대한 편의적 규정이 된다. 우리나라는 상법 제363조의2, 제542조의4, 제542조의6, 제542조의8, 금융회사의 지배구조에 관한 법률 제17조 제4항 등에 그와 같은 취지가 이미 규정되어 있다.

라 SEC가 위 규칙을 발령할 때 위와 같은 의무를 다하였는지를 심사
하였다. 결론적으로 항소법원은 SEC의 새로운 규칙이 비일관적이고
기회주의적(inconsistently and opportunistically)이며 위 규칙의 경제적
영향을 적절히 평가했다고 보지 않았다.112) 또한 항소법원은 SEC가
특정 비용을 적절히 정량화하지 못했고, 정량화하지 못한 이유를 적
절히 설명하지도 못했다는 점을 지적하며 규칙을 무효화하였다. 구
체적인 이유는 다음과 같다.

첫째, SEC는 Rule 14a-11의 경제적 결과를 제대로 고려하지 못하
였다. 즉, SEC는 Rule 14a-11이 전통 위임장 경쟁(proxy contest)과 비
교하여 주주에게 직접적인 비용(프린트 비용이나 우편 비용, 광고비
용) 절감을 이루어낼 것으로 보았다. 또한 SEC는 적어도 위 규칙으로
인해 주주들이 전통 위임장 경쟁에서 이사를 지명하는데 그들의 권
리를 행사하길 주저하게 되는 집단 행위(collective action)와 무임승
차(free-rider) 문제를 줄여줄 수 있음으로써 쉽게 정량화되지 않는 무
형의 편익이 발생한다고 보았다.113) 이러한 관점 아래 SEC는 위 규
칙으로 인하여 이사회의 성과가 향상되고 주주 가치도 증진되는 잠
재적 편익이 있을 것으로 보았다. 다만 SEC는 위 규칙으로 기업과
주주에게 공개(disclosure), 프린트, 우편, 추가적 권유(solicitations)와
관련하여 비용이 부과될 수 있어, 기업과 이사회 성과에 부정적 영
향을 끼칠 수도 있다고 보았으나 전체적으로 경제적 효율성을 증진
시킨다고 결론지어, 편익이 비용을 정당화한다고 하였다.114)

기업 이사회가 주주들이 지명한 후보자들에 대항하기 위해 중요
한 자원(significant resources)을 지출할 가능성이 있다는 문제제기에
대해서 SEC는 이사의 선관주의 의무가 기업의 돈을 그렇게 사용하

---

112) 647 F.3d 1144 (D.C. Cir. 2011), 1148
113) 647 F.3d 1144 (D.C. Cir. 2011), 1149
114) 647 F.3d 1144 (D.C. Cir. 2011), 1149

는 것을 막을 것이고, 보유 요건(3년 이상 3% 이상의 주식을 보유한 주주)이 주주들이 지명하는 이사의 숫자를 제한할 것이라고 여겨 그와 같은 문제가 발생되지 않을 것으로 보았다.[115]

그러나 SEC와 같은 관점은 발행인들이 후보자를 반대하거나, 이사의 선관주의 의무를 그들의 후보자를 지지하도록 요구하는 것으로 해석될 여지가 있다. 또한 보유요건이 규정되어 있더라도, SEC는 기업이 권유(solicitation) 비용과 캠페인 비용을 지출할 것이라는 점에 대해서는 별다른 언급을 하지 않았다. SEC는 기업이 주주가 지명한 후보자를 반대하는 데 자원을 지출할 것을 인정하였음에도, 그 비용을 예측하거나 정량화하지 않았을 뿐만 아니라 그러한 비용이 가능할 것이라는 점까지 예측하지도 않았다. 위임장 경쟁에서는 그러한 비용이 지출된다는 실증적 증거를 손쉽게 찾을 수 있다. 이와 같이 SEC가 대립하는 예측 중 무엇이 가장 타당한지에 대한 선택을 하지 않거나, 무엇이 옳은지 추측을 하지 않았다 할 것이므로, SEC는 위 규칙의 경제적 결과를 평가해야 하는 법상 의무를 위반했다고 봄이 타당하다.

한편 SEC는 Rule 14a-11이 반대주주의 지명 후보자 선출을 가능하게 함으로써 이사회 성과를 향상시키고, 주주 가치를 증진한다고 하였는데, 그에 대한 실증적 자료는 불충분하다. 게다가 SEC는 위 규칙이 시행될 경우 SEC의 예측과 반대의 결과, 예컨대 반대하는 주주 지명 후보자가 이사가 될 경우, 기업은 경쟁 상대보다 위임장 경쟁 이후 2년이 지나면 19~40%를 실적을 덜 낼 것으로 예상되는 결과를 지지하는 연구결과물도 이미 인식하고 있었다.[116] 그럼에도 SEC는 혼합 이사회(hybrid boards)의 긍정적 효과를 다루거나, 위임장 경쟁이 주주 가치에 주는 영향을 다룬 두 개의 상대적으로 설득력이 낮

---

115) 647 F.3d 1144 (D.C. Cir. 2011), 1149
116) 647 F.3d 1144 (D.C. Cir. 2011), 1151

은 연구결과에 배타적이면서 과도히 의지하고 있었다.117) 그러나 이
들 연구를 뒷받침할 자료는 충분하지 않았다.

둘째, SEC는 주주의 특별 이익을 고려하지 못했다. 종업원후생복
지기금(Employee Benefit Fund)과 같은 주주는 노조원들에 대한 부가
적 편익과 같은 특별 이익(special interest)을 얻기 위한 지렛대로 Rule
14a-11을 이용하여 기업에 비용을 부과할 수 있다.118) 주주 가치에서
얻는 이익보다 직업에서의 이해관계가 더 큰 노조, 주, 지역 정부 등
과 같은 투자자들은 주주 가치를 극대화하는 목표보다 자기 이익을
추구할 것이 예상된다. 이와 같이 일부 주주들이 다른 주주들을 희
생하며 새로운 규칙을 그들의 좁은 이익을 증진시키려고 이용하면
기업에 부정적인 영향을 미칠 수 있다. 그럼에도 SEC는 주주들은 위
규칙을 기업의 장기간 이익을 위해 사용할 것이고, 다른 주주들의
경계 등으로 인하여 규칙으로 인해 발생되는 비용은 한정된다고 만
연히 결론지었다.

라) 이 판결은 Corrosion Proof Fittings 판결(1991)의 기조를 이어
행정청의 정식 비용편익분석을 실체적 심사하였다. 항소법원은 사
법심사 기준으로 엄격심사 원칙을 채택하였고(실질적으로는 전면적
재심사 원칙), 이에 따라 심사 결과 편익이 비용을 상회한다는 행정
청의 판단과 달리 편익이 비용보다 작다고 판단함과 아울러 행정청
의 설명이 부족함을 지적하였다.

여기서 항소법원은 비용편익분석의 사법심사에 대하여 두 가지
원칙을 세웠다. 첫째, 행정청은 정량화된 비용편익분석을 제공하거
나, 정량화된 비용편익분석이 불가능할 경우 그 이유를 충분히 설명
해야 한다(정식 비용편익분석). 둘째, 규제의 편익이 비용보다 크다
는 행정청의 결론을 지지하는 증거가 충분해야 한다. 즉, 행정청의

---

117) 647 F.3d 1144 (D.C. Cir. 2011), 1151
118) 647 F.3d 1144 (D.C. Cir. 2011), 1151-1152

설명의무에 더해 실제로 비용편익분석의 충분한 증거가 있어야 한다고 하였다.

결국 이 판결은, '정량화가 가능한데 그러하지 않는 것은 자의적인 것이다.'는 결론을 이끌어내어 비용편익분석이 규제의 적법성을 검토하는 데 중요한 측면이 될 수 있음을 확인하였다.

한편, 이 판결은 엄격심사 원칙을 적용한다고 기재되어 있지만, 결국 법원의 판단이 행정청의 판단을 대체하였다는 점에서 실질적으로는 '전면적 재심사 원칙'에 가깝다는 평가가 있다.[119]

나. 연방대법원 판례: Michigan 판결(2015)[120](⑨ 판결)

1) CAA는 EPA에게 특정 고정 오염원의 유해 대기오염물질을 규제하도록 한다. 이에 따라 EPA는 발전소의 유해 대기오염물질 배출을 규제할 수 있는데, 다만 CAA에 따르면, 그러한 규제는 '적절하고 필요한 경우(appropriate and necessary)'에만 가능하다[CAA §112(n)(1)(A)].

EPA는 CAA에 따라 발전소 유해 대기오염물질 기준(National Emissions Standards for Hazardous Air Pollutants Program)을 마련하였는데, 이때 EPA는 '비용'을 고려하지 않았고, 고려해서는 안 된다고 하였다. 이는 EPA가 ㉠ 유해 대기오염물질(특히 수은)이 공중 건강과 환경을 해하는 상황에서, 그 배출을 줄이기 위한 통제가 가능하므로 이를 현실화하는 규제가 '적절(appropriate)'하고, ㉡ 발전소에 대한 규제 이외에는 예상 리스크를 제거할 수 없으므로 발전소의 유해 대기오염물질 배출 규제가 '필요(appropriate)'하다고 보았기 때문이다.

---

119) Anthony W. Mongone, Business Roundtable: A New Level of Judicial Scrutiny and its Implications in a Post-Dodd-Frank World, 2012 COLUM. Bus. L. REV. 746 (2012), 793면

120) 135 S.Ct. 2699 (2015)

2) 이 사건에서는 EPA가 CAA §112(n)(1)(A)에 대해서 비용이 규제와 관련 없다고 해석한 것이 합리적이었는지가 문제되었다.

EPA는 행정명령에 따라 규제영향분석을 하였고, 규제에 따르면 비용이 연간 96억 달러에 이름을 파악하였지만, 유해 대기오염물질을 저감함으로써 생기는 편익은 충분히 정량화하지 못했다. 다만 최대한 400~600만 달러를 편익으로 예측하기는 하였다. 즉, 비용이 정량화 가능한 편익보다 1600~2400배 정도 되는 것이다. 그러나 EPA는 비용이 편익보다 큰지 여부에 대해 고려하는 것을 거부했는데. 이는 CAA §112(n)(1)(A)의 해석한 결과 비용 요소가 규제에 관련이 없다고 여겼기 때문이다.

3) 이에 대하여 연방대법원은 우선 '적절(appropriate)'과 '필요(necessary)'의 의미가 모호함을 확인하였고(Chevron STEP 1), EPA가 그 의미를 '비용을 고려하지 않는다.'고 해석한 것이 합리적인 해석인지 검토하였다(Chevron STEP 2).[121]

연방대법원은 Chevron 존중원칙은 법원이 모호한 법의 해석에 대해 행정청의 합리적 해석을 받아들이도록 하는 것은 맞지만, 그러한 존중 기준(deferential standards)에 의하더라도, 행정청은 반드시 합리적 해석 범위 내에서 이루어져야 하는데, 행정청이 '문제의 중요한 측면(an important aspect of the problem)을 고려'했을 때 비로소 그러하다고 하였다.[122]

결론적으로 연방대법원은 EPA의 해석은 CAA §112(n)(1)의 해석 범위를 지나치게 벗어난 것으로 판단하였다.

즉, 경제적 비용으로 수십억 달러를 부과하는 대가로 건강과 환경 편익으로 몇 달러만 얻는 것을 '적절(appropriate)'하다고 하는 것

---

121) 135 S.Ct. 2699 (2015), 2706, 2707
122) 135 S.Ct. 2699 (2015), 2707

은 합리적이지 않다. CAA §112(n)(1)(A)는 EPA가 세 가지 연구를 하게 요구하는데, 이 중에 비용을 연구하는 것도 포함되고 있는바, 이와 같은 법 문맥도 이러한 해석을 뒷받침한다.

또한 '적절'이 폭넓은 개념(a capacious phrase)이어서 행정청에게 유연성을 남기기는 하지만, CAA 제정 배경과 행정법규 설립 절차를 고려하면 비용 고려를 포함하는 것이 타당하다. 비록 다른 조문에는 명시적으로 비용 고려를 언급했지만 본 조문이 비용 고려를 언급하지 않았다 하더라도, 본 조문에서 비용 고려를 하지 않아도 된다는 뜻은 아닌 것이다.

나아가 문맥상, 적절-필요는 적어도 비용에 주의를 기울일 것을 요구한다. 수십억 달러의 경제적 비용의 대가가 몇 달러의 건강-환경 편익으로 돌아오는 것이 합리적이라고 할 수는 없다. '비용'은 규제에 순응하기 위한 지출만을 의미하는 것도 아니고, 어떤 단점(disadvantage)도 모두 비용으로 볼 수 있다. EPA는 행정청이 어떤 유형의 비용도 고려하지 못하도록 해석했는데, 이를 따를 경우 배출을 줄이는 규제가 오히려 인간의 건강이나 환경에 해로움을 줄 수 있는 경우에도, 여전히 그 규제가 적절하게 여겨지는 문제가 발생하게 된다. 어떤 규제도 '좋음(good)'보다 심각한 손해를 끼친다면 적절하다고 볼 수 없다.

그리고 행정청은 지금까지 오랜 기간 비용을 규제 여부 결정에 있어 중요한 요소로 여겨 왔다. 비용을 고려한다는 것은 합리적 규제가 보통 행정청 결정의 장점과 단점에 모두 주의를 기울일 것을 요구한다는 것을 반영한다. 또한 "지나치게 낭비적인 지출이 하나의 문제에 쓰이는 것은 또 다른 (어쩌면 더 중요한) 문제에 쓰일 자원이 상당히 줄어드는 것"을 의미한다[앞서 본 Entergy Corp. 판결(2009) 참조][123]. 이러한 행정 실무에 비추어, 비용을 고려하지 않으면서 규제를 적절-필요로 본다는 것은 비합리적이다.

또한 CAA §112(n)(a)(B), (C)에서는 EPA에게 두 가지 추가 연구를 구하고, '그러한 연구의 비용(and the cost of such technologies)'이라는 표현이 들어가 있는 것을 보면, 비용은 규제 결정과 관련 있다고 봄이 타당하다.

EPA는 CAA §112(n)(1)(A)에 비용이 관련 없는지에 대해 설명을 충분히 하지 않았다. EPA는 다른 CAA에서는 비용을 명시하지만 이 조항은 비용을 언급하지 않았다고 한다. 또한 EPA는 Whitman 판결(2001)을 예로 들면서, 위 사건에서 연방대법원은 비용을 고려함이 명시적으로 규정되지 않는 한 비용을 고려하여서는 안 된다고 판시하였음을 지적한다. 그러나 위 법리는 여기에 적용되지 않는다.124) 적절-필요는 Whitman 판결(2001)에서 문제된 "requisite to protect the public health" 개념보다 훨씬 더 포괄적인 기준이고, 비용 개념을 포함한다.

4) 이 판결은 Chevron STEP 2에서 Chevron 존중원칙을 택하지 않은 사례로, Chevron 존중원칙의 지배적 지위를 흔들기 시작하는 대표적 판결로 꼽힌다.125) 이 판결에서는 연방대법원이 EPA의 해석을 심사할 때, State Farm 판결(1983)의 설시를 인용하며 행정청은 "문제의 중요한 측면(an important aspect of the problem)을 고려하여야 한다."고 하여126) 엄격심사 원칙을 사법심사 기준으로 삼은 것처럼 보이기도 하나, '적절(appropriate)'과 '필요(necessary)'의 의미를 법원이

---

123) 135 S.Ct. 2699 (2015), 2707-2708
124) 135 S.Ct. 2699 (2015), 2709
125) The Rise of Purposivism and the Fall of Chevron: Major Statutory Cases in the Supreme Court, 130 Harv. L. Rev. 1227(2018), 1241, 1242면; Connor P. Schratz, Michigan v. EPA and the Erosion of Chevron Deference, 68 Me. L. Rev. 381(2016), 385면
126) 135 S.Ct. 2699 (2015), 2701

독자적으로 '비용 고려'의 의미로 해석하고, 그 의미만이 옳은 해석
이라고 판단하면서 이와 일치하지 않는 EPA의 해석은 합리적이지
않다고 하였음을 고려하면(즉, 행정청의 판단을 대체하였음을 고려
하면), 전면적 재심사 원칙을 사법심사 기준으로 삼았다고 봄이 타당
하다.127) Chevron 존중원칙이 '어떤 합리적 해석(any reasonable
statutory interpretation)'도 모두 허용된다는 본 것과 달리 이 판결은
전면적 재심사 원칙을 통해 보다 엄격한 기준으로 사법심사하는 것
이다.

또한 이 판결은 연방대법원이 자칫 '수십억 달러의 경제적 비용
의 대가가 몇 달러의 건강-환경 편익으로 돌아오는 결과'를 피하기
위하여 '비용을 고려한다.'는 해석을 하였다고 할 것이므로, 목적주
의 해석론에 따랐다고 볼 수 있다(문언주의에서 목적주의로의 변화
가 Chevron 존중원칙에서 전면적 재심사 원칙으로의 변화와 연관되
고, 이에 따라 법원의 역할이 재조명됨은 이미 제4장에서 본 바와
같다).128)

요컨대, 그동안 대세적 지위를 누려오던 Chevron 존중원칙이 비
용편익분석에 대한 사법심사 판결인 Michigan 판결(2015)을 통해 흔
들리고 있다는 것이고, 이는 그동안 행정청-법원 간 역학관계 내에
서, 행정청에 쏠려 있던 무게중심이 법원으로 이동한다는 의미이다.

다만 이 판결이 연방대법원도 연방항소법원과 마찬가지로 행정
청의 재량판단, 특히 정식 비용편익분석에 대하여 실체적 심사를 시
도하게 되었다는 의미인지에 대해서는 견해가 나뉜다.

---

127) The Rise of Purposivism and the Fall of Chevron: Major Statutory Cases in
the Supreme Court, 130 Harv. L. Rev. 1227(2018), 1241면; Connor P.
Schratz, Michigan v. EPA and the Erosion of Chevron Deference, 68 Me. L.
Rev. 381(2016), 382, 396면
128) Lauren Packard, Michigan: An intrusive Inquiry into EPA's rulemaking
Process,Colum. J. Envtl. L, Vol. 42:1(2016), 149면

다. Michigan 판결(2015)에 대한 해석론

1) 해석론의 분화

연방대법원은 항소법원과 달리 행정청에게 정식 비용편익분석을 요구하는 것에 대하여 부정적인 태도를 취해왔다. Entergy Corp. 판결(2009)에서 연방대법원은 엄밀한 비용편익분석(a rigorous form of cost-bnefit analysis)를 배제한다는 취지를 설시하였고,[129] 위 판결의 보충 및 반대의견(concurrng in part and dissenting in part)에서는 보다 명확히 행정청이 정식 비용편익분석(formal cost benefit analysis)을 할 필요가 없다고 설시하였다.[130]

이후 연방대법원에서 Michigan 판결(2015)이 선고되었는데, Michigan 판결(2015)은 EPA가 비용을 고려하지 않는다는 입장을 취함에 따라 정식 비용편익분석을 실시하지 않아 '정식 비용편익분석에 대한 심사 기준 및 방법'이 직접적 쟁점은 되지는 않았다. 즉, 이 사건에서는 EPA가 비용을 고려하지 않는다는 극단적 입장을 취하였고, 그 당부가 문제되었을 뿐이어서 행정청에게 정식 비용편익분석이 요구되는지가 직접적 쟁점이 되었다고 볼 수는 없다.

다만 이 판결은 행정청의 '비용을 고려하지 않는다.'는 해석을 법원의 '비용을 고려한다.'는 해석으로 대체하며 법원이 행정청에게 정식 비용편익분석을 요구하는 것으로 읽히기도 하므로, 이를 두고, 연방대법원이 행정청에게 정식 비용편익분석을 요구했는지 여부에 대하여 해석이 나뉘고 있다.

---

129) 556 U.S. 208 (2009), 223
130) 556 U.S. 208 (2009), 235

2) 각 해석론의 근거

가) 정식 비용편익분석을 요구하였다고 보는 견해[131]는, 위 판결의 '어느 누구도 수 달러에 지나지 않는 건강 또는 환경적 편익을 얻고자 경제적으로 수십억 달러를 투입하는 것을 합리적이라거나 "적절"하다고 하지 않는다(One would not say that it is even rational, never mind "appropriate," to impose billions of dollars in economic costs in return for a few dollars in health or environmental benefits.)'.[132] 또는 '어떤 규제도 좋은 정도보다 더 심각한 해를 끼친다면, "적절" 하지 않다(No regulation is "appropriate" if it does significantly more harm than good).'[133]는 설시를 근거로, 적절한 규제는 편익이 비용을 정당화하여야 하여야 하는데, 이는 편익과 비용의 크기를 가늠하는 것이 전제되므로, 결국 위 판결은 '법원이 행정청에게 정식 비용편익분석(정량화)을 요구한 것'이라고 해석한다.

나) 한편, 정식 비용편익분석을 요구한 것은 아니라고 보는 견해[134]는, 위 판결에서 '우리는 법이 명시적으로 행정청에게 정식 비용편익분석을 실시하도록 요구했다고 확인하지도 않고 그럴 필요도

---

131) Jonathan S. Masur & Eric A. Posner, Cost-Benefit Analysis and the Judicial Role, 85 U. CHI. L. REV. 935 (2018), 973-974면; Jacob Gersen & Adrian Vermeule, Thin Rationality Review, 114 MICH. L. REV. 1355 (2016), 1382면

132) 135 S. Ct 2699 (2015), 2707

133) 135 S. Ct 2699 (2015), 2707

134) Cass R. Sunstein, Cost-Benefit Analysis and Arbitrariness Review, 41 HARV. ENVTL. L. REV. 1 (2017). 13-14면; Adrian Vermeule, Does Michigan v. EPA Require Cost-Benefit Analysis? (Feb 6, 2017)(Notice & Comment A blog from the Yale Journal on Regulation and ABA Section of Administrative Law & Regulatory Practice.)
https://www.yalejreg.com/nc/does-michigan-v-epa-require-cost-benefit-analysis-by-adrian-vermeule/

없다(We need not and do not hold that the law unambiguously required the Agency, when making this preliminary estimate, to conduct a formal cost-benefit analysis in which each advantage and disadvantage is assigned a monetary value).'[135]고 설시한 것을 근거로 한다. 다만 이와 같은 입장을 취하는 경우에도, 연방대법원이 적어도 약식 비용편익분석을 넘어서는 판결을 내리고 있음을 인정하기도 한다.[136]

3) 각 해석론의 지향점

각 해석론은 법원의 역할에 관하여 서로 다른 관점(지향점)을 가지고 있다. 즉, 법원이 행정청의 판단을 실체적으로 심사하는 것이 타당하다고 보는 경우, 법원은 행정청에게 '정식 비용편익분석'을 요구하게 되고, 법원이 행정청의 판단을 자제적·존중적으로 심사하는 것이 타당하다고 보는 경우, 법원은 행정청에게 '정식 비용편익분석'을 요구하지 않게 된다.

Michigan 판결(2015)에 대해서 법원이 행정청에게 정식 비용편익분석을 요구하였는지 여부에 관하여 견해가 나뉘는 것도 결국, 법원이 행정청에게 정식 비용편익분석을 요구하는 것이 타당한지 여부, 나아가 법원이 행정청의 정식 비용편익분석을 실체 심사하는 것이 타당한지·가능한지 여부(사법심사의 태도)에 관한 입장 차이와 연결된다. 즉, Michigan 판결(2015)이 정식 비용편익분석을 요구하였다고 보는 견해는 결국 법원의 비용편익분석에 대한 실체적 심사를 옹호하고,[137], 그 반대의 견해는 결국 법원이 행정청의 비용편익분석을

---

135) 135 S. Ct 2699 (2015), 2711

136) Cass R. Sunstein, Cost-Benefit Analysis and Arbitrariness Review, 41 HARV. ENVTL. L. REV. 1 (2017). 6면

137) Jonathan S. Masur & Eric A. Posner, Cost-Benefit Analysis and the Judicial Role, 85 U. CHI. L. REV. 935 (2018), 935면

심사할 때는 행정청의 판단을 자제적·존중적 심사를 하는 것이 바람직하다는 논리로 이어지고 있다.[138]

4) 소결

연방대법원이 규제법의 모호하고 유사한 문언(feasible, necessary, appropriate, adeqate, requisite, best availabe 등)에 대하여 '해당 규제법이 행정청에게 요구하는 비용편익분석의 정도'를 어떻게 파악하였는지를 정리하면 다음 〈표 13〉과 같다.

〈표 13〉에서 알 수 있듯이, 연방대법원의 기조는 변화되는 것처럼 보인다. 즉, American Textile Mfrs. 판결(1981), Whitman 판결(2001)에서 보인 연방대법원의 태도는 Entergy Corp. 판결(2009)을 거쳐, Michigan 판결(2015)에 이르기까지 그 양상이 변화되어 왔다. 특히 위 각 판결은 모호하고 유사한 문언(feasible, necessary, appropriate, adeqate, requisite, best availabe 등)에 대해서 각 다른 해석을 보였는바, 이에 대해서 일관되지 않는다는 평가도 가능하지만,[139] 그 차이가 나는 이유를 살펴, 변화되었다고 볼 수 있는 것이다.

특히, Michigan 판결(2015)은 American Textile Mfrs. 판결(1981)과 문제된 법 문언이 'necessary, appropriate'로 동일한데, 해석의 결론은 서로 달랐던바, 법 해석론 자체에서 그 원인을 찾을 수만은 없다. 위 각 판결의 해석이 다르게 된 이유는 비용편익분석이라는 특수한 의사결정도구의 특성(정량화, 화폐가치화)을 고려하는 것 이외에도 제4장에서 살펴본 행정청의 재량판단에 대한 사법심사 기준 및 방법의 맥락에서 살펴볼 필요가 있다.[140]

---

138) Cass R. Sunstein, Cost-Benefit Analysis and Arbitrariness Review, 41 HARV. ENVTL. L. REV. 1 (2017). 22면

139) Connor P. Schratz, Michigan v. EPA and the Erosion of Chevron Deference, 68 Me. L. Rev. 381 (2016), 392면

Michigan 판결(2015)의 해석을 둘러싸고 벌어지는 법원이 행정청의 정식 비용편익분석을 실체 심사하는 것이 타당한지·가능한지 여부에 대한 논의는 법원의 역할과 관련하여 반대론과 찬성론이 대립하고 있다.

〈표 13〉 시대별 연방대법원의 '비용편익분석의 요구 정도' 해석 변화

	1981	2001	2009	2015
판결	Am. Textile Mfrs. 판결	Whitman 판결	Entergy Corp. 판결	Michigan 판결
문언	feasible necessary appropriate	adequate requisite	Best Available Technology	appropriate necessary
STEP	(Chevron 판결 이전)	Chevron STEP 1 (문언이 명백하다고 본 사례)	Chevron STEP 2 (행정청의 판단을 존중한 사례)	Chevron STEP 2 (행정청의 판단을 번복한 사례)
해석	① 약식 비용편익분석이 금지되는 단계		② 약식 비용편익분석이 필수적인 단계	③ 정식 비용편익분석이 필수적인 단계(논란 있음)

이하에서는 정식 비용편익분석의 내용상 하자에 대한 심사와 관련하여 법원의 실체적 심사 반대론과 찬성론을 보다 상세히 살펴보기로 한다.

3. 실체적 심사 태도에 대한 견해 대립

가. 실체적 심사에 대한 반대론

연방항소법원의 Corrosion Proof 판결(1991)은 선고 이후 법원이

---

140) Eric Posner & Matthew D. Adler, Rethinking Cost-Benefit Analysis, 109 Yale Law Journal 165 (1999), 171-172면

행정청에게 예상하지 못하고 불합리한 부담을 부여한다며, 비극 (tragedy)이라 표현될 정도였고,[141] 이후 Business Roundtable 판결 (2011)에 대해서도 이를 비판하는 논문이 쏟아져나왔다.

이는 비용편익분석의 활용을 옹호하고 지지하는 경우에도 마찬 가지였다. 이들 견해는 행정청이 스스로 정식 비용편익분석을 도구 삼아 규제를 발령하고 선택하는 것은 바람직하지만, 법원이 이를 구 체적으로 실체 심사하는 방식으로 통제하는 것은 거부하였다. 행정 청의 비용편익분석은 행정부 내부(OIRA)의 자체 심사를 받는 것으로 충분하고, 법원이 이를 대신할 필요는 없다는 입장이다.

곧 이들 견해는 법원이 행정청의 비용편익분석을 존중하거나 사 법심사 범위는 절차에 한정되어야 한다고 그 역할을 제한하는데,[142] 그 근거는 존중 모델에서 살펴본 이론적·실제적 근거 중 의회의 의 도, 행정청의 전문성 등 이외에 사법심사의 역효과 등을 제시한다. 구체적으로는 다음과 같다.

1) 의회의 의도

의회는 행정청에게 비용편익분석을 재량껏 전문적으로 실시할 수 있게끔 위임했다고 볼 수 있다. 그런데 법원의 사법심사가 실체 적이 되어 행정청을 통제하게 되면, 이는 불필요하고 부적절할 뿐만 아니라, 의회의 의도에 어긋나게 된다.[143]

---

141) Linda Stadler, Note, Corrosion Proof Fittings v. EPA: Asbestos in the Fifth Circuita Battle of Unreasonableness, 6 Tulane Envir L J 423(1999), 433면
142) James D. Cox, Iterative Regulation of Securities Markets after Business Roundtable, 78 LAW CONTEMP. PROBS., no. 3(2015), 29면
143) James D. Cox, Iterative Regulation of Securities Markets after Business Roundtable, 78 LAW CONTEMP. PROBS., no. 3(2015), 28면; Jacob Gersen & Adrian Vermeule, Thin Rationality Review, 114 MICH. L. REv. 1355 (2016), 1373면

Linda Stadler는 Corrosion Proof 판결(1991)을 비판하면서, 의회가 EPA에게 독성물질의 공공 노출에 대하여 보다 강한 통제권한을 법령상 권한을 부여하기 위하여 TSCA를 입법하였고, 이에 따라 TSCA의 해석권을 EPA에게 위임했다고 봄이 타당하므로, 그 해석이 합리적이고 TSCA 체계와 입법사에 부합하면 법원은 이를 지지(support)하는 것이 마땅하다고 지적한다.[144]

Robert J. Jackson Jr.는 Business Roundtable 판결(2011)을 비판하면서, 비용편익분석을 선호하는 의회는 법원이 사법심사를 하는 데 중요한 역할을 수행하는 걸 원하지 않는다고 한다.[145] 법원이 엄격한 사법심사를 하게 되면, 행정청은 사법심사를 회피하고자 비용편익분석 이외에 대안적 방법을 찾게 되어, 역설적으로 비용편익분석의 활용이 줄어든다는 것이다.[146]

2) 행정청의 전문성

'예측적, 전문적, 과학적 분야(predictions, within its area of special expertise, at the frontiers of science,)' 등의 경우 연방대법원은 법원이 최대한 존중적인 심사 태도를 취해야 한다고 설시한 바 있다(a reviewing court must generally be at its most deferential).[147]

이는 특히 Business Roundtable 판결(2011)이 나왔을 때, 비판의 근거로 제시되었다. 금융 분야와 같이 예측적, 전문적, 과학적 분야는 그 복잡성·기술성 등으로 인하여 법원이 사법심사하기에 적합하지

---

144) Linda Stadler, Note, Corrosion Proof Fittings v. EPA: Asbestos in the Fifth Circuita Battle of Unreasonableness, 6 Tulane Envir L J 423(1993), 434, 436면

145) Robert J. Jackson Jr., Comment: Cost-Benefit Analysis and the Courts, 78 LAW & CONTEMP. Probs. 55 (2015). 60면

146) Ibid, 60면

147) Balt. Gas & Elec. Co. v. Natural Res. Def. Council, Inc., 462 U.S. 87 (1983), 103

않다고 여겼기 때문이다.

John C. Coates, IV는 정식 비용편익분석을 지지하면서도[148] 제너럴리스트인 법관이 스페셜리스트인 행정청에 비하여 비용편익분석을 수행하는 것에 능숙하지 않으므로, 법원은 행정청의 판단을 존중할 필요가 있다고 지적한다.[149] 이는 행정청이 특정한 이익 또는 정치(particular "interests" and "politics")에 의하여 영향을 받는다 하더라도 마찬가지이고, 법원의 역할은 행정청이 비용편익분석을 실시할 수 있는 안전망(safe harbor)을 마련해주는 것이어야 한다고 한다.[150]

Cass Sunstein, Robert J. Jackson Jr 또한 법관이 제너럴리스트이므로, 그 전문성이 행정청에 비하여 약함을 전제로, 법관이 산업 구조에 대한 배경지식이나 미시경제학의 기본원리를 이해하지 못한 채 비용과 편익을 논하고 행정청의 비용편익분석을 심사하는 것은 문제라고 지적한다.[151]

Jacob Gersen, Adrian Vermeule은 행정청이 자신의 의사결정 과정을 법원에 설명한다 하더라도, 제너럴리스트 법관에게 행정청의 비용편익분석 과정·내용을 설명하는 것은 상당히 어렵다는 점 또한 근거로 든다.[152] 이는 암묵적인 전문성(tacit expertise)[153]의 문제로, 전문가의 전문성이 비전문가에게 전달되는 것은 쉽지 않고, 왜곡되기

---

148) John C. Coates, IV, Towards Better Cost-Benefit Analysis: An Essay on Regulatory Management, Law and Contemporary Problems, Forthcoming (2014), 3면

149) Ibid, 11면

150) Ibid, 11면

151) Cass R. Sunstein, Cost-Benefit Analysis and Arbitrariness Review, 41 HARV. ENVTL. L. REV. 1 (2017) 6면; Robert J. Jackson Jr., Comment: Cost-Benefit Analysis and the Courts, 78 Law and Contemporary Problems(2015), 57면

152) Jacob Gersen & Adrian Vermeule, Thin Rationality Review, 114 MICH. L. REv. 1355 (2016), 1357면

153) 명시적 전문성(explicit expertise)과 대비되는 개념으로, 학습과 경험으로 체화되어 겉으로 드러나지 않는 전문성을 의미하는 것으로 보인다.

십상이기 때문이다. 그리고 행정청과 법원의 전문성 차이는 정보 비대칭을 창출하고, 정보 비대칭은, 법원이 이를 심사하는 것이 반드시 효율적이 아님을 알려줌을 지적한다.154)

3) 사법심사의 역효과(규제에의 악영향)

가) Lars Noah, Katherine Rhyne, Jonathan Baert Wiener는 법원이 행정청에 대하여 견제의 역할을 하는 것은 타당하나, 행정청의 판단을 대체해서는 안 된다고 한다.155) 과도한 사법심사는 행정청의 영역을 침범(intrude)하게 되는 것일 뿐만 아니라, 적정한 행정청의 방식(governance)과 정합성을 해칠 수 있음을 우려하는 것이다. 특히 규제의 발령 및 선택은 정책결정에 해당하고 이는 입법과 행정의 영역에 속하므로, 법원의 심사가 깊이 개입되어서는 안 된다고 한다.156) 비용편익분석을 명하는 행정명령이 사법심사를 예정하고 있지 않은 이유도 바로 이러한 맥락이다.157)

나) Benedict, Rachel은 행정청의 비용편익분석에 대한 엄격한 사법심사가 행정청에 미치는 영향이 직접적일 뿐만 아니라 상당하다면서,158) 법원의 사법심사가 가지는 문제점을 다음과 같이 지적한다.159)

첫째, 규제의 발령이 지연된다. 법원의 사법심사는 일관되지 않아

---

154) Ibid, 1358면
155) Lars Noah, Katherine Rhyne & Jonathan Baert Wiener, Regulatory Improvement Legislation: Risk Assessment, Cost-Benefit Analysis, and Judicial Review, 11 DUKEENVTL. L. & POL'y F. 89 (2000), 115면
156) Ibid, 115면
157) Ibid, 117면
158) Benedict, Rachel A., Judicial Review of Sec Rules: Managing the Costs of Cost-Benefit Analysis. Minnesota Law Review. 339(2012), 287면
159) Ibid, 288-296면

예측하기 어려우므로,160) 행정청은 규제 발령·선택에 사법심사라는 심각한 불확실성에 직면하게 된다. 이에 따라 행정청은 새로운 규제를 발령·선택하는데 사용되는 비용편익분석을 방어적으로 하여야 하고, 이를 위하여 시간과 자원을 상당히 투여하여야 한다. 이에 따라 새로운 규제의 발령은 지연되고, 관련 비용은 늘어나며, 행정청의 역량이 제한됨에 따라, 발령되는 규제의 양(quantity)은 줄어들게 된다. 이는 특히 규제가 신속하고 예방적으로 발령되어야 하는 환경·공공 건강 분야에서 문제가 될 수 있다.161)

둘째, 규제 발령의 비용이 상승한다. 엄격한 사법심사를 이겨내기 위하여 행정청이 빈틈없는 비용편익분석을 하게 될 경우, 이는 불가피하게 불필요한 지출을 발생시킨다. 비용편익분석 자체에 드는 비용이 들게 되어 효율성을 해치는 역설이 발생하는 것이다. 게다가 행정청이 지출하는 비용이 왜곡된다. 중요한 규제의 발령·집행이 아닌 사법심사에 대비하는 곳에 비용이 쓰이는 것이다.

또한 사법심사는 규제에 반대하는 이들이 규제에 도전할 수 있는 경로(avenue)가 되고, 이에 따라 특정 이익집단이 행정청에 행정소송을 제기하겠다고 하면서, 적절한 타협을 시도할 가능성도 있다.162) 이러한 과정은 행정력의 낭비이자, 궁극적으로는 납세자(taxpayer)의 피해로 귀결된다.163)

셋째, 기존의 규제를 수정하는 것을 주저하게 된다.164) 사법심사

---

160) Ibid, 288면
161) Linda Stadler, Note, Corrosion Proof Fittings v. EPA: Asbestos in the Fifth Circuita Battle of Unreasonableness, 6 Tulane Envir L J 423(1993), 435-436면
162) Benedict, Rachel A., Judicial Review of Sec Rules: Managing the Costs of Cost-Benefit Analysis. Minnesota Law Review. 339(2012), 292, 293면
163) Ibid, 292면
164) Robert J. Jackson Jr., Comment: Cost-Benefit Analysis and the Courts, 78 LAW & CONTEMP. Probs. 55 (2015). 60면도 같은 취지

는 보통 새롭게 발령·선택되는 규제에 대해 이루어지기 때문이다. 이 문제는 Stephen Breyer 대법관도 동의한 것이다. 그는 "사법심사가 엄격해질수록, 행정청이 변화의 필요성을 더 명백하고 설득력 있게 설명하여야만 하고, 이는 행정청이 현 상태를 바꾸는 것을 더 주저하게 만든다(the stricter the review and the more clearly and convincingly the agency must explain the need for change, the more reluctant the agency will be to change the status quo)."라고 한 바 있다.165) 행정청의 역할은 변화하는 상황에 유연하게 대응하는 것인데, 엄격한 사법심사로 인해 비용편익분석에 지워진 부담이 행정청으로 하여금 그들에게 주어진 역할을 하는 것을 주저하게 하는 것이다.

넷째, 법에서 행정청에게 부여한 본연의 임무를 소홀히 하게 될 우려가 있다. 엄격한 사법심사를 통해 행정청에게 비용편익분석을 철저히 하여 경제성·효율성을 달성할 것을 요구하다 보면, 해당 규제법의 본래의 취지를 약화시킬 수 있다. 예컨대, Business Roundtable 판결(2011)에서 SEC는 경제성을 고려하여야 하기도 하지만, SEA에 따라 투자자를 보호하는 역할을 수행하기도 해야 하는 것이다. 따라서 비용편익분석에만 구애받다 보면, 행정청이 본연의 역할을 제대로 수행하지 못할 우려가 있다. 비용편익분석은 규제의 무형적 편익보다 정량적 결과를 앞세우기 때문이다.

다) 나아가 Robert J. Jackson Jr.는 법원의 엄격한 사법심사가 행정청의 비용편익분석의 진정한 목적을 왜곡(skew)시킬 수 있다는 점을 지적한다.166) 즉, 법원의 사법심사에 의해 규제가 무효화되는 등 실체적 통제가 이루어지게 되면, 행정청은 사법심사의 목적에만 부합

---

165) Stephen Breyer, Judicial Review of Questions of Law and Policy, 38 ADMIN. L. REV. 363 (1986), 391면

166) Robert J. Jackson Jr., Comment: Cost-Benefit Analysis and the Courts, 78 Law and Contemporary Problems(2015), 59-60면

하는 비용편익분석을 생산해낼 가능성이 높다는 점을 경계하는 것이다.

또한 엄격한 사법심사가 금융 규제의 힘을 행정청에서 의회로 옮기게 되는데, 이는 의회가 제정하는 법률은 사법심사에서 살아남을 수 있기 때문이지만, 사법심사를 이기기 위하여 세세한 규정을 모두 입법화하는 것은 오히려 규제의 질을 낮추는 결과가 된다.167) 예컨대, 금융 규제는 미리 짜여지기보다는 시장참여자의 대응 등 데이터를 수집하면서 유연하게 마련되는 것이 보다 효율적이다. 게다가 의회 또한 행정청에 비하여 사전적 규제를 발령하기에는 전문성이 부족하다.

나. 실체적 심사에 대한 찬성론

행정청의 비용편익분석에 대하여 법원이 실체적 심사를 하여야 한다고 주장하며, Corrosion Proof 판결(1991), Business Roundtable 판결(2011)의 취지를 지지하고, 나아가 Michigan 판결(2015)을 법원이 행정청에게 정식 비용편익분석을 요구했다고 해석하면서 이들 법원의 심사 태도를 지지하는 견해가 있다.

이들은 기본적으로 비용편익분석을 지지하되, 행정청의 부실한 비용편익분석을 교정하기 위해서는 법원의 사법심사가 일정한 역할을 해야 한다고 주장한다.

1) 필요적 사법심사

Reeve Bull, Jerry Ellig은 해당 규제법에서 행정청의 비용편익분석에 대하여 사법심사를 예정하고 있는 경우가 있으므로, 법원은 해당

---

167) Ibid, 61면

규제법이 행정청에게 어떤 종류의 비용편익분석을 하라고 명령하였는지 확인한 뒤, 행정청의 비용편익분석을 심사해야 한다고 한다.[168]

Catherine Sharkey도 Business Roundtable 판결(2011)이 의회가 행정청에게 비용편익분석을 요구한 것과 행정청(SEC)의 경제적 분석에 대한 엄격한 사법심사를 명시적으로 연결시켰다고 한다.[169]

즉, 해당 규제법에서 행정청에게 정식 비용편익분석을 요구하고 그에 대한 사법심사를 예정하는 것으로 해석된다면, 법원은 행정청의 비용편익분석에 대하여 실체적 심사를 하는 것이 타당하다는 의미이다. 만약 해당 규제법에서 해당 내용이 명확하지 않더라도, 행정절차법(APA) §706(2)(A)에 따라 법원은 행정청의 재량판단에 대하여 엄격심사를 할 수 있다고 할 것이므로[State Farm 판결(1983)], 같은 결론으로 귀결될 수 있다.

2) 정식 비용편익분석의 심사 용이성

Jonathan Masur, Eric Posner는 행정청이 전문적이고, 법관이 제너럴리스트로서 전문성이 부족하다는 점은 인정한다.[170] 그러나 '정량화'라는 특성이 사법심사 논의의 판을 바꾸어버렸다고 한다.[171]

행정청으로서는 '오염물질(pollution)이 해를 일으키는데, 해는 적을수록 좋다.' 정도로만 간단한 이유를 제시하면서, 오염물질에 대한 규제를 정당화하고 싶은 유인이 있다. 그러나 그러한 정당화가 용인

---

168) Reeve Bull and Jerry Ellig. Judicial Review of Regulatory Impact Analysis: Why Not the Best?, Mercatus Working Paper, Mercatus Center at George Mason University, Arlington, VA, March(2017), 46-48면

169) Catherine M. Sharkey, State Farm "with Teeth": Heightened Judicial Review in the Absence of Executive Oversight, 89 NYU L Rev 1589 (2014), 1626면

170) Jonathan S. Masur & Eric A. Posner, Cost-Benefit Analysis and the Judicial Role, 85 U. CHI. L. REV. 935 (2018), 939면

171) Ibid, 939면

되고, 법원에게 받아들여진다면, 행정청에게 사실 오인이 있어도 필수적 절차만 밟은 규제의 경우 어떠한 심사도 이루어지지 않는 결과가 초래된다. 여기에 행정청이 편향되어 있기까지 하다면, 해당 규제는 공공선을 달성하지 못하게 되고, 법원은 이를 막을 수 없게 된다.

그러나 정식 비용편익분석이 요구되어, 정량화가 이루어지면, 이를 통해 제너럴리스트인 법관도 행정청의 비용편익분석을 심사할 수 있게 된다. 회사를 예로 들면, 제너럴리스트인 CEO가 스페셜리스트인 각 부서장의 판단을 심사하여 판단을 내리는 것과 마찬가지이다. 학교를 예로 들어 보아도, 학생에 대하여 점수를 매기게 되면, 이를 통해 해당 학생에 대한 평가가 가능해진다.

요컨대, 정량화는 제너럴리스트에게 스페셜리스트의 주장을 평가할 수 있게 한다(quantification enables generalists—frequently superiors, but also consumers—to evaluate the claims of specialists).172)

Jonathan Masur, Eric Posner는 또한 법원의 기존 역할과 비교하여 비용편익분석에 대한 실체적 심사가 가능함을 논증한다. 즉, 법원이 사기 사건이나 체납 사건을 다루는 것처럼,173) 비용편익분석을 심사할 수 있다. 특히 비용편익분석은 가장 중요한 결정 '절차'이기도 하므로,174) 법원이 행정청의 절차 통제를 할 수 있다면, 행정청의 비용편익분석 과정이 법에 부합하게 실시되었는지 여부를 법원이 심사하는 것은 마땅한 것이다. 즉, 법원은 규제자가 모든 비용과 편익을 정량화했는지, 적절히 화폐가치화했는지를 검토하고, 편익이 비용을 초과했는지를 검토할 수 있다. 이는 다른 규제의 의견청취(notice-and-comment) 절차 과정을 확인하는 것과 별반 다르지 않다.175) 또

---

172) Ibid, 941면
173) Ibid, 941면
174) Ibid, 942면
175) Ibid, 950면

한 법관의 심사에 대하여 비용편익분석에 대한 경제적 모델링 또는
동료평가(peer review)를 기대하는 것이 아니라, 단순한 논리와 더 간
단한 연산(simple logic and even simpler arithmetic)을 기대하는 것이
므로176), 이와 같은 심사는 법관이 충분히 할 수 있다.

그뿐만 아니라 법원이 행정청에게 정식 비용편익분석을 요구하
고 이를 심사하고자 하여야만, 행정청은 규제 발령·선택시 비용편익
분석을 함에 있어 정량적 증거를 제시하게 되고, 규제의 근거를 설
명하게 되어, 이에 따라 법원은 물론 다른 행정청, 일반 국민에 대하
여도 행정청의 결론이 어떻게 도출되었는지 알 수 있게 되고, 투명
성을 제고할 수 있다.177) 이처럼 투명성을 제고함으로써 행정청의
규제(또는 토대가 되는 비용편익분석)에 대하여 조작이나 흠결을 방
지할 수 있고, 교정할 수 있는 기회가 생긴다.178)

3) 부실·왜곡된 비용편익분석의 교정

가) 현재 미국의 비용편익분석도 그 수준이 높지만은 않다.179)
2008년에서 2013년까지 연방 행정청은 14,795개의 규제를 발령하였
는데, 그 중에 9.5%만이 중요(significant)하다고 여겨져 OIRA의 심사

---

176) Ibid, 959면
177) Eric Posner & Matthew D. Adler, Rethinking Cost-Benefit Analysis, 109 Yale
    Law Journal 165 (1999), 176면; Catherine M. Sharkey, State Farm with Teeth:
    Heightened Judicial Review in the Absence of Executive Oversight , 89
    N.Y.U. L. REV. 1589 (2014), 1605, 1632면
178) Cole, Daniel H., Law, Politics, and Cost-Benefit Analysis, Articles by Maurer
    Faculty. 772 (2012), 88면
179) Jonathan S. Masur & Eric A. Posner, Cost-Benefit Analysis and the Judicial
    Role, 85 U. CHI. L. REV. 935 (2018), 941면; Robert W. Hahn & Patrick M.
    Dudley, How Well Does the US. Government Do Benefit-Cost Analysis?, 1
    REV. ENVTL. ECON. & POL'Y 192(2007), 192-211면

를 받았을 뿐이다. 내부적 심사가 제대로 이루어지는 것도 아니어
서[180], 경제적으로 중요한 규제 중 20%는 대안을 고려하지 않았고,
25%는 비용을 화폐가치화하지 않았으며, 67%는 순현재가치를 계산
하는데 실패했다.[181] 이에 2015년 기준으로 행정청이 행한 38개의
비용편익분석 사례에 대한 사법심사를 분석한 결과, 법원은 60%의
비율로 행정청의 판단을 지지했고, 나머지 40%의 비율로 행정청의
비용편익분석에 존재하는 흠을 지적하고 비판했다.[182] 이는 법원의
관점에서 행정청의 비용편익분석은 분명 결함이 보인다는 것을 나
타낸다.[183]

앞서 Corrosion Proof Fittings 판결(1991), Business Roundtable 판결
(2011)에서도 법원이 지적하는, 행정청이 실시한 비용편익분석의 잘
못은 충분히 설득력이 있어 보인다. Jonathan Masur, Eric Posner는 특
히 이 점을 지적한다. 각 판결에서 행정청이 실시한 비용편익분석에
는 하자가 존재했을 뿐만 아니라 조잡(shoddy)했으므로, 이러한 잘못
을 지적하는 것은 아무런 문제가 없다는 것이다.[184] 이외에도 행정
청은 대안을 고려하지 않거나, 할인이 비일관적이라거나(편익은 할
인, 비용은 비할인), 규제의 근거가 된 관련 연구자료를 제시하지 않
는 등의 상당한 실질적 실수(substantive errors)를 하므로, 사법심사를

---

180) Catherine M. Sharkey, State Farm with Teeth: Heightened Judicial Review in
the Absence of Executive Oversight , 89 N.Y.U. L. REV. 1589 (2014), 1591면
181) Reeve Bull & Jerry Ellig, Judicial Review of Regulatory Impact Analysis: Why
Not the Best, 69 ADMIN. L. REV. 725 (2017), 743면
182) Caroline Cecot & W. Kip Viscusi, Judicial Review of Agency Benefit-Cost
Analysis, 22 GEO. Mason L. REV. 575 (2015). 589면
183) Jonathan Masur & Eric Posner, Against Feasibility Analysis, 77 University of
Chicago Law Review 657 (2010), 667-668면; Jonathan Masur & Eric Posner,
Unquantified Benefits and the Problem of Regulation Under Uncertainty, 102
Cornell Law Review 7 (2016), 97면
184) Jonathan S. Masur & Eric A. Posner, Cost-Benefit Analysis and the Judicial
Role, 85 U. CHI. L. REV. 935 (2018), 953, 968면

통해 행정청이 실시하는 비용편익분석은 훨씬 개선될 수 있다.[185] 이와 같이, 실체적 사법심사는 행정청에 중요한 영향을 미치고, 이는 규제의 개선을 이끈다는 실증적 분석도 있다.[186]

나) Catherine Sharkey도 비용편익분석에 대하여 행정부(OIRA)의 내부적 심사가 충분하지 않고, 부실한 비용편익분석이 실시되고 있는 것은, 비용편익분석에 대한 실체적 사법심사 필요성의 근거가 된다고 하면서, 높은 강도의 사법심사가 행정청의 의사결정을 더 개선시킨다고 본다.[187] 즉, 사법심사는 행정청으로 하여금 제너럴리스트 법관에게 충분한 설명할 수 있도록 정보를 생산해내고 더욱 숙고하는 절차를 거치게끔 한다.[188] 특히 행정청이 사법심사를 이겨내기 위하여, 행정절차를 충실히 이행할 것 또한 기대된다.[189]

다) Michael Abramowicz는 사법적으로 통제되지 않는 행정청은 자칫 일반 국민의 선호보다 행정청 자신의 선호에 따라 의사결정을 할 문제점을 지적하며, 사법심사의 필요성을 역설한다.[190] 특히 Chevron 존중원칙 아래 행정청은 모호한 규정을 이용하여 자신이 선호하는 방향으로 규제를 발령·선택할 수 있는데,[191] 행정청이 자신 또는 대통령, 이익집단의 선호에 따라 영향을 받아 의사결정을 할 경우, 별다른 사법통제가 이루어지지 않을 경우 일반 국민의 선호와

---

185) Ibid, 950면
186) Jerry Ellig. Improve ments in SEC Economic Analysis s ince Business Roundtable: A Structured Assessment. Mercatus Working Paper, Mercatus Center at George Mason University, Arlington, VA (2016), 47-48면
187) Catherine M. Sharkey, State Farm with Teeth: Heightened Judicial Review in the Absence of Executive Oversight , 89 N.Y.U. L. REV. 1589 (2014),1605, 1638면
188) Ibid, 1605면
189) Ibid, 1655면
190) Michael Abramowicz, Book Review, Toward a Jurisprudence of Cost-Benefit Analysis, 100 Mich L Rev 1708 (2002), 1732-1734면
191) Ibid, 1732면

어긋날 수 있다.

이는 Jonathan Masur, Eric Posner도 지적하는 바이다. 즉, 행정청에는 의식적이든, 무의식적이든 편의(bias)가 개입될 여지고 있는데, 이편의는 이념적이고, 따라서 선호가 반영되게 된다. 그러나 법원은 상대적으로 덜 편의에 영향을 받는 것으로 알려져 있기 때문이다.[192)]

라) 규제의 지연에 대해서는, 사법심사로 인하여 규제의 지연이 발생한다는 실증적 증거는 없고, 오히려 경제적으로 부적절한 (economically unsound) 규제를 줄일 수 있고,[193)] 이처럼 후생을 감소시키는 규제를 무효화시키는 것은 후생의 증가를 의미하는 것이기 때문에, 규제의 지연은 문제가 되지 않는다고 한다.[194)] 또한 불확실성에 대비한 규제가 선제적·예방적으로 발령된다 하더라도, 이후 불확실성이 해소된다면 사후적으로라도 사법심사를 받을 것을 예정하여야 할 것이다.[195)]

또한 실체적 사법심사가 규제를 현 상태로 유지하는 방향으로 행정청을 유도한다는 주장도 있으나, 아무 행위도 하지 않는 것 (non-action)도 비용편익분석이 고려해야 하는 정책 옵션 중 하나이기에, 비용-편익분석은 명시적이든 묵시적이든 현재의 규제행위가 정당한지 여부를 검토하게 되는 점을 고려할 때, 이러한 주장은 부당하다.[196)]

---

192) Jonathan S. Masur & Eric A. Posner, Cost-Benefit Analysis and the Judicial Role, 85 U. CHI. L. REV. 935 (2018), 939면

193) Catherine M. Sharkey, State Farm with Teeth: Heightened Judicial Review in the Absence of Executive Oversight, 89 N.Y.U. L. REV. 1589 (2014),1654면

194) Michael Abramowicz, Book Review, Toward a Jurisprudence of Cost-Benefit Analysis, 100 Mich L Rev 1708 (2002), 1734면

195) Jonathan S. Masur & Eric A. Posner, Cost-Benefit Analysis and the Judicial Role, 85 U. CHI. L. REV. 935 (2018), 952면

196) Cole, Daniel H., Law, Politics, and Cost-Benefit Analysis, Articles by Maurer Faculty. 772 (2012), 57면

다. 소결

지금까지 연방법원은 비용편익분석에 대해 일반 사안보다 더 큰 존중을 보여 왔고, 실제로 비용편익분석이 부적절하다는 이유로 행정청의 규제를 무효화한 것은 거의 드물었던 것이 사실이다.[197] 행정명령은 사법심사를 허용조차 하지 않았고, 종래 연방법원은 규제법이 비용편익분석을 요구하지 않는다고 해석해 오기도 하였다.

그러나 연방항소법원은 Corrosion Proof Fittings 판결(1991), Business Roundtable 판결(2011)에서 행정청의 비용편익분석을 실체적으로 심사했고, 이러한 법원의 심사 태도에 대해서는 비극이라는 비판이 다수였으나 이를 조짐(harbinger)이나 계기로 평가하기도 하는 견해 또한 있다.[198]

살피건대, 사법심사의 대상이 됨에 별다른 의문이 없는 행정청이 의지한 다른 정보와 행정청이 실시한 비용편익분석(및 그에 포함된 정보)을 다르게 취급할 논리적 이유는 없다.[199] 또한 정식 비용편익분석을 어떻게 하는 것이 타당한지(비용편익분석의 규범적 모습)에 대하여 구체적인 법령과 지침(행정명령)이 존재함을 고려하면, 법관은 이에 의거하여 행정청의 비용편익분석을 용이하게 심사할 수 있다.[200]

법원이 비용편익분석에 대하여 실체적 심사를 할 수 있는지는 법관의 역량 문제로, 이는 실증적으로 판단할 수 있는 것인데, Corrosion Proof Fittings 판결(1991), Business Roundtable 판결(2011)에

---

197) Robert B. Ahdieh, Reanalyzing Cost-Benefit Analysis: Toward a Framework of Function(s) and Form(s), 88 N.Y.U. L. Rev. 1983 (2013), 2006면

198) Jonathan S. Masur & Eric A. Posner, Cost-Benefit Analysis and the Judicial Role, 85 U. CHI. L. REV. 935 (2018), 970면

199) Reeve Bull & Jerry Ellig, Judicial Review of Regulatory Impact Analysis: Why Not the Best, 69 ADMIN. L. REV. 725 (2017), 763면

200) Ibid, 725, 764면

서의 연방항소법원이 한 판단이 모두 납득 가능하다는 점에서,[201] 법원의 실제 사건에서의 심사 역량 또한 부족해 보이지 않는다. 여기에 앞서 보았듯, 미국 행정청의 비용편익분석 수준은 높지 않은 점까지 고려하면, 비용편익분석의 규범적 지위가 공고해지고, 법원의 선호 또한 커지고 있는 현재 상황에서, 법원이 행정청에게 정식 비용편익분석을 요구하고, 여기서 더 나아가 행정청의 비용편익분석에 대하여 실체적 심사를 함으로써, 행정청의 잘못을 지적하여 교정할 수 있는 법원의 역할을 재조명하는 것이 타당하다고 보인다.

4. 소결

행정청의 재량판단 하에 이루어진 정식 비용편익분석에 대한 사법심사는 항소법원이 Corrosion Proof Fittings 판결(1991), Business Roundtable 판결(2011)에서 먼저 실체적 심사를 하였고, 연방대법원도 Michigan 판결(2015)에서 이에 따라가는 듯한 모습을 보이고 있다.

그러나 Michigan 판결(2015)의 심사 태도가 과연 연방대법원이 행정청에게 정식 비용편익분석을 요구한 것인지, 그리고 그에 대한 실체적 심사를 한 것인지에 대하여는 해석이 나뉜다. 실체적 사법심사를 반대하는 견해는 법원의 역량 부족을 내세우며 행정청을 신뢰하고, 실체적 사법심사를 찬성하는 견해는 행정청을 감독할 필요성을 지적하고, 법원의 사법심사를 통해 규제의 질을 확보하고자 한다.

각 해석론이 분별되는 이유는 법원이 행정청이 실시한 비용편익분석에 대하여 실체적으로 심사하는 것이 타당한지·가능한지에 대하여 관점이 다르다는 것이 근본 이유이다. 그리고 이는 행정청-법원 내 역학관계를 어떻게 설정하는지의 문제와 맥락을 같이 한다.

---

201) Jonathan S. Masur & Eric A. Posner, Cost-Benefit Analysis and the Judicial Role, 85 U. CHI. L. REV. 935 (2018), 952면; Cecot and Viscusi, 608면

이 문제에 대한 답은 어떤 특정한 정답이 존재하는 것이 아니라 시대적 요구상황 및 그에 따른 법원과 행정청의 상호작용에 따라 달라지는 것이라 할 것이다. 현재 미국은 사법심사 기준에 대하여, Chevron 존중원칙에서 전면적 재심사 원칙으로 사법심사 기준이 옮겨지는 것처럼 보이는데, 이는 법원이 감독자에서 적극적 판단자로 그 역할을 재조정하고 있음을 나타내므로, 그러한 맥락에서 법원이 행정청의 정식 비용편익분석을 실체적 심사하기 시작했다고 봄이 타당하다. 이러한 법원의 심사 태도에 대해서는 찬반양론이 대립하나, 비용편익분석의 규범적 지위가 공고해지고, 법원의 선호 또한 커지고 있는 현재 상황에서, 행정청의 부실한 비용편익분석이 실증적으로 확인되고 있으므로, 실체적 심사 태도가 타당하다고 보인다.

제5절 소결

이 장에서는 미국의 비용편익분석 현황과 아울러 비용편익분석을 사법심사 대상으로 삼았던 미국 연방항소법원 및 연방대법원의 주요 판례를 위주로, 시대적 흐름에 따라 구체화된 행정청의 비용편익분석에 대한 사법심사 기준 및 방법을 살펴보았다.

비용편익분석의 규범적 지위에 대한 논의가 '유용한 의사결정수단'으로 수렴되어, 연방항소법원 및 연방대법원이 비용편익분석을 선호하게 됨에 따라 해당 규제법의 모호한 문언에 대하여 '약식 비용편익분석이 금지된다.'에서 적어도 '약식 비용편익분석이 필수적이다.'는 해석이 이루어졌다.

그리고 이를 넘어 연방항소법원에서는 행정청에게 '정식 비용편익분석'을 요구할 뿐만 아니라 이에 대하여 실체적 심사하는 판결을 하였고, 연방대법원도 그와 같은 취지의 판결이 선고되었다. 연방대법원이 어떠한 심사 태도를 취하는지에 대하여는 학계의 찬반양론이 존재하는데, 이는 결국 행정청-법원 간 역학관계 내에서 법원의 역할을 어떻게 설정할지에 관한 문제와 맞닿아 있음을 발견하였다.

이는 일정한 정답이 존재한다고 볼 수 없다. 앞서 본 주요 판례를 제4장에서 살펴본 사법심사의 기준에 따라 다음 〈표 14〉와 같이 분류해볼 수 있는데[202], 〈표 14〉에서도 알 수 있듯, 시대별로 시대적 상황에 따라 그 기준이 일관적이지는 않음을 알 수 있다.[203] 다만 현재 미국에서는 비용편익분석의 규범적 지위가 공고해지고, 법원의 선호 또한 커지고 있고, 행정청의 부실한 비용편익분석을 교정·견제할 법원의 역할을 재조명할 필요가 있으므로, 행정청의 정식 비용편익분석에 대하여 실체적 심사를 하고 있다고 보인다.

이하에서는 지금까지 검토한 내용들, 즉 비용편익분석의 규범적 지위 및 특성, 미국에서의 행정청의 재량판단, 특히 비용편익분석에 대한 사법심사의 기준 등에 대한 논의를 토대로 우리나라의 사법심사 체계 내에서, 비용편익분석에 대한 사법심사 기준 및 방법을 정립하는 시도를 하고자 한다.

---

202) 〈표 14〉의 ① 내지 ⑨는 앞서 각 연방항소법원 또는 연방대법원 판결 옆에 기재한 판결 번호를 의미한다.

203) Reeve Bull & Jerry Ellig, Judicial Review of Regulatory Impact Analysis: Why Not the Best, 69 ADMIN. L. REV. 725 (2017), 787면; Jonathan S. Masur & Eric A. Posner, Cost-Benefit Analysis and the Judicial Role, 85 U. CHI. L. REV. 935 (2018), 937면; Reeve Bull & Jerry Ellig, Judicial Review of Regulatory Impact Analysis: Why Not the Best, 69 ADMIN. L. REV. 725 (2017), 787면

〈표 14〉 시대순 연방법원의 비용편익분석에 대한 사법심사 기준

	사법심사 기준	시대순 주요 판결							
약함	Chevron 존중원칙					⑤			
↕	(실질적 증거심사 원칙)	(①)	(❼)						
	엄격심사 원칙			❸			⑥	❽	❹
강함	전면적 재심사 원칙				②				⑨

제6장
비용편익분석에 대한
구체적 사법심사 기준 및 방법 정립

제1절 개관

지금까지 우리나라의 비용편익분석 심사 판례에서 도출되는 쟁점 및 과제(제2장), 비용편익분석의 의의·특성 및 사법심사 필요성·타당성·가능성(제3장), 미국의 재량판단에 대한 사법심사 기준 및 방법(제4장), 미국의 비용편익분석에 대한 대표적 심사 판례 흐름(제5장)을 차례로 살펴보았다. 이 장에서는 이제까지 검토한 내용을 종합하여, 우리나라 사법심사 체계 하에서 비용편익분석에 대한 적절한 사법심사 기준 및 방법을 고민하고 정립하는 시도를 해보기로 한다.

이를 위하여 앞서 제1장에서 우리나라 법원의 비용편익분석에 대한 판례를 분석하며 도출한 쟁점 및 과제(제2장 제2절 Ⅱ.) 순서로 각 항목에 대하여 관련된 미국의 논의를 통해 얻은 시사점을 확인하는 방식으로 논의를 전개한다.

제2절 비용편익분석에 대한 사법심사 논의의 함의

Ⅰ. 우리나라의 비용편익분석 현황

우리나라의 경우 명시적으로 비용편익분석이 의무화된 제도는 규제영향분석과 예비타당성조사이다. 이들은 각기 다른 양태를 띠고 개별 적용되고 있지만, 경제성 분석으로 모두 비용편익분석을 채택하고 있다.

우리나라는 1998년 행정규제기본법을 제정하여 규제영향분석 제도를 본격적으로 도입하였다. 규제영향분석은 '규제로 인하여 국민의 일상생활과 사회·경제·행정 등에 미치는 여러 가지 영향을 객관적이고 과학적인 방법을 사용하여 미리 예측·분석함으로써 규제의 타당성을 판단하는 기준을 제시하는 것'인데(행정규제기본법 제2조 제1항 제5호), 불필요한 행정규제를 폐지하고 비효율적인 행정규제의 신설을 억제함을 목적으로 하는 행정규제기본법의 목적에 따라, 규제영향분석은 '정부가 도입하려는 규제가 비용과 편익 측면에서 타당한지 체계적으로 검토하는 방식으로 무분별한 규제의 신설이나 강화를 억제'하는 것을 목표로 한다. 위 목표 실현을 위하여 규제영향분석은 핵심 수단으로 비용편익분석을 채택하였다(행정규제기본법 제7조 제1항 제4호). 또한 '규제영향분석서 작성지침(국무조정실)'을 통해 규제영향분석서 작성방법 및 절차에 대하여 상세하게 규정하고 있다.

규제영향분석은, 원칙적으로 모든 신설·강화되는 규제를 대상으로 하는데, 규제의 개념을 '국가나 지방자치단체가 특정한 행정 목적을 실현하기 위하여 국민(국내법을 적용받는 외국인을 포함한다)의 권리를 제한하거나 의무를 부과하는 것으로서 법 등이나 조례·규칙에 규정되는 사항(행정규제기본법 제2조 제1항 제1호)'으로 보고 있다.

한편 우리나라는 대규모 재정사업의 타당성에 대한 객관적이고 중립적인 조사를 통해 재정사업의 신규투자를 우선순위에 입각하여 투명하고 공정하게 결정하도록 함으로써 예산 낭비를 방지하고 재정운영의 효율성 제고에 기여함을 목적으로(예비타당성조사 운용지침 제4조), 1999년부터 국가재정법에 대규모 신규 재정사업에 대한 사전 타당성 검증의 일환으로 예산을 편성하기 전 예비타당성조사 제도를 마련하고 있다(국가재정법 제38조). 이외에도 공공기관의 운영에 관한 법률, 지방재정법 등에도 예비타당성조사 제도가 규정되

어 있으나, 국가재정법에 의한 예비타당성조사 제도가 제도의 근간을 이루고 있다.[1]

예비타당성조사는 기획재정부장관이 총 사업비가 500억 원 이상이고 국가의 재정지원 규모가 300억 원 이상인 신규 사업으로 특정 대규모사업을 대상으로 한다(국가재정법 제38조 제1항 본문). 그러나 이에 해당하는 사업이라도 특정 사업에 대하여는 중앙관서의 장의 신청에 따라 기획재정부장관이 면제 결정을 할 수 있다(국가재정법 제38조 제2항, 동법 시행령 제13조의2).

예비타당성조사 결과는 경제성 분석, 정책성 분석, 지역균형발전 분석에 대한 분석결과를 종합적으로 고려하여 제시한다(정보화사업과 국가연구개발사업은 위 평가항목 외에 기술성 분석을 포함). '예비타당성조사 수행을 위한 일반지침 연구'에서는 예비타당성조사의 종합결과를 도출함에 있어 경제적 분석에 더해 지역균형발전이라는 상위의 국가정책을 평가에 반영하여 사업의 타당성을 함께 고려하는 계층화분석법(AHP)을 도입하고 있다.

규제영향분석, 예비타당성조사 제도의 적용대상을 살펴보면, 비용편익분석은 주요 국가 규제를 발령·선택할 때 그 의사결정의 토대가 됨을 알 수 있다.

II. 정치의 사법화에 따른 비용편익분석의 법적 쟁점화

우리나라에서 비용편익분석이 직접적 사법심사 대상이 되었던 사례가 드물지만, 새만금 판결, 4대강 판결을 살펴보면 비용편익분석이 법적 쟁점화된 공통 양상을 확인할 수 있다. 두 사업 모두 거대

---

[1] 김태윤, 조예진, 예비타당성조사제도의 타당성에 대한 연구: 예비타당성조사의 지침을 둘러싼 쟁점, 행정논총 제56권 제2호(2018), 280면

한 규모의 비가역적 사업으로, 수많은 이해관계가 얽혀 있었고, 그 기저에는 가치관의 대립이 존재하였다. 이는 처음에는 정치적 갈등을 발생시켰지만, 정치적 해법을 찾기 힘들 정도로 각 사업에 대한 찬반양론이 극심히 대립하게 되자, 정치적 갈등이 법적 분쟁으로 진화되었고, 각 사업에 대한 행정청의 의사결정 토대가 된 비용편익분석이 핵심 쟁점으로 드러났다. 이에 따라 각 사업에 대한 최종적인 분쟁 해결을 위한 종착지가 법원이 되었는데, 이는 법원이 전통적으로 '법해석을 통해 당사자의 법적 분쟁을 최종적으로 해결하고, 이들을 둘러싼 이해관계인들의 사회적 갈등 역시 종국적으로 해결하는 모습2)을 해왔다고 이해되었기 때문일 뿐만 아니라 행정청의 의사결정으로 인하여 피해를 입는 측이 행정소송을 통한 패자부활을 시도했기 때문이라고도 이해할 수 있다.

이러한 현상은 곧 '정치의 사법화(Judicialization of Politics)'로, '국가의 중요한 정책결정이 정치과정이 아닌 사법과정으로 해소되는 현상'으로 바라볼 수 있을 것이다.3) 정치의 사법화 현상은 20세기 후반 이후 우리나라뿐만 아니라 세계 각국에서 보편적으로 나타나고 있으므로,4) 새만금 판결, 4대강 판결이 새삼스럽지는 않다. 그리고 정치의 사법화 현상이 가속화되고 있는 듯 보이므로, 종래 주요 사업에 대하여 실시된 행정청의 비용편익분석이 드물게 법원에서 다루어졌던 것에 반하여 향후 보다 자주 법적 쟁점화가 되고, 법원이 그 당부(當否)를 가리는 역할을 맡게 될 가능성이 높아졌다.

---

2) 대법원 2018. 6. 21. 선고 2011다112391 전원합의체 판결의 보충의견
3) John Ferejohn · Pasquale Pasquino, Rule of Democracy and Rule of Law, Cambridge University Press, (2003), 248면
4) Ran Hirschl, The Judicialization of Politics, The Oxford Handbook of Political Science(2011), 1면(온라인 기준)
   https://www.oxfordhandbooks.com/view/10.1093/oxfordhb/9780199604456.001.0001/oxfordhb-9780199604456-e-013?print=pdf

그러나 법원에 분쟁해결의 최종 역할을 맡기는 것에 대해서는 비
판이 꾸준히 제기된다. 가치는 통약불가능하고(通約不能性, Incommen-
surability), 가치판단 방식은 다양한데, 비용편익분석이 대체로 객관
적·중립적인 의사결정도구라고 하더라도, 편익·비용의 평가(정량화,
할인), 조정 과정 등에서 가치판단이 필연적으로 개입되므로, 선출되
지 않아 민주적 정통성이 약한 법원이 '국민→국회→행정청(→전문
가)'으로 이어지는 민주적 정통성의 계보를 뛰어넘어 행정청의 판단
을 사법심사하는 것이 근본적으로 타당한지·가능한지에 대하여 문
제가 제기되는 것이다.

가치의 통약불능성과 다원성은 결국 대립하는 가치 중 어떠한 가
치를 선택할 것인지, 어떻게 가치를 측정할 것인가(valuation)의 문제
를 발생시키므로, 이는 비단 비용편익분석을 둘러싼 쟁점일 뿐만 아
니라 법적 분쟁의 본질에 해당한다.[5] 이에 대하여 비례입헌주의
(proportional constitutionalism)는 '다양한 가치를 결정에 반영시킬 수
있는 정도'에 대하여는 정치 과정이 사법 과정보다 우월하다고 본
다.[6] 구체적으로, 비례입헌주의는 '국민을 대표하는 국가기관은 인
류의 보편적 가치를 존중하되, 조정 문제(coordination problem)에 관
한 한 민주적 정당성(democratic legitimacy)의 크기만큼 결정하라.'는
명제로 정리할 수 있다.[7] 비례입헌주의에 따르면, 정치적 결정이 '연
속체(continuum) 위에서의 선택'임에 반하여, 법적 결정은 '불연속선
(line of discontinuity) 위에서의 선택'이라고 할 것이고, 일도양단적
성격의 법적 결정은 여러 선택지를 모두 담을 수 없기에 연속체로서

5) 조홍식, 법에서의 가치와 가치판단: 원고적격의 규범학(1), 서울대학교 법
   학 Vol.48 No.1(2007), 161면
6) Ibid, 197면
7) 조홍식, 사법통치의 정당성과 한계, 박영사(2009), 3-55면[윤용희, 환경영향
   평가의 내용상 하자에 대한 사법심사의 방법, 저스티스(2012), 290면에서
   재인용]

존재하는 가치 문제에 대한 해결수단으로 적합하지 않게 된다.[8]

비례입헌주의에 따르면, 가치의 문제에 대해서는 정답이 존재하지 않으므로, 민주주의 국가에서 민주적으로 선출된 사람이 '두드러진 지위'에 있는 사람으로서 그 판단에 권위가 주어져야 하고, 이는 곧 의회와 행정부가 정치 부문에서 권위를 갖는다는 뜻이 되며,[9] 법원은 '정치 부문이 매듭짓지 않은 부분'을 결정하는 차순위 권위자일 뿐이다.[10]

III. 소결: 비용편익분석에 대한 사법심사 논의의 자리매김

법원의 판결을 통해 갈등을 해소하기 위해서는 적어도 법원의 판결에 더 많은 이가 권위를 부여하여야 하는데, 민주적 정당성이 작은 법원이 비례입헌주의에서 강조하는 가치의 다원성과 통약불능성에도 불구하고, 스스로 가치판단을 해야 한다고 주장하는 것은, 법원의 판단에 대한 문제제기를 불러일으켜, 오히려 새로운 갈등을 촉발할 우려가 있다. 비례입헌주의를 받아들이든 그렇지 않든, 비례입헌주의가 제기하는 가치의 통약불능성·다원성을 고려하여 법원의 사법심사 범위를 제한할 필요가 있는 이유는 바로 이 때문이다.

대법원이 상대적으로 규모가 작고 가역성이 있는 주차장 사업에 대하여는 적극적이고 상대적으로 엄격한 심사 태도를 취한 데에 반

---

8) 조홍식, 법에서의 가치와 가치판단: 원고적격의 규범학(1), 서울대학교 법학 Vol.48 No.1(2007), 197-198면
9) 조홍식, 물경시정치 -비례입헌주의를 주장하며, 서울대학교 법학 Vol.49 No.3(2008), 114-115면
10) Ibid, 115면

해(주차장 판결), 전국적 영향력을 가지고 규모가 거대하며 비가역성
이 있는 새만금 사업, 주차장 사업에서는 적극적 심사 태도를 취하
지 않은 것(새만금 판결, 4대강 판결)도, 각 판결로 인하여 촉발될 갈
등의 정도 등을 고려한 결과로 해석할 수 있다.

그러나 그럼에도 불구하고 법원의 사법심사에 일정한 역할을 기
대할 필요성 또한 부정할 수 없다. 정치 영역이 법원에 문제 해결을
기대는 현상은 입헌민주주의 제도 도입 초기에는 예상하지 못한 일
임은 분명하다. 이는 갈등 해결의 새로운 기조로, 법원 스스로의 적
극적인 의지가 표명되었다거나 사법심사의 성격이나 영역이 확장되
었기 때문에 비롯된 흐름이라기보다는 현대 사회가 처한 배경과 구
조적 변화 때문이라고 봄이 타당하다. 어느 정도는 국회나 행정청의
의사결정에 대한 불신과 정부실패에 대한 경계로 인한 반작용으로,
또는 특정 이익집단이나 소수의 사회 구성원이 국회-행정청의 정책
또는 규제에 반대하는 수단으로 법원을 이용하게 됨으로써 정치의
사법화 현상이 초래되었다고도 볼 수 있는 것이다.[11] 따라서 법원에
일정한 역할을 요구하는 실증적 상황이 계속되는 한, 법원이 이러한
시대적 흐름에 부응할 필요도 있다.

특히 비용편익분석에는 가치판단이 개입되는 부분과 그렇지 않
은 부분이 혼재되어 있어 사법심사가 반드시 가치판단에 국한된다
고 볼 수는 없을 뿐만 아니라, 행정청의 판단이 법에서 명령하는 바
를 제대로 따르는지, 내재적으로 정합성을 가지는지 등에 대해서는
법원의 심사가 가능할 뿐만 아니라 타당하다고 할 것이다.

이하에서는 이러한 점들을 염두에 두고, 행정청이 실시하고 있는
비용편익분석의 실제적 현황에 주목하면서 현행 법체계 하에서 법
원의 역할에 제한을 두는 한편(행정청 판단 대체불가능성), 일정한

---

11) 박은정, 정치의 사법화와 민주주의, 서울대학교 법학 51권 1호(2010), 10면

역할을 부여할 필요성(행정청 판단 존중불필요성)을 검증하는 방식
으로, 법원이 채택할 수 있는 비용편익분석에 대한 사법심사의 기준
과 방법을 정립해보고자 한다.

제3절 항고소송·심사 대상 확정 및 비용편익분석에 대한 별도의 사법심사 기준·방법 정립 필요성

Ⅰ. 항고소송의 대상 및 심사대상 확정

1. 행정소송법상 항고소송의 대상

행정소송법에서는 '처분등'을 행정청이 행하는 구체적 사실에 관
한 법집행으로서의 공권력의 행사 또는 그 거부와 그 밖에 이에 준
하는 행정작용 및 행정심판에 대한 재결이라고 규정하고(제2조 제1
항 제1호), 이를 항고소송의 대상으로 삼고 있다.

항고소송의 대상이 되는 행정청의 처분에 대해서, 대법원은 "일
반적으로 항고소송의 대상이 되는 행정처분이란 행정청의 공법상
행위로서 특정 사항에 대하여 법규에 의한 권리의 설정 또는 의무의
부담을 명하거나 기타 법률상 효과를 발생하게 하는 등 국민의 구체
적인 권리의무에 직접적인 변동을 초래하는 행위"라고 보고, 이는
대법원의 일관되고 확고한 입장이다.[12]

대법원의 관점 즉, 국민의 권리의무에 대한 직접 관련성을 기준
으로 하여 그 처분성 여부를 판단하고 있는 관점에 따라 살펴보면,

---

12) 대법원 1999. 10. 22. 선고 98두18435 판결, 2002. 12. 27. 선고 2001두
2799 판결 등

비용편익분석은 그 자체를 '처분등'에 해당한다고 보기 어려워 이를 항고소송의 직접 대상으로 삼을 수는 없는 것은 분명하다. 비용편익분석이 규제(행정행위) 발령 여부에 영향을 주기는 하지만, 직접적으로 국민의 권리의무의 발생·변경·소멸을 초래하는 것은 아니기 때문이다.

이에 따라 새만금 판결, 4대강 판결, 주차장 판결 모두 행정청이 행한 비용편익분석이 처분성을 가지고 있지 않음을 전제로, 이를 거친 행정청의 각 처분을 구체적인 항고소송의 대상으로 삼고 있다.

2. 비용편익분석에 대한 사법심사에서 항고소송의 대상 및 심사대상

비용편익분석을 의사결정수단으로 삼은 행정청이 행하는 처분성이 인정되는 규제(행정행위)를 항고소송의 대상으로 보는 것은 현재 행정소송법 체계상 당연한 것이라 할 것이다. 따라서 종래 우리나라의 비용편익분석에 대한 판례가 모두 비용편익분석을 거친 행정청의 각 처분을 항고소송의 대상으로 삼은 것은 타당하다.

다만, 이 책은 비용편익분석에 대하여 별도의 사법심사 기준 및 방법을 정립하는 시도를 하므로, 비용편익분석이 직접적 심사대상이 됨은 밝혀두고자 한다. 물론 비용편익분석에 대한 심사 결과, 그 위법이 비용편익분석을 토대로 발령된 규제(행정행위)까지 위법하게 하여 이를 취소·무효로 이르게 하는지 여부는 또 다른 문제가 될 것이다.

Ⅱ. 비용편익분석에 대한 별도의 사법심사 기준 및 방법 정립 필요성

1. 종래 우리나라 판례의 태도 및 미국의 논의

가. 새만금 판결 이후 비용편익분석에 대한 사법심사를 구체적으로 한 4대강 판결, 주차장 판결에 의하면, 우리나라 법원은 비용편익분석에 대한 사법심사를 별도의 사법심사 기준을 마련하지 않고, 비례원칙 심사 또는 형량명령 원칙 심사로 귀결시키고 있음을 알 수 있다.

나. 미국에서도 종래 연방법원이 해당 규제법에 대하여 '약식 비용편익분석이 금지되는 단계' 내지 '약식 비용편익분석이 필수적인 단계'로 해석하는 데 머무를 때에는 비용편익분석의 특성(정량화·화폐가치화)을 크게 염두에 두지 않았다고 할 것이어서 별도의 사법심사 기준을 마련했다고 보기 어렵다.

그러나 연방법원이 '해당 규제법이 행정청에게 요구하는 비용편익분석의 정도'를 '약식 비용편익분석이 금지되는 단계' 내지 '약식 비용편익분석이 필수적인 단계'를 넘어 '정식 비용편익분석이 필수적인 단계'로 해석하는 흐름을 보이고 이에 따라 정식 비용편익분석을 실체적 심사를 하게 되는 것은, 곧 비용편익분석이 가지는 핵심 특성인 정량화·화폐가치화의 유용성을 인정하고, 행정청으로 하여금 이를 충실히 실시하도록 견제하겠다는 뜻으로 볼 수 있다.

이에 따라 연방항소법원에서 행정청에게 정식 비용편익분석을 요구하고, 행정청이 한 정식 비용편익분석을 실체적으로 심사하는 판결[Corrosion Proof Fittings 판결(1991), Business Roundtable 판결(2011)]을 선고하고, 연방대법원도 이에 동조하는 듯한 판결[Michigan

판결(2015)]을 선고하였는데, 특히 연방항소법원의 각 판결에서는 비용편익분석의 내용상 하자를 구체적·실체적으로 심사하였고, 그 하자를 이유로 바로 규제를 무효화하였던바, 적어도 위 각 판결에 따른 연방항소법원의 심사 태도는 기존 행정청의 재량판단에 대한 사법심사 방식에서 비용편익분석의 특성(정량화, 화폐가치화)을 고려한 독자적 심사 방식을 취했다고 평가할 수 있을 것이다.

2. 소결

가. '비용편익분석에 대한 별도의 사법심사 기준 및 방법'을 마련한다는 의미는 '비용편익분석의 하자로 인하여 행정청의 규제를 무효 또는 취소할 수 있는 기준 및 구체적 심사 방법'을 검토한다는 의미이다.

그러나 사법심사 기준의 설정을 '행정청-법원 간 역학관계'를 중심으로 논의하는 이상, 엄밀히 말한다면, '비용편익분석에 대한 별도의 사법심사 기준'이란 실상 존재하지 않고, '비용편익분석이 적용되는 사안에 대한 일반적 사법심사 기준'이 존재할 뿐이다. 행정청-법원 간 역학관계는 항고소송 대상인 규제의 재량권 일탈·남용 여부를 심사할 때든, 그 규제의 토대가 된 비용편익분석을 심사할 때든 동일하다고 봄이 타당하기 때문이다. 예컨대, 비용편익분석에 대하여는 행정청 판단을 존중하는 심사를 하였다가, 이후 재량권 일탈·남용 여부를 판단할 때에는 행정청 판단을 대체하는 심사를 하는 것은 상정하기 어려운 것이다. 앞서 살펴본 미국의 논의에서, 비용편익분석을 심사한 판례를 살펴보기 전에 행정청의 재량판단에 대한 사법심사 기준 일반론을 미리 검토한 이유도 비용편익분석에 대한 사법심사와 행정청의 재량판단에 대한 사법심사 기준이 같은 맥락에서 이루어지고 있음을 염두에 두었기 때문이다.

나. 다만, 이 책은 비용편익분석에 대하여 종래 형량명령 원칙 심사·비례원칙 심사를 하는 것의 한계를 문제의식으로 삼고, 비용편익분석을 어떻게 심사할 것인지 그 기준과 방법에 대하여 구체적이고 한정적으로 논의하는 것을 목표로 하고 있다.

종래 우리나라 법원이 비용편익분석에 대하여 취한 형량명령 원칙 심사·비례원칙 심사는 그 구조적·운용적 한계로 인하여, 법원의 판단 근거·과정에 대하여 명확히 알 수 없게 심사가 이루어질 가능성이 있거나 특정 분야에 대하여는 평면적으로 심사될 우려가 있으며, 형량명령 원칙 심사·비례원칙 심사는 규제의 이익·불이익에 대한 질적·정성적 평가여서 정식 비용편익분석에 대한 심사에는 적합하지 않다는 점을 이미 확인한 바 있다(제2장 제3절).

또한 우리나라의 규제영향분석, 예비타당성조사에서 정식 비용편익분석을 명시적으로 도입하고 있어, 향후 비용편익분석이 사법심사 대상이 될 경우, 그 정량적 특성을 고려하여 심사할 필요성이 있다고 할 것이므로(만약 약식 비용편익분석이 적용되는 사안이라면 형량명령 원칙 심사·비례원칙 심사로 충분하다), 연방항소법원 판례와 같이 비용편익분석의 정량적 특성에 주목하여 사법심사를 어떻게 할 것인지 그 기준과 방법을 세울 필요성이 대두된다.

그러므로 일단 비용편익분석에 대한 심사를 형량명령 원칙 심사·비례원칙 심사에서 분리시킬 필요가 있는 것이고, 이러한 맥락에서 사법심사 대상으로서 비용편익분석에 대하여 독립된 논의를 할 필요가 있으므로, 이 책에서는 이러한 문제의식 아래 비용편익분석에 대한 별도의 사법심사 기준 및 방법 정립 필요성이 있다고 보고 이를 정립하는 시도를 하고자 한다. 이러한 기준과 방법이 정립되면, '비용편익분석의 하자(만으)로 행정청의 규제를 무효 또는 취소할 수 있다.'는 법리도 확고해질 수 있을 것이다.

다. 비용편익분석에 대한 심사를 통과한다 하더라도, 행정청의 규제가 재량권을 일탈·남용하였는지는 다시 심사되어야 할 것이므로, 형량명령 원칙 심사·비례원칙 심사 또한 여전히 필요함은 밝혀둔다 (비용편익분석 심사→형량명령 원칙 심사·비례원칙 심사).

이는 비용편익분석과 대등한 지위를 가지는 환경영향평가에 대한 대법원의 사법심사 구조와 같다.

환경영향평가는 환경영향평가법에 따라 환경영향평가를 거쳐 환경가치(환경상 위험)를 고려하여 규제(행정행위)를 발령 또는 선택하도록 하는 의사결정도구이다. 그렇다면 환경영향평가는 경제성을 고려하여 규제(행정행위)를 발령 또는 선택하게 하는 비용편익분석과 그 고려 가치(환경가치 또는 경제적 가치)가 상이할 뿐, 규제(행정행위) 전에 이루어지는 의사결정도구라는 점에서는 같으므로, 환경영향평가와 비용편익분석은 같은 선상에서 대등하게 논의됨이 타당하다고 할 것이다. 실제로 우리나라 비용편익분석(규제영향분석)의 본류가 되는 미국에서는 국가환경정책법(NEPA)에 따른 환경영향평가(EIS)에 '인간 환경의 지역적 단기 사용과 장기적 생산성의 유지, 향상과의 관계'를 평가 요소로 규정하고 있다는 점을 고려하여(42 U.S.C. §4332), 환경영향평가를 비용편익분석의 관점에서 논의하기도 한다.[13]

대법원은 환경영향평가의 위법 여부가 문제된 사안에서, 환경영향평가의 절차상 위법·내용적 부실 여부를 심사하고, 위법이 없다고 판단한 뒤, 다시 환경영향평가를 거친 행정계획에 대하여 형량명령 원칙 심사에 나아가고 있다(환경영향평가 심사→형량명령 원칙 심사·비례원칙 심사).[14] 대법원이 환경영향평가에 대해서 어떻게 심사

---

13) Egan, M. Michael Jr., Cost-Benefit Analysis in the Courts: Judicial Review under NEPA, 9 Ga. L. Rev. 417(1974-1975)
14) 대법원 2015. 7. 23. 선고 2013두20806 판결[미간행]

하는지 구체적으로 살펴보면 다음과 같다.

환경영향평가의 사법심사에 대하여, 대법원은 '환경영향평가법에 따라 환경영향평가를 거쳐야 할 대상사업에 대하여 처분이 이루어진 경우 법원으로서는 먼저 ① 환경영향평가법에 따라 환경영향평가 절차가 제대로 진행되었는지 여부와 ② 환경영향평가절차가 제대로 진행되었다면 환경영향평가서를 기초로 환경영향평가의 내용이 부실한지 여부를 따져야 할 것이고, 만약 ③ 환경영향평가의 내용이 부실하다면 그 부실의 정도가 환경영향평가제도를 둔 입법 취지를 달성할 수 없을 정도이어서 환경영향평가를 하지 아니한 것과 다를 바 없는 정도인지 여부, ④ 그 부실의 정도가 환경영향평가제도를 둔 입법 취지를 달성할 수 없을 정도에 이르지 아니한 경우에는 그 부실로 인하여 당해 처분에 재량권 일탈·남용의 위법이 있는지 여부 등을 심리하여 그 결과에 따라 당해 처분의 적법 여부를 판단하여야 할 것이다.'[15]라고 하며 그 심사 기준과 방법을 형량명령 원칙 심사 또는 비례원칙 심사와 별도로 설시하고 있고, 위 법원의 심사 태도에 대한 여러 학자들의 비판적 논의[16]가 전개되어, 그 방법론이 발전해왔다.

그렇다면, 환경가치를 추구하는 환경영향평가에 대하여 이와 같은 별도의 심사 기준 및 방법이 마련된 것과 마찬가지로 경제성을 달성하고자 하는 비용편익분석에 대하여도 별도의 심사 기준과 방법을 논의하는 것이 불필요하다거나 무리하다고 할 수는 없을 것이다.

---

15) 대법원 2004. 12. 9. 선고 2003두12073 판결, 대법원 2006. 3. 16. 선고 2006두330 전원합의체 판결(새만금 판결), 대법원 2015. 12. 10. 선고 2012두6322 판결

16) 윤용희, 환경영향평가의 내용상 하자에 대한 사법심사의 방법, 저스티스 (2012); 최승필, 환경영향평가와 사법심사-환경영향평가의 하자에 대한 판례의 검토를 중심으로, 경제규제와 법 11권 1호(2018)

Ⅲ. 소결

행정소송의 대상은 비용편익분석을 토대로 발령·선택된 규제이지만, 비용편익분석이 사법심사의 대상이 됨은 물론이다. 새만금 판결 이후 4대강 판결, 주차장 판결에 의하면, 우리나라 법원은 비용편익분석에 대한 사법심사를 별도의 사법심사 기준을 마련하지 않고, 비례원칙 심사 또는 형량명령 원칙 심사로 귀결시키고 있다. 그러나 우리나라의 규제영향분석, 예비타당성조사에서 정식 비용편익분석을 명시적으로 도입하고 있고, 비용편익분석의 정량적 특성을 고려할 필요가 있으므로, 연방항소법원의 판례를 참고하고, 우리나라의 비용편익분석과 대등적 지위에 있는 환경영향평가에 대한 심사 구조에 비추어 버이, 비용편익분석의 정량적 특성에 주목하여 사법심사를 어떻게 할 것인지 그 기준과 방법을 종래 형량명령 원칙 심사·비례원칙 심사와 별도로 세울 필요성이 있다.

제4절 비용편익분석의 실시 여부 및 정도의 확정

Ⅰ. 종래 우리나라 판례의 태도 및 미국 논의와의 차별점

1. 종래 우리나라 판례의 태도 및 미국의 논의

가. 예비타당성조사가 실시된 4대강 판결을 제외하면, 새만금 판결, 주차장 판결은 규제영향분석, 예비타당성조사에 따른 비용편익분석이 실시된 사안이 아니어서 행정청에게 비용편익분석이 요구되었는지 여부가 명확하지 않았다. 그럼에도 새만금 판결, 주차장 판결

은 모두 행정청이 실시한 정식 비용편익분석을 심사대상으로 삼았는데, 법원이 해당 규제법 하에서 '행정청이 비용편익분석을 해야 하는지, 해야 한다면 어느 정도까지 해야 하는지'를 고민하였는지가 분명히 드러나지는 않는다.

나. 미국에서는 '해당 규제법이 행정청에게 요구하는 비용편익분석의 정도'가 법적 쟁점이 되어 왔고, 연방항소법원 및 연방대법원은 「① 약식 비용편익분석이 금지되는 단계(즉, 비용을 고려해서는 안 되는 단계) → ② 약식 비용편익분석이 필수적인 단계(즉, 정성적 평가로 충분하다는 단계) → ③ 정식 비용편익분석이 필수적인 단계(즉, 정량화를 해야 하는 단계)」를 구별하였다. 그리고 각 단계는 '비용편익분석의 규범적 지위' 또는 '비용편익분석에 대한 법원의 선호' 및 '법원의 역할론'과 관련됨을 확인할 수 있었다.

2. 우리나라와 미국의 법체계상 차별점 및 시사점

가. 우리나라에서 '해당 규제법이 행정청에게 요구하는 비용편익분석의 정도' 논의가 미국에 비하여 활발하지 않은 것은, 법체계상 불가피한 점이 있음을 지적하지 않을 수 없다.

미국의 비용편익분석은 개별 규제법 또는 행정명령에 따라 실시되는데, 규제에 보편적으로 적용될 수 있는 행정명령의 비용편익분석은 사법심사를 예정하고 있지 않다. 따라서 미국에서는 행정명령 이외에 '해당 규제법이 행정청에게 요구하는 비용편익분석의 정도'가 무엇인지 법원이 우선적으로 해석·확정할 필요가 있었다.

그러나 우리나라는 미국과 달리 행정규제기본법(규제영향분석), 국가재정법(예비타당성조사)을 통해 단지 행정청 내부적 효력을 가진 행정명령이 아닌, 규제의 기본법 차원에서 '정식 비용편익분석'을 명시적으로 도입하였고17), 이에 따라 주요 규제의 경우에는 정식 비용편익분석이 마땅히 실시된다. 따라서 미국의 행정명령과 달리 규제의 기본법으로서의 위상 및 효력이 분명하기에, 우리나라에서는 규제영향분석, 예비타당성조사가 실시되는 경우라면, 바로 규범적으로 행정청에게 정식 비용편익분석이 요구된다고 파악할 수 있고, 미국과 같이 해당 규제법의 해석을 통해 이를 확인할 별도의 필요가 없다.

나. 다만 우리나라에서도 규제영향분석, 예비타당성조사가 실시되지 않는 사안에 대해서는 미국과 같은 논의가 필요하다. 앞서 보았듯, 새만금 판결, 주차장 판결은 규제영향분석, 예비타당성조사에 따른 비용편익분석이 실시되지 않았음에도, 법원은 특별한 고민을 드러내지 않은 채 모두 행정청이 실시한 정식 비용편익분석을 심사대상으로 삼았다. 그러나 미국의 논의에서 알 수 있듯, 정식 비용편익분석을 사법심사 대상으로 삼기 위해서는, '비용편익분석에 대한 법원의 선호'가 어떠한지를 먼저 검토할 필요가 있다.

3. 소결

따라서 이하에서는 '해당 규제법이 행정청에게 요구하는 비용편익분석의 정도'를 확인하기로 하되, 이는 해당 규제법에 대한 해석을 전제로 하는 것이므로 우선 법 해석과 관련하여 비용편익분석의 실시 여부가 논의될 수 있는 법 문언을 파악하고(Ⅱ), 국회와 법원 간 역학관계를 중심으로 법원이 어떠한 법 해석 태도를 취해야 되는지 살펴본 후(Ⅲ), 다음으로 '비용편익분석에 대한 법원의 선호'를 검토

---

17) 국무조정실, 규제영향분석서 작성지침(2019), 45-54면; 예비타당성조사 운용지침 제43조, 예비타당성조사 수행 총괄지침 제13 내지 51조

하기로 한다(Ⅳ).

Ⅱ. 비용편익분석의 실시 여부

1. 비용편익분석이 요구되는 법 문언

가. 규제영향분석, 예비타당성조사가 적용되지 않는 사안의 경우, 우선 개별 규제법의 어떤 법 문언에서 비용편익분석의 실시 여부가 논의될 수 있는지 살펴볼 필요가 있다.

나. 연방대법원에서는 '실행가능(feasible), 필요(necessary, requisite), 적절(appropriate, adeqate), 최적가용(best availabe)' 등의 법 문언에 대하여 비용편익분석 요구 여부 해석이 문제되었고, 이 중에서 최적가용(best availabe)[Entergy Corp. 판결(2009)], 적절(appropriate), 필요(necessary)[Michigan 판결(2015)]에서 행정청에게 적어도 약식 비용편익분석을 해야 한다고 해석이 이루어졌다.

한편 연방항소법원은 '효율성, 경쟁, 자본 형성(efficiency, competition, capital formation)'이라는 법 문언에서 '행정청은 정식 비용편익분석을 하여야 한다.'는 해석을 도출해냈다[Business Roundtable 판결(2011)].

2. 새만금 판결 및 주차장 판결의 해석례에 대한 검토

가. 새만금 판결, 주차장 판결의 해석례

1) 새만금 판결은 구 농촌근대화촉진법에 따른 기본계획·시행계획에 특히 '사업효율 분석'이 포함되어야 하고, 구 공유수면매립법의

기본계획에서, 매립 면허신청의 경합 시 '공익상 및 경제상의 가치가 가장 큰 것'을 최선순위로 면허하여야 한다는 규정에서, 새만금 사업에 '정식 비용편익분석이 포함되어야 한다.'고 해석하고, 이에 따라 행정청의 정식 비용편익분석을 구체적으로 심사했다고 볼 수 있다.

2) 주차장 판결은 '주차장 사업에 있어 경제성 내지 효율성의 비교도 이익형량의 고려 대상에 포함된다.'고 하여 특정 토지를 노외주차장으로 도시계획시설결정을 하는 경우에는 비용편익분석이 원칙적으로 요구되는 것처럼 설시하였고, 이에 따라 행정청의 정식 비용편익분석을 구체적으로 심사하였다.

나. 새만금 판결 및 주차장 판결에 대한 검토

1) 특정 토지를 노외주차장으로 도시계획시설결정을 하는 경우 원칙적으로 비용편익분석이 요구된다는 주차장 판결의 위 법리는 섣불리 받아들일 수 없다.

형량명령 원칙에서의 이익형량은 약식 비용편익분석에 가깝다고 할 것이고 정식 비용편익분석과는 그 의미가 다르다고 할 것이므로, 형량명령 원칙으로부터 '행정청이 정식 비용편익분석을 해야 한다.'거나 '법원이 행정청의 정식 비용편익분석을 심사한다.'는 결론을 곧바로 도출하는 것이 가능한지는 보다 심도 있는 논의가 필요하기 때문이다. 또한 주차장 판결(과 주차장 판결이 인용하는 대법원 2006. 4. 28. 선고 2003두11056 판결)이 주차장 사업을 다른 사업과 차별을 두는 이유가 무엇인지 등에 대해서도 신중한 검토가 필요할 것이다.

2) 새만금 판결에서 해석의 대상이 된 '효율'과 '경제상의 가치'의 사전적 의미는, '들인 노력과 얻은 결과의 비율(효율)', '재물, 자원,

노력, 시간 따위가 적게 들면서도 이득이 되는 성질(경제성)'이라고 할 것인데, 모두 '이익형량'의 의미가 내포되어 있다. 그런데 우리나라는 비례원칙 심사 또는 형량명령 원칙 심사에서도 공익과 사익을 비교하므로, 위와 같은 문언이 존재하지 않아도 이익형량을 하게 된다. 따라서 만약 '효율', '경제상의 가치(경제성)'라는 문언을 그저 '이익형량'의 의미로 본다면 이는 비례원칙 심사를 강조한 것에 지나지 않을 것이다.

그러나 새만금 판결에서 대법원은 '효율'과 '경제상의 가치(경제성)'라는 문언에서 '행정청이 정식 비용편익분석을 하여야 한다.'는 해석을 도출하였는바, 이는 구 농촌근대화촉진법 및 구 공유수면매립 등에 따른 사업의 목적에 부합하기 위해서 위 문언의 의미로부터 목적적으로 '비용편익분석(정식)'의 의미를 도출하는 해석을 한 것으로 볼 수 있다.

이러한 해석 태도는 Business Roundtable 판결(2011)에서 '효율성'이라는 법 문언에서 '행정청은 비용편익분석을 하여야 한다.'는 해석을 도출해낸 것과도 일맥상통한다.

3) 그렇다면 적어도 새만금 판결에서 확인된 '효율', '경제성'이라는 문언이 적용되는 규제에 대해서는, '행정청이 비용편익분석을 해야 한다.'고 해석하여도 무리가 없다고 보인다. 아직 우리나라에는 미국의 사례에서와 같이 실행가능(feasible), 필요(necessary, requisite), 적절(appropriate, adeqate), 최적가용(best availabe) 등에서 비용편익분석 여부가 논의된 사안은 없었고, 이들의 의미에 비용편익분석이 요구되는지 여부는 신중하게 검토할 필요가 있으므로, 이 책에서는 새만금 판결에서 검토된 위 문언(효율, 경제성)에 한정하여, 비용편익분석이 실시되어야 한다는 점만 확인하기로 한다.

3. 향후 비용편익분석 사법심사가 예상되는 사안

가. 위 논의에 비추어 보면, 적어도 향후 다음과 같은 사안에서는 행정청에게 정식 비용편익분석이 요구된다고 할 것이고, 이에 대한 사법심사가 문제될 수 있다고 볼 수 있다.

나. 자연재해대책법에서는, 시장·군수·구청장은 대통령령으로 정하는 규모 이상의 자연재해위험개선지구 정비사업을 완료하였을 경우에는 그 사업의 효과성 및 경제성을 분석·평가하고, 그 결과를 시·도지사를 거쳐 행정안전부장관에게 제출하여야 한다고 규정하고(법 제15조의2 제1항) 위 효과성 및 경제성 분석·평가에는 1. 재해예방의 효과 및 지역발전 기여도 2. 예산 투자의 효율성 3. 사업계획의 타당성 및 공사의 적정성 4. 사업의 문제점 및 개선방안 5. 해당 지역 주민의 만족도 6. 그 밖에 시장·군수·구청장이 필요하다고 인정하는 사항이 포함되어야 한다고 규정하는바(자연재해대책법 시행규칙 제4조의2 제1항), 위 정비사업 관련 행정행위를 할 때 행정청은 비용편익분석을 실시하여야 할 것이다.

다. 대기환경보전법의 실천계획에는 대기보전을 위한 투자계획과 대기오염물질 저감효과를 고려한 경제성 평가가 포함되어야 하고(대기환경보전법 제19조 제1항, 같은 법 시행규칙 제18조 제1항 제5호), 대기환경보전법의 대기환경관리계획은 대기오염도를 저감하기 위한 투자계획과 경제성 평가 결과가 포함되어야 하는바(대기환경보전법 제21조 제1항, 같은 법 시행규칙 제22조 제5호), 위 실천계획, 대기환경관리계획 관련 행정행위를 할 때 행정청은 비용편익분석을 실시하여야 할 것이다.

라. 에너지이용 합리화법에 따라 산업통상자원부장관이 에너지다 소비사업자에게 개선명령을 할 수 있는 경우는 에너지관리지도 결과 10퍼센트 이상의 에너지효율 개선이 기대되고 효율 개선을 위한 투자의 경제성이 있다고 인정되는 경우로 한다고 규정하고 있으므로(에너지이용 합리화법 제34조 제1항, 같은 법 시행령 제40조 제1항), 위 개선명령 관련 행정행위를 할 때 행정청은 비용편익분석을 실시하여야 할 것이다.

Ⅲ. 법 해석 시 고려할 국회–법원 간 역학관계

1. 법 해석 최종권한에 관한 오해

대법원은, "구체적 분쟁사건의 재판에 즈음하여 법률 또는 법률 조항의 의미·내용과 적용 범위가 어떠한 것인지를 정하는 권한, 곧 법령의 해석·적용 권한은 사법권의 본질적 내용을 이루는 것이고, 법률이 헌법규범과 조화되도록 해석하는 것은 법령의 해석·적용상 대원칙이므로, 합헌적 법률해석을 포함하는 법령의 해석·적용 권한은 대법원을 최고법원으로 하는 법원에 전속하는 것"이라고 판시하면서,[18] 법 해석의 최종 권한이 법원에 귀속됨을 명시하였다.

그러나 법원에 의한 법 해석은, 다시 입법에 의하여 번복될 수 있는 것인 데다 국회에 의한 판결 내용에 대한 비판, 법관에 대한 탄핵 시도 등을 통한 정치적 반작용의 영향을 받을 가능성이 있음을 고려하면, '법원이 법 해석에 관한 최종적이고 완결적인 해석 권한을 가지고 있다(The courts have the final word).'는 명제는 실증적 관점에서

---

18) 대법원 2009. 2. 12. 선고 2004두10289 판결

오해임을 알 수 있다.[19]

2. 국회의 선호에 대응하는 법관의 법 해석 입장

가. 정치적 상황의 상정

법 해석이 법원의 최종권한이 아니고 국회 또한 법원의 법 해석 후 자신의 선호를 반영할 수 있는 주체임을 인정할 때, 법 해석 과정에서 문제되는 국회-법원 간 역학관계를 분석할 필요가 있다.

이를 위하여 다음 〈그림 6-1〉과 같은 상황을 상정해보기로 한다.[20] 종래 국회의 선호를 반영한 입법의 결과가 Q라고 하였을 때, Q가 그 당시에는 여당의 중도자(R1)와 야당의 중도자(O1)의 선호 사이에 위치하고 있었는데, 시간이 흐름에 따라 선호가 바뀌어 여당의 중도자(R2), 야당의 중도자(O2)가 모두 옮겨져, 현재는 〈그림 6-2〉와 같이 Q가 [R2, O2] 바깥에 위치하게 된 상황이다.

〈그림 6-1〉 종래 국회 선호[R1, O1]에 따른 입법 결과(Q)

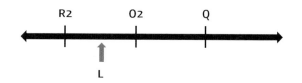

〈그림 6-2〉 현재 국회 선호[R2, O2]에 따른 새로운 입법(L)

---

19) 허성욱, 정치와 법 - 법원의 법률해석 기능에 대한 실증적 고찰에 관하여 -, 서울대학교 법학 46권 2호(2005), 346면

나. 법관의 세 가지 입장[21]

1) 순진한 문언주의자(Naive Textualist)는 현재 존재하는 법을 제정 당시 국회 선호에 가장 충실하게 해석한다는 입장이다. '순진한 (naive)'이라는 표현이 사용된 이유는, 법관들이 자신들의 법 해석이 정치적 생존 여부를 고려하지 않기 때문이다. 이에 따를 경우, 위 상황에서 법 해석의 결과는 Q일 것이다. 그러나 Q는 현재 국회 선호에 서 벗어나 있으므로 정치적으로 생존 가능하지 않아, 새로운 입법(L) 에 의하여 법원의 해석은 폐기될 것이다.

2) 정치적 고려를 하는 충실한 대리인(Politically sophisticated host agents)은 제정 당시 국회 선호를 반영하여 그에 가장 근접하게 해석 하려 하면서도, 현재의 국회 선호(정치 상황)에 비추어 법 해석의 생존가능성을 고려한다는 입장이다. 이에 따를 경우, 가장 이상적인 해석은 Q이지만 정치적으로 생존가능성이 없으므로, 최선의 선택인 O2를 선택할 것이다.

3) 적극주의적 정책결정자(Unconstrained policy advocate)는 법관 자신의 선호가 존재하고, 이를 현실화하려는 입장이다. 여기서도 법관은 자신들의 선호가 정치적으로 생존한지를 고려한다. 이에 따를 경우 법관은 [R2, O2] 범위 내에서 자신들의 선호에 가장 부합한 해

---

20) 그림은 Ibid, 364, 366면 및 John A.FerejohnBarry R.Weingast, A positive theory of statutory interpretation, International Review of Law and Economics Volume 12, Issue 2(1992), 268면에 나온 그림을 우리나라 현실에 맞게 수정한 것이 다. 구체적으로 위 각 문헌에서 하원(H), 상원(S)을 여당(R), 야당(O)으로 대체하였다.

21) 허성욱, 정치와 법 - 법원의 법률해석 기능에 대한 실증적 고찰에 관하여 -, 서울대학교 법학 46권 2호(2005), 361-365면

석을 할 것이다.

3. 법 해석 시 고려할 사항[22)]

과거 국회의 선호, 현재 국회의 선호, 법원의 입장을 모두 고려하여 도출되는 법원의 법 해석 결과와 그에 이은 현재 국회의 대응을 살펴보면, ① 최종적 법 해석의 결과는 국회, 법원의 상호작용에 의하여 달라진다는 점, ② 법원의 법 해석은 법관의 국회 선호 존중 여부 및 정도에 따라 달라진다는 점, ③ 과거 국회의 선호보다 현재 국회의 선호가 법 해석에 있어 중요하다는 점을 알 수 있다.

이러한 사정에 비추어 보면, 법 해석에 있어 '현재 국회의 선호를 고려할 필요가 있다.'는 규범적 단서를 얻을 수 있다. 이는 법관으로서는 '순진한 문언주의자'의 입장을 따를 경우, 그의 법 해석 결과(Q)와는 전혀 다른 결과(L)가 초래되고, 차후 비효율적 정치 과정(L의 입법과정)까지 거치게 된다는 점을 고려하면 특히 그러하다.

따라서 '현재 국회의 선호'를 고려하여, 현재 '비용편익분석에 대한 법원의 선호' 여부에 대하여 논의해볼 필요가 있다.

IV. 현재 법원의 비용편익분석에 대한 선호 여부

비용편익분석의 규범적 지위, 행정청-법원 간 역학관계가 각 시대별로 다르게 설정되고 논의됨에 따라 법원의 비용편익분석 선호가 시대별로 다르게 파악되었던 미국과 달리, 우리나라는 국회, 행정청이 정식 비용편익분석을 선호하고 있다는 결론을 큰 무리 없이 내

---

22) Ibid, 369-370면

릴 수 있고, 이에 따라 법원도 정식 비용편익분석을 선호하고 있다
는 결론을 내리는 데 별다른 지장이 없다. 이유는 다음과 같다.

첫째, 앞서 보았듯 미국과 달리 우리나라는 비용편익분석을 행정
명령이 아닌 기본법 차원에서 도입하였다.

이에 대하여 규제영향분석, 예비타당성조사 제도를 통해 비용편
익분석을 명시적으로 도입한 것이, 비용편익분석을 이들 영역에만
한정하여 적용한다는 취지일 수 있다는 의견이 있을 수 있으나, 규
제영향분석, 예비타당성조사의 적용 범위(외연)가 지니는 보편성에
비추어, 국회는 위 각 제도를 도입함으로써 일반적으로 경제성 평가
를 중요하게 여긴다는 인식 전환을 하였다고 봄이 타당하다.

그리고 위 각 제도의 도입 이후 우리나라 행정청은 정식 비용편
익분석을 실시하는 것이 낯설지 않고 실제로 지금도 많은 수의 정식
비용편익분석을 실시하고 있다.

둘째, 법원은 이미 행정청이 실시한 정식 비용편익분석을 심사대
상으로 삼고 있다. 이처럼 법원이 정식 비용편익분석을 선호하는 태
도는 주차장 판결에서 명확히 드러난다. 즉, 주차장 판결은 (그 결론
의 당부는 별론으로 하고) '주차장 사업에 있어 경제성 내지 효율성
의 비교도 이익형량의 고려 대상에 포함된다(1, 2, 3심).'거나, '경제
성 분석이 이 사건 처분의 가장 중요한 근거가 되었으므로, 주차장
사업의 경제성 내지 효율성에 대한 판단은 보다 엄격하고 정확한 사
실조사에 기초하여 이루어질 필요가 있다(2심).'는 취지의 설시를 하면
서, 행정청이 실시한 정식 비용편익분석을 실체적 심사를 하고 있다.

V. 소결

1. 법 문언이 명백한 경우

법의 문언이 명백한 경우라면, 법원은 이에 따르면 충분하다. 즉, 우리나라는 행정규제기본법의 규제영향분석, 국가재정법의 예비타당성조사에서 정식 비용편익분석을 의사결정수단으로 명시적으로 채택하고 있으므로, 이와 같은 경우 행정청은 정식 비용편익분석을 행할 의무를 부담한다고 해석하면 된다.

이와 달리 법이 비용편익분석을 금지한다고 명시하는 경우에는 행정청은 비용편익분석을 하지 않을 의무를 부담한다고 해석하면 된다.

2. 법 문언이 모호한 경우

행정규제기본법의 규제영향분석, 국가재정법의 예비타당성조사가 아닌 기타 규제법이 적용되는 경우, 행정청에게 요구되는 비용편익분석의 실시 여부 및 요구 정도가 어떠한지를 파악할 필요가 있다.

새만금 판결에서 보듯, 적어도 법 문언에 행정청의 규제에 '효율'과 '경제상의 가치(경제성)'가 요구될 때에는 '행정청이 비용편익분석을 하여야 한다.'고 해석함이 타당할 것이다.

그리고 이때 요구되는 비용편익분석의 정도는 현재 국회, 행정청, 법원의 비용편익분석에 대한 선호를 긍정적으로 파악하는 이상, '정식 비용편익분석'이라고 봄이 타당하다.

제5절 비용편익분석의 하자 유형

I. 종래 우리나라 판례의 태도 및 미국의 논의

새만금 판결, 4대강 판결, 주차장 판결에서는 비용편익분석의 내용상 하자가 공통적으로 문제되었고, 4대강 판결에서는 비용편익분석 자체의 누락이라는 절차상 하자가 추가로 문제되었다. 그러나 비용편익분석의 하자 유형을 분류하는 내용의 설시는 명확하지 않았다.

미국에서도 비용편익분석의 하자를 절차상 하자·내용상 하자로 분명히 구분지어 심사하지는 않았다.

II. 하자의 유형

비용편익분석과 대등한 지위에 있는 환경영향평가에 대해서 그 하자의 유형을, ① 절차상 하자, ② 실체적 하자(내용상 하자)로 나누고, ① 절차상 하자를 ㉠ 환경영향평가 자체의 누락, ㉡ 환경영향평가의 내부적 절차 누락 또는 하자(의견수렴 절차의 누락, 환경부장관과의 협의상 하자) 등으로 구분하여 논의하는 것이 보통이다.23)

이러한 하자의 유형을 참고하여, 비용편익분석의 하자 또한 ① 절차상 하자, ② 내용상 하자로 나누고, ① 절차상 하자를 ㉠ 비용편익분석 자체의 누락, ㉡ 비용편익분석의 내부적 절차 누락 또는 하자로 구분해 볼 수 있다. 각 하자에 대하여 법적 평가를 달리할 여지가 있

---

23) 최승필, 환경영향평가와 사법심사-환경영향평가의 하자에 대한 판례의 검토를 중심으로, 경제규제와 법 11권 1호(2018), 161-168면

으므로 구분의 의의가 있다.

이 중에서 ⓛ 비용편익분석의 내부적 절차 누락 또는 하자에 대해서 비용편익분석의 구조와 관련해 세부적으로 살펴볼 필요가 있다.

Ⅲ. 비용편익분석의 내부적 절차 누락 또는 하자

1. 비용편익분석의 구조

비용편익분석이 명시적으로 규정된 규제영향분석의 경우, 정책입안→규제영향분석서 작성→규제심사대상 여부 등 결정→입법예고→규제영향분석서 검증(비용편익분석 검증)→검증의견 종합→자체심사→규제심사의 절차로,[24] 예비타당성조사의 경우, 사업의 쟁점 파악→경제성 분석(비용편익분석)→정책성 분석(정량적, 정성적 분석)→지역균형발전 분석→계층화분석법(AHP)을 활용한 종합평가→정책제언의 절차로 이루어진다.[25]

규제영향분석, 예비타당성조사 이외의 '행정청이 비용편익분석을 하여야 한다.'고 해석되는 사안의 경우, 행정청이 수행해야 하는 절차는 해당 규제법에서 명시적으로 마련하고 있지 않은 이상, 구체적으로 명확하지 않으나, 규제영향분석·예비타당성조사의 절차를 참조하여 비용편익분석이 실시될 것을 기대할 수 있다.

---

24) 국무조정실, 규제영향분석서 작성지침(2019), 11면
25) 예비타당성조사 수행 총괄지침(기획재정부 훈령 제435호) 제6-12조

2. 규제영향분석의 입법예고(참여) 및 비용편익분석의
과정·근거의 공개(투명성) 누락 또는 하자

가. 행정청은 규제영향분석에 규정된 입법예고 기간 동안 국민에게 규제영향분석서를 공표하고, 의견제출 기회를 제공하여야 한다(행정규제기본법 제7조 제1, 2항). 이외에는 규제영향분석·예비타당성조사의 비용편익분석에 행정절차상 인정되는 참여26)가 특별히 규정되어 있지 않다.27) 이는 비용편익분석이 전문가에 의해 수행된다는 특성 때문이라고 볼 수 있다.

그러나 행정의 일반원칙으로 투명성 원칙이 규정되어 있고(행정절차법 제5조)28), 예비타당성조사의 경우 그 결과 공개가 규정되어 있으며(국가재정법 시행령 제13조 제5항), 비용편익분석은 전문가에

---

26) 현행 법률 체계 하에서 참여는 다음과 같은 의미로 사용된다. ① 일반국민의 일반적 정치적 의사형성에 대한 참여, ② 일반국민의 일정한 행정과정에 대한 '행정청과의 의견교환' 형식의 참여 ③ 일반국민의 특정한 행정분야 정책형성에 대한 일반적 참여, ④ 일반국민의 선거제도를 통한 입법기관, 행정청 형성에 대한 참여, ⑤ 일반국민 중 선출된 특정인의 위원회, 의회 등 자문·심의 및 의사결정에 대한 참여, ⑥ 당사자 및 이해관계인의 사법절차에 대한 참여, ⑦ 특정인의 특정 사업에 대한 참여[오준근, 참여행정과 행정절차-대한민국에 있어서의 행정현실과 공법이론을 중심으로, 공법연구 30집 5호(2002), 65면]. 여기서는, 행정절차상 참여를 논의하므로, 참여를 ②의 의미로 사용하기로 한다.
27) 환경영향평가에서 주민 등의 의견을 수렴하라고 명시적으로 환경영향평가법에 규정된 것과 명백히 구별되는 지점이다.
28) 행정절차법 제5조(투명성)
① 행정청이 행하는 행정작용은 그 내용이 구체적이고 명확하여야 한다.
② 행정작용의 근거가 되는 법령등의 내용이 명확하지 아니한 경우 상대방은 해당 행정청에 그 해석을 요청할 수 있으며, 해당 행정청은 특별한 사유가 없으면 그 요청에 따라야 한다.
③ 행정청은 상대방에게 행정작용과 관련된 정보를 충분히 제공하여야 한다.

의해 수행되므로 특히 그 과정이 선명히 공개되어야 비판과 심사가 가능한 점에 비추어, 행정청이 행하는 비용편익분석은 적어도 그 과정과 근거가 명확히 공개되어야 할 것임은 명백하다.

따라서 규제영향분석의 입법예고, 비용편익분석의 과정·근거의 공개 누락 또는 하자를 비용편익분석의 내부적 절차 누락 또는 하자로 볼 수 있다.

나. 비용편익분석에 있어서도 행정절차법에 규정된 참여(사전통지, 의견제출, 청문, 공청회, 기록열람 등)가 보장되어야 하는 것이 아닌가 하는 의문이 들 수는 있지만, 비용편익분석 자체를 행정행위로 보지 않고, 비용편익분석을 토대로 한 행정행위 발령 과정에서 이를 요구하면 충분하므로, 비용편익분석에 대한 사법심사를 논의하는 이 책에서는 이 부분까지 비용편익분석의 절차상 하자 유형으로 포섭하지는 않는다.

3. 비용편익분석의 기타 내부적 절차 누락 또는 하자: 내용상 하자로 포섭

앞서 살펴본 '규제영향분석의 입법예고, 비용편익분석의 과정·근거의 공개' 이외에 규제영향분석, 예비타당성조사에 요구되는 다양한 단계(절차)는 결국 비용편익분석의 완전성을 기하기 위한 것으로 이해된다. 따라서 예컨대 규제영향분석서를 작성할 때 비용분석위원회의 검증을 거치지 않았다거나 예비타당성조사에서 평가자 구성에 자격이 없는 사람을 포함시켰다든지(국가연구개발사업 예비타당성조사 수행 총괄지침 제35조) 하는 경우는 모두 비용편익분석의 내용상 하자로 보고 심사해도 충분할 것으로 보인다.

그러므로 이하에서는 이 부분 하자에 대하여 내용상 하자 부분에서 함께 검토하기로 한다.

제6절 비용편익분석의 절차상 하자에 대한 법적 평가

Ⅰ. 비용편익분석 자체의 누락

1. 종래 우리나라 판례의 태도 및 미국의 논의

가. 4대강 판결에서 대법원은 예비타당성조사를 누락한 경우에 대해서, '예비타당성조사를 실시하지 아니한 하자는 원칙적으로 예산 자체의 하자일 뿐, 그로써 곧바로 이 사건 각 처분의 하자가 된다고 할 수 없다.'고 판시하였다.

나. 한편, 비용편익분석과 대등한 지위에 있는 환경영향평가의 경우, 대법원은 '행정청이 반드시 환경영향평가를 거쳐 규제(행정행위)를 발령해야 하는 상황'에서, 환경영향평가를 누락하였다면 이는 위 규제(행정행위)의 무효사유에 해당한다고 하였다(대법원 2006. 6. 30. 선고 2005두14363 판결).

다. 연방대법원은 행정청(EPA)이 CAA §112(n)(1)(A)에 대하여 '비용을 고려하지 않는다.'는 입장을 취함에 따라 비용편익분석을 실시하지 않자, 위 법은 '비용편익분석을 실시해야 한다.'고 해석하여야 한다며, 행정청의 해석을 번복하였고, 행정청이 마련한 발전소 유해 대기오염물질 기준을 무효화하였다[Michigan 판결(2015)].

위 판결에 따르면 연방대법원은 비용편익분석 자체의 누락은 무효 사유로 파악하고 있다고 볼 것이다.

2. 비용편익분석 자체의 누락에 대한 법적 평가

앞서 본 미국의 논의, 환경영향평가에 대한 사법심사와의 형평 등을 고려할 때, 법에서 행정청으로 하여금 비용편익분석을 하도록 한 경우, 행정청이 비용편익분석을 누락하였다면, 행정청이 발령 또는 선택한 규제를 무효로 봄이 타당하다. 경제적 효율성·합리성을 달성하고자 법이 비용편익분석을 요구했음에도 행정청이 이를 누락한 것은, 법의 위반으로 위법한 것이고, 규제로 인한 비용 부담자, 편익 수익자의 이익을 근본적으로 침해하는 것이어서, 이는 그 입법취지를 달성하지 못하게 하는 것으로 '중대·명백한 하자'라 봄이 타당하기 때문이다.

따라서 4대강 판결이 예비타당성조사를 누락한 경우, 예산 자체의 하자로 한정하여 평가하며 각 처분의 취소사유로 보지 않은 것은, 타당한 결론으로 보기 어렵다. 구체적으로 대법원의 설시는 다음과 같은 이유로 받아들이기 어렵다.

① 대법원이 설시한 바와 같이 '예산이 1회계연도에 대한 국가의 향후 재원 마련 및 지출 예정 내역에 관하여 정한 계획'인 것은 맞지만, 국가재정법이 정한 예비타당성조사는 일반 예산을 대상으로 한 것이 아니고, 총 사업비가 500억 원 이상이고 국가의 재정지원 규모가 300억 원 이상인 신규 사업 중 특정 사업을 직접 대상으로 하여 실시하는 것이다. 따라서 예비타당성조사는 예산의 선정을 위한 절차만이 아닌 특정 사업의 경제성을 확보하기 위해서 실시되는 필수적 절차로 봄이 타당하다.

② 대법원은 예산이 책정되어 있지 않아도 규제가 이루어질 수 있고, 규제가 없어도 예산이 책정될 수 있어 이들을 독립 관계에 있

다고 한다. 대법원이 설시한 것처럼 예산 없는 규제가 발령되고, 규제 없는 예산이 편성되는 것이 이론적으로는 가능할지 몰라도, 국가재정법에서 예비타당성조사를 입법한 이유는 총 사업비가 500억 원 이상이고 국가의 재정지원 규모가 300억 원 이상인 신규 사업이 예비타당성조사에서 경제성이 없는 것으로 평가되는 경우, 예산을 편성하지 않음으로써 경제성이 없는 규제가 발령되지 않도록 하고자 함이다. 따라서 예산과 규제 관계는 독립 관계가 아니라 불가분 관계로 봄이 타당하다.

③ 대법원은 '예산은 관련 국가 행정청만을 구속할 뿐 국민에 대한 직접적인 구속력을 발생한다고 보기 어렵다.'고 하면서, 예비타당성조사를 실시하지 아니한 하자는 원칙적으로 예산 자체의 하자일 뿐, 그로써 곧바로 이 사건 각 처분의 하자가 된다고 할 수 없다고 하였다. 그러나 예비타당성조사의 비용편익분석은 앞서 보았듯, 규제로 인한 비용 부담자, 편익 수익자의 이익에 근본적으로 영향을 준다고 볼 수 있으므로, 예산 자체의 하자로 국한시키는 것은 부당하다.

Ⅱ. 비용편익분석의 내부적 절차 누락 또는 하자

1. 종래 우리나라 판례의 태도 및 미국의 논의

가. 대법원은 환경영향평가 중 공람·공고, 주민설명회 등 주민의견 수렴절차를 거치지 않은 채 이루어진 규제는 위법하고 취소사유에 해당한다고 판시한 바 있다(대법원 2011. 11. 10. 선고 2010두22832 판결).

나. 미국에서는 비용편익분석의 방법론 또는 가정 등에 대해서 보다 많은 정보를 제공할 것을 요구하는 일련의 판결이 선고되고 있다.

연방항소법원은 행정청(Federal Motor Carrier Safety Administration)이 비용편익분석을 거쳐 상업용 차량의 고속도로 운행 시간을 제한하는 내용으로 기존 규제를 수정하면서, 행정청이 사용한 방법론을 공개하지 않자, 위 방법론이 규제를 정당화하는 중요한 요소라는 점을 고려하여 이를 위법하다고 판시하였고,29) 또한 행정청(Department of Energy)이 할인율을 10%로 적용하였는데, 이는 규제정보관리실(OIRA)에서 추천하는 할인율이었음에도 그 산정 이유에 대하여 충분한 설명이 되지 않자, 그 잘못을 지적하기도 하였다.30)

2. 비용편익분석의 내부적 절차 누락 또는 하자에 대한 법적 평가

가. 규제영향분석의 입법예고 및 비용편익분석의 과정·근거의 공개가 누락되었다면, 이와 같은 하자를 담은 채로 발령된 규제에 대해서는 이를 위법하다고 할 것이고, 규제의 취소사유에 해당한다고 봄이 타당하다.

행정절차의 통제를 통해서 규제의 적법성을 확보하고자 하는 노력은 현대 행정법의 흐름일 뿐만 아니라, 적어도 법에 규정된 절차(입법예고)가 누락되거나, 투명성을 확보할 수 없다면 심사의 근간이 흔들리게 되기 때문이다. 이는 앞서 본 미국의 논의와 환경영향평가에 대한 사법심사와도 그 맥락을 같이 한다.

특히 '입법예고'란 입법 예정인 법률안의 취지와 주요 내용을 미

---

29) Owner-Operator Independent Drivers v. Fmcsa, 494 F.3d 188 (D.C. Cir. 2007), 193, 204-206
30) Natural Res. Def. Council, Inc. v. Herrington 768 F.2d 1355 (D.C. Cir. 1985), 1412-1414, 1419-1422

리 국민에게 알려 이에 대한 국민의 의견을 수렴하여 이를 해당 법률안에 반영하고자 하는 것으로, 규제안의 취지 및 주요 내용 또는 전문을 국민에게 널리 알리는 것을 의미하고, 이를 통한 의견수렴은 이해관계인들의 이익을 조정하는 기회가 될 뿐만 아니라 이론적으로는 민주성을 담보하는 과정이 되어 그 중요성이 적지 않다. 또한, '투명성'이란 비용편익분석에 대한 심사의 토대가 되는 것이기 때문에, 위와 같은 하자가 미치는 영향을 고려하면 독립적 취소사유로 보아도 무방할 것이다.[31]

    나. 다만 규제영향분석의 입법예고 및 비용편익분석의 과정·근거의 공개에 일부 하자가 존재할 경우에는, 그것만으로 바로 규제의 취소사유에 해당한다고 보기는 어렵다. 위 하자에 따라 입법예고·공개의 취지를 달성할 수 없다고 볼 수 없을 때에 한정하여 그와 같이 평가함이 타당할 것이다.

    이때, 입법예고·공개가 어느 정도로 이루어져야 그 취지를 달성할 수 있을지가 문제될 것인데, 최근 대법원에서 "행정청이 개발행위허가신청에 대한 불허가처분을 하면서 그 처분서에 불확정개념으로 규정된 법령상의 허가기준 등을 충족하지 못하였다는 취지만을 간략히 기재하였다면, 불허가처분에 대한 취소소송절차에서 행정청은 그 처분을 하게 된 판단 근거나 자료 등을 제시하여 구체적 불허가사유를 분명히 하여야 한다."고 설시[32]하며, 행정청에게 판단 근거나 자료 등의 제시의무를 부여하고 있는 취지를 고려하여, 적어도 행정청이 근거한 자료에 따라 행정청이 내린 결론이 과연 도출되는지 확인할 수 있을 정도로는 입법예고·공개되어야 한다고 봄이 타당

---

31) 현재 대법원은 행정절차의 하자에 대해서 독립적 취소사유라고 보고 있다 (대법원 2001. 5. 8. 선고 2000두10212 판결 등).
32) 대법원 2019. 12. 24. 선고 2019두45579 판결

할 것이다. 그래야만 그 과정과 내역의 당부에 대하여 제3자가 구체
적으로 검토할 수 있을 것이기 때문이다.

Ⅲ. 소결

법에서 행정청으로 하여금 비용편익분석을 하도록 한 경우, 행정
청이 비용편익분석을 누락하였다면, 이와 같은 하자를 가진 행정청
이 발령 또는 선택한 규제는 무효로 봄이 타당하다.

규제영향분석의 입법예고 또는 비용편익분석의 과정·근거의 공
개가 누락되었다면, 이와 같은 하자를 담은 채로 발령·선택된 규제
에 대해서는 이를 위법하다고 할 것이고, 규제의 취소사유에 해당한
다고 봄이 타당하다.

다만, 규제영향분석의 입법예고 및 비용편익분석의 과정·근거의
공개에 일부 하자가 존재할 경우에는, 위 하자에 따라 입법예고·공
개의 취지를 달성할 수 없다고 볼 수 없을 때(즉, 행정청이 근거한
자료에 따라 행정청이 내린 결론이 과연 도출되는지 확인할 수 없을
경우 정도에 이른 경우)에 한정하여 규제의 취소사유에 해당한다고
봄이 타당하다.

제7절 비용편익분석의 내용상 하자에 대한 법적 평가

Ⅰ. 종래 우리나라 판례의 태도 및 미국의 논의

1. 종래 우리나라 판례의 태도

앞서 살펴보았듯, 비용편익분석에 대한 사법심사를 함에 있어, 새만금 판결의 2, 3심, 4대강 판결의 1, 2, 3심은 '법원이 행정청의 판단을 대체하지 않고, 존중한다.'는 심사방식을, 새만금 판결의 1심, 주차장 판결의 1, 2, 3심은 '법원이 행정청의 판단을 대체한다.'는 심사방식을 채택하였음을 살펴보았는바, 각 판결의 심사 기준과 강도가 정돈되지 않고 있음을 알 수 있다.

특히 4대강 판결과 주차장 판결은 모두 각 처분이 행정계획임을 전제로 형량명령 원칙 심사를 하였음에도 그 심사 기준이 상이하였고, 결론이 달랐다.

2. 미국의 논의

미국에서도 마찬가지로 심사 기준과 강도가 일관되지 않는 평가도 있어 왔으나, 시대별로 법원의 비용편익분석에 대한 선호 변화와 더불어 행정청-법원 간 역학관계를 어떻게 설정하는지에 따라서 그 심사 기준을 다르게 채택하여 왔다고 볼 수 있다[엄격심사 원칙→Chevron 존중원칙→전면적 재심사 원칙]. 특히 최근 연방대법원은 연방항소법원의 종래 심사태도와 발맞추어 '행정청의 재량판단(비용편익분석)을 대체하여 판단한다.'는 실체적 심사방식을 취하고 있다고 평가된다[Corrosion Proof Fittings 판결(1991), Business Roundtable 판결(2011), Michigan 판결(2015)].

3. 소결

미국에서는 행정청의 재량판단(비용·편익분석)에 대한 사법심사 태도를 확정 짓는 논의를, 행정청-법원 간 역학관계라는 기관적 관점에서 주로 하여 왔고, 이에 따라 미국에서는 각 기관의 역할, 역량에 대한 논의가 활발히 있어 왔다. 반면 우리나라의 새만금 판결, 4대강 판결, 주차장 판결의 각 심사 기준과 강도가 각기 다르게 설정된 이유에 대해서 법원은 충분한 설명을 제시하고 있지 않다.[33]

따라서 이하에서는 미국의 논의가 이루어진 경위를 참고삼아, 우선 구체적 사법심사 기준의 양태를 확인하고(Ⅱ), 법원의 행정청 판단 대체가능성(Ⅲ)과 존중필요성(Ⅳ)을 각 검토하여, 행정청 판단 비대체-비존중 방식이 타당함을 논증한 뒤, 이러한 사법심사 기준의 실무적 운용의 구체적 모습을 제시하고자 한다(Ⅴ).

Ⅱ. 구체적 사법심사 기준의 양태 및 검토

1. 우리나라와 미국의 사법심사 기준의 분류

행정작용의 판단 권한에 대하여 법원에 힘의 무게를 둘 경우, '법

---

33) 유제민, 독립규제위원회의 판단에 대한 사법심사 기준 및 강도에 관한 연구, 서울대학교 박사학위 논문(2019), 214면(이 논문은 우리나라의 사법심사 기준 내지 강도 문제가 대상적격, 원고적격 등에 비해 충분히 논의되지 못한 점을 지적하고 있다)

원이 스스로의 판단으로 행정청의 판단을 대체'하는 방식의 사법심
사가 이루어질 것이고, 반대로 행정청에 힘의 무게를 둘 경우 '법원
이 스스로의 판단으로 행정청의 판단을 대체할 수 없고, 나아가 법
원은 행정청의 판단을 존중'하는 방식의 사법심사가 이루어질 것이
다. 그 중간은 '법원이 스스로의 판단으로 행정청의 판단을 대체할
수 없지만, 법원이 행정청의 판단을 존중하지는 않는' 방식의 사법심
사일 것이다.

〈표 15〉미국, 우리나라의 사법심사 기준 및 강도

심사 기준	약한 심사강도 (강한 존중) ←————→ 강한 심사강도 (약한 존중)		③ 행정청 판단 대체 사법심사
	행정청 판단 비대체 사법심사		③ 행정청 판단 대체 사법심사
	① 판단 존중	② 판단 비존중	③ 행정청 판단 대체 사법심사
미국	Chevron 존중원칙	엄격심사 원칙	전면적 재심사 원칙
우리 나라	재량행위		기속행위
우리 나라	-비대체적 영역 -미래예측적·정책적 영역 -구속적 가치평가 영역	그 외 영역 (실질적으로는 판단 대체 심사 논증 구조를 취한다는 지적이 있음)	기속행위

이처럼 행정청의 규제 당부에 대한 사법심사 기준 및 방법은, '법
원이 스스로의 판단으로 행정청의 판단을 대체할 수 있는지 여부'와
'행정청의 판단 존중 여부 및 정도'를 기준으로 그 단계를 나누어 볼
수 있다.

이러한 기준에 맞추어 우리나라와 미국의 사법심사 기준 및 방법

을 강도별로 나누어보면 위 〈표 15〉와 같다.[34]

2. 각 심사 기준의 양태

가. 행정청 판단 비대체-존중 방식(약한 심사강도)

행정청 판단 비대체-존중 방식은 '행정청의 공익판단에 관한 재량의 여지를 감안하여 법원이 독자적인 결론을 도출할 수 없고 행정청의 판단에 재량권의 일탈·남용이 있는지 여부만을 심리·판단할 수 있다.' 및 아울러 '행정청의 판단을 존중한다.'는 내용으로 정리할 수 있다.

이는 우리나라 대법원이 비대체적 영역, 미래예측적·정책적 영역, 구속적 가치평가 영역 등에서 취하고 있는 재량행위에 대한 사법심사 기준 및 방법이라고 할 것인데, 미국의 Chevron 존중원칙과 일맥상통한다. Chevron 존중원칙도 '(의회의 의도가 명백하지 않은 경우) 행정청의 판단이 법상 허용될 수 있는 것이라면 이를 존중하여야 한다.'는 것이기 때문이다.

나. 행정청 판단 비대체-비존중 방식(중간적 심사강도)

행정청 판단 비대체-비존중 방식은, '행정청의 공익판단에 관한 재량의 여지를 감안하여 법원이 독자적인 결론을 도출할 수는 없고 행정청의 판단에 재량권의 일탈·남용이 있는지 여부만을 심리·판단할 수 있을 뿐이다'는 내용으로 정리할 수 있다.

이는 우리나라 대법원이 비대체적 영역, 미래예측적·정책적 영역,

---

34) 미국의 사법심사 체계와 우리나라의 사법심사 체계는 다르므로, 이를 일률적으로 일대일 대응시킬 수는 없음은 물론이다.

구속적 가치평가 영역 이외의 영역에서 이론적으로 취하고 있는 재량행위에 대한 사법심사 기준 및 방법이고, 미국의 엄격심사 원칙에 대응된다. 엄격심사 원칙도 '법원은 자신의 판단으로 행정청의 판단을 대체해서는 안 되고, 행정청이 하는 행정행위에 대한 설명에 대하여 법원은 명백한 오류가 없는지를 심사한다.'는 것이기 때문이다.

다. 행정청 판단 대체 방식(강한 심사강도)

행정청 판단 대체 방식은 '법원이 사실인정과 관련 법규의 해석·적용을 통하여 일정한 결론을 도출한 후 그 결론에 비추어 행정청이 한 판단의 적법 여부를 독자의 입장에서 판정'하는 내용으로 정리할 수 있다.

이는 우리나라 대법원이 기속행위에 대하여 취하고 있는 사법심사 기준 및 방법일 뿐만 아니라 비대체적 영역, 미래예측적·정책적 영역, 구속적 가치평가 영역 이외의 영역에서 이루어지는 재량행위에 대하여 실질적으로 취하고 있는 사법심사 기준 및 방법이다. 이는 미국의 전면적 재심사 원칙과 비견되는데, 전면적 재심사 원칙도 '법원이 법적 쟁점에 대하여 행정청의 판단을 고려하지 않고, 자유롭고 독립적으로 법원 스스로 쟁점에 대하여 판단을 내리는 것'이기 때문이다.

3. 소결

가. 미국에서는 Chevron 존중원칙, 엄격심사 원칙, 전면적 재심사 원칙이 시대적 흐름에 따라 제시되었던 반면, 우리나라에서는 행정행위의 특성(재량행위, 기속행위) 또는 대상 사안의 특성(비대체적 영역, 미래예측적·정책적 영역, 구속적 가치평가 영역 등)에 따라 사

법심사 기준 및 방법이 다르게 제시되었던 차별점이 존재한다.

나. 비용편익분석에 따른 행정행위는 재량행위에 해당하므로, 우리나라 판례 법리에 따를 경우 법원이 '행정청의 판단을 대체'할 수는 없다고 봄이 타당하다. 비례입헌주의 관점에 의하더라도, 비용편익분석에 가치판단이 개입하여 비용편익분석이 적용되는 문제는 '조정 문제'에 해당하므로, 법원이 행정청의 판단을 대체할 수 없다는 결론이 도출된다. 그러나 주차장 판결에서 대법원은 행정청의 판단을 대체하는 식으로 엄격히 사법심사하는 태도를 취했고, 미국에서는 법원의 역할이 재조명되면서 전면적 재심사 원칙이 부상하고 있는바(Chevorn 존중원칙→전면적 재심사 원칙), 우리나라에서 비용편익분석에 대한 사법심사를 할 때, 법원이 '행정청의 판단을 대체'할 수는 없는지 상세히 검토할 필요가 있다(Ⅲ).

다. 비용편익분석이 활용되는 경우는 대체로 '미래예측적·정책적 영역'에 속할 가능성이 높으므로, 우리나라 판례 법리에 따를 경우 법원은 일응 '행정청의 판단을 존중'하여야 할 것이다. 새만금 판결의 2, 3심, 4대강 판결의 1, 2, 3심에서도 그와 같은 취지로 사법심사를 한 바 있다. 그러나 법원이 행정청의 판단을 대체할 수 없다고 하는 것이 사법심사를 포기한다는 의미는 아니고, 법원의 사법심사에 일정한 역할을 기대하여야 할 것인바, '행정청의 판단을 존중할 필요'가 있는지 구체적으로 살펴볼 필요가 있다.

비례입헌주의 관점에 따를 경우, 가치판단 문제에 대해서 차순위 권위자로서 법원은 행정청의 판단을 존중해야 한다는 결론까지 이르게 된다고 생각할 수 있으나, 비례입헌주의 관점에 의하더라도 적어도 사실 판단 문제에 대해서는 법원이 일정한 심사 역할을 해야 함은 부인할 수 없을 것이다. 그런데 앞서 본 바와 같이 비용편익분석의 핵심적인 단계는 사실에 기반(fact-based)하는 부분과 가치에 기반(value-based)하는 부분이 혼재되어 있으므로(제3장 제4절 Ⅲ. 1.), 비용편익분석에서 가치판단 문제와 사실 판단 문제를 구별하기란 실상 용이하지 않다. 미국에서도 종래 법 문제(questions of law)와 사실 문제(questions of fact)를 구별하여 전자에 대해서는 전면적 재심사 원칙을, 후자에 대해서는 엄격심사 원칙과 실질적 증거심사 원칙을 적용하고, 엄격심사 원칙은 약식 절차에, 실질적 증거심사 원칙은 정식 절차에 적용된다고 일반적으로 이해되었으나, 그 구별이 용이하지 않고 실제로도 혼용되고 있다는 점을 감안하여 현재는 그와 같은 식으로 사법심사 기준을 나누고 있지는 않다. 같은 맥락에서, 비용편익분석에 대한 사법심사 기준에 대하여도, 가치판단 문제와 사실 판단 문제를 나누어 그 기준을 정립하는 것은 사실상 어려우므로, 가치판단 문제에 관하여 유효한 비례입헌주의 논리를, 사실 판단 문제 또는 가치판단 문제와 혼재된 사실 판단 문제에까지 적용시킬 수는 없는 것이다.

또한 '비용편익분석에 진정한 가치판단이 개입되었는지' 여부도 면밀히 살펴볼 필요가 있다. 비용편익분석의 결괏값이 가치판단의 외양을 한 편의(bias)일 가능성이 있기 때문이다. 편의(bias)를 진정한 가치판단으로 평가할 여지도 있을 수 있으나,[35] 오류나 착오에 가까운 편의를 교정하여 비용편익분석의 진정한 취지(정량화를 통한 최선의 규제안 선택)를 달성할 필요가 없다고 할 수 없으므로, 편의를 인식하고 편의의 원인을 분석하여 교정하는 등 법원의 역할(사법심사)이 요구된다고 할 것이다. 따라서 비용편익분석에 가치판단이 개입한다는 명제만을 이유로, 법원이 곧바로 행정청의 판단을 존중해야 한다는 결론을 도출할 수는 없다.

---

35) 조홍식, 리스크 법 -리스크관리체계로서의 환경법-, 서울대학교 법학 43권 4호(2002), 43면

나아가 법원이 행정청의 판단을 존중한다는 결론을 도출하기 위해서는 비례입헌주의 관점과 같은 이론적·철학적 관점 이외에도 실증적인 근거가 필요하다. 만약 그러한 실증적인 증거가 없다면 '법원이 행정청의 판단을 존중해야 한다.'는 명제는 공허할 뿐이다.

그렇다면, 비용편익분석에 가치판단이 개입하여 법원이 차순위 권위자가 된다는 비례입헌주의 관점은 앞서 '법원이 행정청의 판단을 대체할 수 있는지' 여부에 대한 논의에 한정하는 것으로 하고, '법원이 행정청의 판단을 존중(까지) 해야 하는지'에 대해서는 이러한 관점에서 벗어나 실증적으로 접근하는 것이 타당할 것이다. 미국에서도 비용편익분석에 대하여 실체적 심사를 하고 있는 판례들이 있는바, 이러한 점을 참고하여 법원의 행정청 판단 존중 필요성에 대하여 검토하고자 한다(Ⅳ).

Ⅲ. 행정청 판단 대체가능성 여부

1. 비례입헌주의 관점

비례입헌주의는 여러 가지 소결론을 종합하여 내린 결론이라고 할 수 있다.36) 즉, 법적 문제는 가치판단이 개입된다는 점, 가치판단에는 객관적이고 중립적인 정답이 존재하지 않는다는 점, 국가구성원 사이의 도덕적 불확정성을 극복하여야만 국가가 통합·존속할 수 있다는 점, 그러므로 조정 문제는 어떤 방향이든 해결책(매듭)을 마련할 필요가 있다는 점, 민주주의는 조정 문제에 대해 민주적 정당성(정통성)이 큰 정치 영역에 맡긴다는 점, 법관은 선출되지 않아 민

---

36) 조홍식, 환경법의 해석과 자유민주주의, 법학 51권 1호, 서울대학교 (2010), 262면

주적 정당성이 약하고, 국민에 대하여 정치적 책임도 부담하지 않으
므로, 선거-국회-행정청으로 이어지는 민주적 정당성(정당성의 사
슬)[37]이 큰 정책이나 규제를 무효화하는 것은 부당하고, 따라서 법
원은 정치 과정에서 결정되지 않은 나머지 조정 문제를 해결해야 한
다는 점을 종합해 보면, 비례입헌주의라는 결론이 도출된다.

그렇다면 비례입헌주의 관점에서 볼 때, 민주적 정당성이 가장
덜한 법원이 상대적으로 민주적 정당성이 큰 국회나 행정청[38]의 의
사결정 - 특히 사회 선호를 판단하는 가치판단에 대하여 법원 스스
로의 판단으로 대체하는 방식의 사법심사는, 기본적으로 자제됨이
마땅하게 된다.

2. 국회의 의도

법원은 행정소송의 형태로 행정을 통제할 수 있을 뿐이므로, 권
력분립의 원리 하에서 국회가 행정소송법을 통해 행정청-법원 간 상
호 견제의 범위를 어떻게 명령하였는지, 국회의 의사를 확인할 필요
가 있다.[39]

비용편익분석은 그 형태와 모습이 법에 규정되어 있기는 하지만,
규정의 미비 또는 모호함 등으로 인하여 그 규범적 모습을 정확하게
확정하기 어렵고, 본질적으로 완벽한 비용편익분석이란 허상에 가
까운 것이므로, 이를 현행 법체계에 의하더라도 규범적으로 재단하

---

37) 유제민, 독립규제위원회의 판단에 대한 사법심사 기준 및 강도에 관한 연
   구, 서울대학교 박사학위 논문(2019), 51면
38) 행정청의 경우 '국민→의회→행정청(관료)'로 이어지는 민주적 정당성 계보
   에 따른다.
39) 최계영, 항고소송에서의 본안판단의 범위-원고의 권리침해가 포함되는지
   또는 원고의 법률상 이익과 관계없는 사유의 주장이 제한되는지의 문제를
   중심으로, 행정법연구 42권(2015), 124-126면

기란 용이하지 않다. 따라서 비용편익분석을 활용하는 행정청에 상당한 판단의 폭이 허용된다고 할 것이고, 비용편익분석 자체를 행정청의 재량판단이라고 볼 수 있다.

그런데 우리나라 행정소송법 제27조는 '행정청의 재량에 속하는 처분이라도 재량권의 한계를 넘거나 그 남용이 있는 때에는 법원은 이를 취소할 수 있다.'고 규정한다. 즉, 법원이 독자의 판단과 행정청의 판단이 불일치하는 경우 행정청의 판단을 모두 번복할 수 있는 것이 아니라 재량권 일탈·남용으로 인정되는 경우에 한하여 그러할 수 있다 하여 법원의 심사 권한을 제한한다. 따라서 행정청의 재량 범위 내 판단에 대해서 법원은 개입할 수 없고, 이를 법원의 판단으로 대체할 수 없다.

앞서 본 바와 같이 비용편익분석이 행정청의 재량판단이라고 한다면, 결국 위 규정의 취지에 따라 법원은 스스로 실시한 비용편익분석으로 행정청의 비용편익분석을 대체할 수는 없을 것이다.

이는 특히 사법심사가 문제되는 행정청의 '재량행위'란 그 의미 자체가 '법이 정한 행위요건이 충족된 경우, 행정청에게 행위를 할 것인지, 어떠한 행위를 할 것인지에 대하여 선택의 자유를 부여한 경우의 행정행위'임을 고려할 때, 재량 범위 내라면 어떠한 행위이든 모두 법적으로 등가치(等價値)한 것이라 할 것이어서, 그 당부에 대하여 법원이 그 판단으로 행정청의 판단(비용편익분석)을 대체하는 방식으로 심사하는 것은 재량행위의 의미를 퇴색하게 할 수 있다는 점에서도 그러하다.

3. 사법심사의 비경제성

법원이 스스로 독자의 입장에서 전면적으로 행정청의 판단을 대체하는 사법심사 방식은 시간과 비용이 상당히 많이 든다. 이는 신

속하고 경제적인 소송 진행 이념에 반한다.[40] 게다가 행정소송법에
는 법원이 행정청에 행정처분의 위법성 심리에 필요한 자료제출을
요구할 수 있는 근거 규정도 존재하지 않는바, 행정청 판단 대체 방
식을 위한 절차적 방법 또한 충분하지 않다.[41]

　나아가 법원의 사법심사는 소송의 형식을 통함에 따라, 정치·사
회적 문제를 당사자 간의 개별적 차원의 문제로 환원시키는데, 행정
청 판단 대체 방식의 사법심사를 할 경우, 사법심사의 기준이 명확
하거나 일관되지 않아, 재판부별로 유사한 사안에 대하여 다른 결론
이 나올 가능성이 있어 예측가능성이 낮아질 문제가 있다.[42] 무엇보
다 소송절차가 행정청 규제 단계에서 이루어지는 정치 과정보다 더
낫다는 보장도 없고, 더욱이 정치 과정에서 도출된 사회적 선호에
반발하는 이들이 소송절차를 통해 사회적 선호의 재정립을 노릴 수
있어, 마치 소송이 패자부활전으로 여겨질 우려도 있다.

---

40) 이영창, 환경소송에서 행정청의 재량에 대한 사법심사의 방법과 한계, 사
　법논집 49집(2009), 293면
41) 이에 따라 '행정소송법 전부개정법률안(2007. 11. 19. 정부 제출, 의안번호
　7827, 현재 임기만료폐기) 제28조(자료제출요구) ① 법원은 사건의 심리를
　위하여 필요하다고 인정하는 경우에는 결정으로써 당사자인 행정청이나
　관계 행정청에 대하여 해당 처분과 관련된 자료를 제출하도록 요구할 수
　있다. ② 당사자인 행정청이나 관계 행정청은 그 자료를 공개하는 것이 공
　공의 안전과 이익을 해할 우려가 있는 경우나 법률상 또는 그 자료의 성
　질상 비밀로 유지할 필요가 있는 경우 외에는 제1항에 따라 요구받은 자
　료를 제출하여야 한다.'는 개정안이 마련되어 있었다. 최계영, 법치주의
　구현을 위한 행정소송 심리절차의 강화, 서울대학교 법학 54권 4호(2013),,
　48-54면에서는 자료제출요구 제도 도입의 정당성에 대해서 자세히 검토
　하고 있다.
42) 박은정, 정치의 사법화와 민주주의, 서울대학교 법학 51권 1호(2010), 21면

4. 소결

따라서 이와 같은 비례입헌주의적 관점, 국회의 의도, 사법심사의 비경제성을 고려하면, 현재 우리나라 사법체계 하에서, 법원은 행정청이 행한 비용편익분석에 대한 심사를 할 때, 그 비용편익분석을 법원 스스로 행한 비용편익분석으로 대체할 수는 없고, 단지 재량권 일탈·남용 여부만을 심사할 수 있을 뿐이라고 할 것이다(행정청 판단 비대체 방식). 이러한 점에서 미국에서 현재 심사 기준으로 부상되는 전면적 재심사 원칙을 우리나라에 곧바로 적용할 수는 없음을 알 수 있다.

IV. 행정청 판단 존중필요성 여부

1. 권력분립의 원리(견제와 균형)

규제를 직접 발령하는 행정청과 그 구성원은 국민에 의해 직접 선출되는 것도 아니고, 국민에 대해 직접적으로 책임을 지지도 않으므로, 행정청이 국회 또는 대통령의 감시와 감독을 받는다 하여 그 민주적 정당성이 연결된다고 보는 것은 의제적이라는 비판이 가능하다.[43]

또한 국회가 행정청에게 재량판단 권한을 최종적으로 위임하였다고 볼 수 없고, 그에 대한 논리적 근거도 부족하다는 비판도 가능할 뿐만 아니라,[44] 권력분립 원리가 근본적으로 추구하는 '견제와

---

43) Cass R. Sunstein, Beyond Marbury: The Executive's Power To Say What the Law Is, 115 Yale L.J. 2580(2006), 2587면

44) Evan J. Criddle, Chevron's consensus, 88 B.U. L. Rev. 1271 (2008), 1285면

균형'은 법원의 행정통제의 범위 및 수준을 적절히 설정할 때 비로소 가능해진다. 행정의 정치적 책임성이란, 행정이 주권자인 국민에게 행정의 내용 및 정당성을 설명한 후, 이를 평가받는 것을 의미하는 것인데[45], 이와 같은 책임성은 행정에 대한 통제를 통해 실제로 구현되는 것이고, 그 방법으로 법원에 의한 외부적 통제인 사법심사가 예정되어 있는 것이다. 따라서 법원은 행정청의 민주적 정당성 또는 정치적 책임성만을 이유로, 행정청이 발령한 규제를 그저 존중할 수만은 없다.

행정작용은 결국 법치행정의 원리에 따라 이루어져야 하고, 국민의 기본권을 제약하는 규제의 경우에는 반드시 법적 근거가 필요하며, 행정청에게 재량이 보장된다 하더라도 법치국가 원리를 위반하는 경우에 사법 통제가 이루어져야 함은 마땅하다. 따라서 법원에 민주적 정당성이 부족하더라도, 입헌민주주의 체제 하에서 사법권이 입법권-행정권과 별도로 존재하는 취지를 고려하여, 법원이 국가기관으로서 제 역할을 찾고 이를 수행할 필요가 있다고 할 것이다. 사법의 본질이 국민의 기본권을 보장하고 헌법적 가치를 수호함에 있고, 법원은 당사자의 법적 분쟁을 최종적으로 해결하고, 이들을 둘러싼 이해관계인들의 사회적 갈등 역시 종국적으로 해결하는 역할을 수행하는 것임을 고려하면 더욱 그러하다.[46]

2. 행정청의 전문성에 대한 실증적 반박

행정청의 재량판단을 존중할 필요가 있다는 주장의 근거로 가장

---

45) 유제민, 독립규제위원회의 판단에 대한 사법심사 기준 및 강도에 관한 연구, 서울대학교 박사학위 논문(2019), 52면
46) 대법원 2018. 6. 21. 선고 2011다112391 전원합의체 판결의 대법관 김신의 반대의견에 대한 보충의견

큰 지분을 차지하는 '행정청의 전문성'은, 추상적이고 이론적 차원에서 이를 인정할 수 있는 것이 아니고, 실증적 차원에서 증명될 필요가 있는 행정청의 기능론적 역량이다. 그러나 비용편익분석에 대한 미국이나 우리나라의 실태를 보면, 과연 행정청에게 전문성이 실제로 있는지에 대한 강한 의문이 든다.

비용편익분석에 대한 사법심사를 자제하는 것이 타당하다는 견해를 취하는 Cass Sunstein도 만약 행정청이 수많은 실수를 저지르고 법원이 그렇지 않은 경우라면, 사법심사를 강하게 하는 것이 마땅하다고 하는바, 결국, 행정청이 실수를 저지를 확률(the likelihood of agency error)과 사법적 교정의 확률(the likelihood of judicial correction)을 실재적으로 검토할 필요가 있다.[47]

그런데 앞서 보았듯, 미국의 비용편익분석도 그 수준이 높지 않음이 실증적으로 확인되고 있고, 우리나라의 경우도 마찬가지이다.

우리나라의 2001. 4.부터 2006. 12.까지 중요규제 239개, 2007년 중요규제 328건, 2008년 중요규제 159건에 대하여 작성된 규제영향분석서 중 비용편익분석 수준을 분석한 결과는 다음 〈표 16〉과 같다.[48]

〈표 16〉에서 알 수 있듯, 우리나라 비용편익분석의 '규제대안의 검토', '비용항목 확인', '비용분석(측정)', '편익분석(측정)', '할인율의 활용', '불확실성의 고려', '배분적 정의' 각 평가항목에서 부정적 평가가 대부분을 이루고 있다. 우리나라 비용편익분석은 비용과 편익을 제대로 분석하거나 검토하지 못하고 산정의 근거 또한 단순하며,

---

47) Cass R. Sunstein, Cost-Benefit Analysis and Arbitrariness Review, 41 HARV. ENVTL. L. REV. 1 (2017), 11면

48) 김태윤, 정재희, 허가형, 한국 정부의 규제영향분석의 수준 -평가틀의 도출 및 평가 결과-. 규제연구 17권 2호(2008), 155면; 여차민, 정부 규제영향분석 실태 및 제도 개선과제, 국회예산정책처(2010), 9면; 국회예산정책처, 2008년 정부 규제영향분석서 평가(2009), 국회예산정책처, 2007년 정부 규제영향분석서 평가(2008)

계량화할 수 있는 비용과 편익조차 정성적으로 서술하면서, 단순히 정성적으로 서술한 뒤, 만연히 비용보다 편익이 크다고 결론짓는 양태가 발견된다. 또한 추정된 비용과 편익을 현재가치로 할인하는 과정을 거치지 않아 장기간에 걸친 규제 영향을 고려하지 않고 있으며, 배분적 정의 또한 고려되지 않는 것으로 보인다.[49]

〈표 16〉 연도별 비용편익분석의 항목별 평가 수준

(단위: %)

항목	내용	평 가 척 도		평가대상 연도		
		2001~2006	2007, 2008	2001~2006	2007	2008
규제대안 검토	무규제 대안을 포함한 규제대안을 구체적으로 충실하게 비교하고 있는가?	잘함	모두검토	1.4	1.8	3.1
		보통	일부검토	12.9	7.9	13.8
		못함	검토안함	85.7	90.2	83.0
비용항목 확인	규제비용을 기회비용의 차원에서 가능한 한 모두 구체적으로 상세하게 확인하고 있는가?	-	적절	-	11.9	18.2
		-	미흡	-	88.1	81.8
비용 분석 (측정)	최대한 많은 데이터와 근거 자료를 활용하여 적절하고 상세하게 비용을 추정하고 있는가?	잘함	적절 (계량적)	9.8	7.9	12.6
		보통	적절 (정성적)	12.9	7.9	2.5
		못함	미흡	68.3	84.2	84.9
		해당없음	-	9.1	-	-
편익 분석 (측정)	최대한 많은 데이터와 근거 자료를 활용하여 적절하고 상세하게 편익을 추정하고	잘함	적절 (계량적)	8.0	5.5	8.8
		보통	적절 (정성적)	10.5	12.5	2.5

---

49) 김태윤·정재희·허가형(2008), 한국 정부의 규제영향분석의 수준 -평가틀의 도출 및 평가 결과-. 규제연구 17권 2호(2008). 156면

	있는가?	못함	미흡	72.8	82.0	88.7
		해당없음	-	8.7	-	-
할인율의 활용	할인율이 일관성 있게 적용되고 있으며 화폐화 항목 뿐만 아니라 물리적 가치에도 적용되고 있는가?	잘함	적절	0.0	1.8	1.9
		보통	미흡	4.5	39.9	1.9
		못함	-	20.2	-	-
		해당없음	해당없음	75.3	58.2	96.2
불확실성 고려	규제도입의 필요성 및 집행, 그리고 그 효과와 관련된 '주요한 불확실성'이 의사결정에 충실하게 반영되고 있는가?	잘함	적절	0.3	1.5	0.0
		보통	미흡	14.3	24.4	12.6
		못함	-	60.3	-	-
		해당없음	해당없음	25.1	74.1	87.4
배분적 정의	규제의 도입에 따른 '분배적 영향이 명백하거나 주요한 경우', 그 영향의 정도를 충실히 검토하고 있는가?	잘함	적절	0.0	0.9	1.3
		보통	미흡	10.1	39.0	18.2
		못함	-	57.1	-	-
		해당없음	해당없음	32.8	60.1	80.5

이에 따라 우리나라 비용편익분석의 낮은 수준에 대한 비판이 많고, 비용편익분석의 부실성, 형식화는 끊임없이 지적되고 있는 형편이고,[50] 현재 비용편익분석은 의사결정수단으로 인식되지 않고 요식적인 행정절차로만 인식되고 있는 실정이다.[51]

---

50) 윤현진, 규제행정법과 비용편익분석 - 미국에서의 논의를 중심으로, 이화여자대학교 박사학위논문(2015), 16면; 김유환, 행정법과 규제정책, 법문사(2012), 89면; 윤성일, 환경부문 규제영향분석제도의 운영개선에 관한 연구, 서울대학교 행정대학원, 석사학위논문(2007), 34-35면; 허성욱, 위해식품관리에 있어서 사전예방의 원칙과 비용편익분석, 환경법연구 29권 3호(2007), 468면; 여차민, 정부 규제영향분석 실태 및 제도 개선과제, 국회예산정책처(2010), 8면
51) 여차민, 정부 규제영향분석 실태 및 제도 개선과제, 국회예산정책처(2010),

2019년 입법예고된 876건의 규제영향분석서를 대상으로 실시된 조사에서도 마찬가지임은 앞서 본 바와 같다.[52] 정량적 분석보다 정성적 분석이 대부분이고, 편익의 정량화는 제대로 이루어지지 않으며 측정값에 상당한 편차가 존재하고, 비용은 과소평가되는 경향이 발견되는 등 문제가 있음이 확인되고 있다.

이러한 현실 속에서 비용편익분석에 대한 사법심사를 행정청의 전문성을 근거로 규제가 전문적·기술적 판단 영역, 정책적·미래예측적 판단 영역, 계획재량 영역, 비대체적 결정 영역에서 이루어졌다는 이유만으로 행정청의 비용편익분석을 존중한다는 결론에까지 이른다는 것은 무리가 아닐 수 없다.

3. 법원의 역할 재조명

가. 민주주의(투표, 다수결 원리)의 보완 및 법치주의의 실현

1) 콩도르세 역설(Condorcet's paradox), 애로우의 불가능성 정리(Arrow's Impossibility Theorem)는 투표, 다수결 원리만으로는 사회 구성원의 통일된 선호라는 '공익'을 발견하거나 이렇게 획정된 공익을 통해 '자원 배분의 효율성'을 성취해내는 결론을 단순히 도출해낼 수 없음을 알려 준다.[53] 게다가 실제 현실에서 이루어지는 투표, 다수결 원리에 의해서는 소수 의견이 무시되거나 경시될 수밖에 없는 구조적 한계를 지니는데, 법원의 사법심사는 공익의 올바른 획정, 소수

26면

52) 최성락, 이혜영, 규제영향분석서 비용편익분석 부문의 실태에 관한 연구, 규제연구 29권 1호(2020), 28-30면

53) 허성욱, 공공선택이론과 사법심사에 관한 연구 - 사법심사의 준거기준으로서 공공선택이론의 함의에 관하여 -, 서울대학교 대학원 법학과 박사학위(2008), 62-66면, 154-164면

의견 보호 역할을 수행함으로써 민주주의를 보완할 수 있다.[54] 즉, 투표, 다수결 원리에 의한 정치 과정에서 결정된 규제나 정책이 완전한 정답이 아니라는 전제에서, 법원의 사법심사가 개재되어 왜곡된 사회적 선호를 바로잡거나 진정한 사회적 선호를 찾을 수 있고, 다수의 이름으로 일어날 수 있는 개인의 자유 혹은 개인의 자치에 대한 침해 또한 막을 수 있으므로, 법원의 사법심사는 진정한 민주주의 원리에 부합하는 제도적 장치라고 할 수 있다.

무엇보다 사법심사는 국가작용 중에서도 사회 구성원의 생활에 직·간접 영향을 크게 미칠 수 있는 행정권을 적절하게 통제하고 법치주의의 실질적인 내용을 구현한다는 점에서, 법원의 역할을 소극적인 것에 한정할 이유는 없다. 입헌적 법치주의 국가의 기본원칙은 어떠한 국가행위나 국가작용도 헌법과 법률에 근거하여 법의 지배 원칙에 따라 그 테두리 안에서 합헌적·합법적으로 행하여질 것을 요구하고, 이러한 합헌성과 합법성의 판단은 본질적으로 사법의 권능에 속하는 것이다.[55]

따라서 법원이 사회 상호작용을 안정화하기 위하여 제정된 법의 의미를 구체화하여 현실적으로 적용하고, 이를 집행하는 행정작용의 정당성 여부를 판단하는 것은, 민주적 담론을 통하여 국가와 법에 권력과 강제력을 부여하는 데 동의한 시민에게 있어 그들의 자유와 권리를 실질적으로 보장받을 수 있게 하는 필수불가결한 제도적 장치이기도 하다. 결론적으로, 법원의 사법심사는 민주주의를 보완하고, 법치주의를 실현하기 위하여 필요하다.[56]

---

54) 대법원 2018. 11. 1. 선고 2016도10912 전원합의체 판결, 헌재 2018. 6. 28. 2011헌바379 등, 헌재 2008. 11. 27. 2007헌마1024
55) 대법원 2010. 12. 16. 선고 2010도5986 전원합의체 판결, 대법원 2011. 4. 21. 자 2010무111 전원합의체 결정
56) Pierre Rosanvallon, Counter-Democracy. Politics in an Age of Distrust, Cambridge University Press(2008), 230면 이하

2) 이러한 법원의 행정통제 역할은 이익집단의 존재와 활동을 고려하면 더욱 필요하다고 할 것이다. 이익집단은 늘 존재했고, 사적 정부(private government)라고 불릴 정도로 사회에 많은 영향을 미친다.57) 정치 과정에서의 의사결정은 각자 자신들의 이익(self-interest)을 추구하는 정치주체들이 여러 가지 형태의 이익집단을 만들어서 자신들의 이익을 달성하는 과정에서 이루어지므로(이익집단이론), 이익집단이 옳거나 혹은 그르다는 당위적 판단보다는 이익집단은 언제나 존재하고, 다양한 방식으로 정치과정에 영향을 미치며 입법-행정에 대한 수요를 표출한다는 점을 현실적으로 파악할 필요가 있다.

이익집단 이론에 의하면, 정부규제는 수요와 공급 법칙의 지배를 받는 일종의 상품이다. 즉, 정치 주체 사이의 수요, 공급에 따라 균형이 형성되고 그 균형점에서 규제가 성립된다. 국회와 행정청은 가장 높은 가격을 지불하는 수요자에게 규제라는 상품을 공급한다. 수요자 측면에서는 예컨대 1,000원의 이익이 되는 규제를 얻기 위해 1,000원보다 적은 비용으로 이익집단 조직이 가능하면, 규제에 대한 수요를 현실화할 수 있다.

다만 이와 같이 수요와 공급의 일치에 따른 균형적 규제수준이 반드시 사회 선호에 부합하는 것이라는 보장은 없다. 이익집단은 국회 또는 행정청에 자신들의 정치적 지원을 제공하는 대가로 자신들에게 유리한 규제를 얻기 위해 노력한다. 이러한 과정 속에서 규제나 정책은 분산된 다수의 이익을 집중된 소수에게 이전하는 경로(avenue)가 된다.58) 다수의 분산된 이익집단(환경·건강과 관련한 사회 구성원, 시장에서의 소비자집단 등)은 무임승차 해결 비용이 많이

---

57) Arthur S. Miller, Separation of Powers: An Ancient Doctrine under Modern Challenge,, Administrative Law Review Vol. 28, No. 3(1976), 306면
58) 허성욱, 경제규제행정법이론과 경제적 효율성, 서울대학교 법학 49권 4호 (2008), 669면

들어, 적극적이고 효율적이며 조직된 소수집단(기업, 전문가 협회, 노동조합 등)의 반대를 극복하기 어렵기 때문이다. 이에 따라 분산된 다수 이익이 정치 과정에서 과소 대표되고, 사회 전체적으로 비효율적인 자원 배분이 이루어질 수 있다.

이러한 결과는 민주주의 방식에 따른 결론이 오히려 사회 구성원의 일반 이익에 반하는 경향이 있음을 알려준다. 따라서 이익집단의 부당히 과다한 영향력 행사를 규제할 필요가 있는데, 이러한 역할을 담당할 수 있는 것이 법원의 사법심사이다. 이익집단에서 특정 규제를 구매하였더라도 법원에 의하여 실체 심사될 경우, 사회 전체의 자원 배분을 보다 효율적으로 달성할 수 있는 길이 열릴 수 있다.

나. 인간의 불합리성으로 인한 비합리적 규제 교정 필요성

1) 경제학자들과 이들의 영향을 받은 법학자들은 합리적 인간 모델(rational actor model)을 사용한다. 합리적 인간 모델에 따르면 최적의 의사결정이 자유 시장에서 선택된다고 한다.

그러나 행동공공선택이론은, 사회 구성원인 인간이 가지는 지식·정신적 한계와 인식·감정의 편향으로 인해 인간의 사고가 편견과 휴리스틱의 영향을 받아, 불완전하고 불합리할 수 있음을 알려준다.[59]

행동공공선택이론의 중요한 발견은 '정치참여자(political actor)는 시장참여자(market actor)로서 행동할 때보다 합리적으로 행동할 유인이 적다.'는 점이다. 민주주의는 투표와 다수결 원리를 핵심으로 하는데, 사회 구성원 1인이 가지는 1표는 대세에 영향이 없어 선거

---

59) Gary M. Lucas Jr., Slaviša Tasić, Behavioral Public Choice and the Law, 118 W. Va. L. Rev. 199 (2015), Viscusi, Kip and Gayer, Ted, Behavioral Public Choice: The Behavioral Paradox of Government Policy, MERCATUS WORKING PAPER(2015)

를 진지하게 생각할 이유가 별로 없다. 또한 어떤 투표자들, 정치가들, 관료들은 자신들의 결정에 따른 비용과 편익이 대개 자신이 아닌 다른 이들에게 부과될 수 있음도 잘 알고 있으므로, 이들이 하는 선택의 무게감은 낮아질 수밖에 없다. 이러한 이유로 인해 정치참여자들이 합리적으로 행동할 유인이 특별히 없게 되고, 정치 영역에서는 비합리성이 만연할 수 있다.

이와 같이 만약 사회 구성원들이 합리적으로 행동했다면 이루어지지 않았을 규제가 정치 영역의 비합리성으로 인하여 이루어지기도 하는데, 비합리적 규제가 최적의 선택이 아님은 명백하다. 이러한 비합리성을 교정하는 방법으로 관료와 전문가에 의존하는 방법도 상정할 수 있으나, 관료와 전문가는 정치 논리를 외면할 수 없고, 권한 남용의 가능성도 있어 그로 인해 비합리성이 여전히 잔존할 우려가 있다. 따라서 이들에 대한 통제 수단으로 의도적으로 민주주의 원리가 적용되지 않는 영역으로 남겨진 법원의 사법심사가 제 역할을 할 필요가 있다.[60]

2) 이는 특히 비용편익분석에 대한 심사에서 의미가 있다. 예컨대, 비용편익분석에서 편익을 측정하는 방법으로 자주 사용되는 조건부 가치측정법(CVM)을 통해 도출된 결괏값이 사회구성원의 진정한 '선호' 또는 '가치판단'인지, 아니면 응답자의 문제 인지(認知) 과정에서 발생된 '편의(bias)'인지는 구별할 필요가 있다. 전자라면 법원이 그 선호와 가치판단에 대하여 내용적으로 심사하는 것은 어렵다 할지라도, 후자라면 법원이 그 오류를 교정하는 역할을 수행할 필요가 있기 때문이다.

---

60) 허성욱, 공공선택이론과 사법심사에 관한 연구 - 사법심사의 준거기준으로서 공공선택이론의 함의에 관하여 -, 서울대학교 대학원 법학과 박사학위(2008), 193면

조건부가치측정법(CVM)에는 다음과 같은 편의가 발생할 수 있다.[61]

첫째, 오류적 응답 동기로 인한 편의(Biases due to incentives to misrepresent responses)가 있을 수 있다. 이는 응답자가 여러 동기에 의하여 의도적으로 자신의 진정한 지불 의사를 표명하지 않을 때 나타난다. 자신의 이익을 추구하고자 하는 동기(전략응답 편의), 설문조사 스폰서의 기대에 부합하고자 하는 동기 또는 조사원에게 기쁨을 주게 하거나 자신이 낮게 비춰지지 않으려는 동기(순응 편의)가 있을 수 있다.

둘째, 가치의 유추로 인한 편의(Biases due to implied value cues)가 있을 수 있다. 이는 최초 제시되는 출발점에 구애되는 편의(출발점 편의), 제시되는 구간에 구애되는 편의(구간 편의), 응답자가 평가대상에 대한 정보를 자신의 효용에 영향을 미치는 관련 재화와의 관계에 대한 정보로 받아들일 때 발생하는 편의(관계 편의), 응답자가 평가대상이 조사대상이라는 것만으로 중요한 가치를 지니고 있다고 생각할 때 발생하는 편의(중요성 편의), 대안의 수가 여러 개일 때, 제시 순서에 따라 결과가 달라지는 편의(위치 편의) 등이 이에 속한다.

셋째, 시나리오 오류로 인한 편의(Biases due to scenario misspecification)가 있을 수 있다. 이는 설문지 시나리오가 경제 이론이나 정책 요소에 위반되는 경우 발생하는 편의(이론 오류 편의), 평가대상의 모습(amenity)에 대한 잘못된 설명으로 인하여 발생하는 편의(평가대상 설명오류 편의), 설문 내용(context)에 대한 잘못된 정보 제공으로 발생하는 편의(설명내용 오류 편의) 등이 이에 속한다.

이외에도 표본설계를 잘못하거나 해석에 오류가 있을 때 발생하는 표본설계 및 분석 오류로 인한 편의(Biases due to improper sampling and inference)가 있을 수 있다.

---

61) KDI 공공투자관리센터·한국환경경제학회, 예비타당성조사를 위한 CVM 분석지침 개선 연구(2012), 107-111면

이러한 편의는 가치에 기반한 것(value-based)이라기 보다 잘못된 사실에 기반하여(fact-based) 발생한 것이라고 봄이 더 타당하므로, 법원은 이에 대하여 사법심사를 함으로써 행정청의 비용편익분석에 대한 오류를 지적하고 교정할 수 있다고 봄이 타당하다.

다. 법원의 심사 역량·유인 재검토

1) 실체적 사법심사를 반대하는 견해는, 법원의 심사 역량을 의심한다. 특히 예측적, 전문적, 과학적 분야 등에 대하여는 법원의 전문성이 부족하므로, 존중적 심사 태도를 취할 필요가 있다는 주장이다.

그러나, 행정청이 자신의 결과(규제)를 도출해낸 과정과 내역을 충분히 공개한다면, 제너럴리스트(generalist)인 법관도 충분히 이를 심사할 수 있음은 물론이다. 헌법과 법률이 법원에게 기대하는 것은, '법원이 행정청 대신 규제를 발령하는 것'이 아니라 '행정청이 발령한 규제가 합리적인 것인지 사후적으로 통제하라.'는 것이기 때문이다.

실상 법원은 행정청이 개입되지 않는 사건(non-agency cases)으로서 마찬가지로 전문성이 요구되는 건설·의료소송 등에 대해서는 실무적으로 각 쟁점에 대해 파악하고자 하는 노력을 하면서, 충분한 심사를 하고 있고, 이에 대해서는 별다른 이의가 없다. 따라서 행정청이 개입되는 사건이라 하여 법원이 위와 같은 제한된 기준 하에서 행정청이 발령한 규제의 위법 여부를 가리는 역량까지 부족하다고 볼 수는 없다.

나아가 법원은 필요한 경우 심사 강도를 조절함으로써, 기관으로서 법원이 가지는 기능론적 한계 내에서 행정청의 규제를 심사할 수도 있을 것이다.

2) 실증적 정치분석이론(Positive Political Theory) 관점에서 비용편

익분석을 바라볼 때, 법원의 실체적 심사 유인은 설득력 있게 논증된다. 실증적 정치분석이론이란 의회, 행정청, 법원의 구성원이 각자신들의 입장에서 자신들에게 가장 이익이 되는 결정을 하려는 선호를 가진다는 전제 하에, 주어진 제도 아래에서 어떠한 선택을 내리는지 실증적으로 고찰하는 방법론이다.[62]

실증적 정치분석이론에 의할 경우, 법원은 자신만의 이상점(ideal point)을 가지고 있고, 이는 효율성과 반드시 동일하지는 않다고 전제된다.[63] 그런데 법원은 보통 행정청이 실시하는 사업과 발령하는 규제에 대하여 불완전한 정보를 가지므로, 행정청의 재량판단을 면밀히 심사할 수 없게 되고, 이는 행정청에 재량의 폭을 더 주는 식의 결과를 발생시킨다.[64] 따라서 법원은 자신의 이상점을 실현하고자, 행정청으로 하여금 사업·규제의 정보를 제공하도록 할 유인이 생기는데, 그 역할을 해줄 의사결정도구가 바로 비용편익분석이 된다.[65] 비용편익분석은 의사결정을 하는 근거를 명확히 제시한다는 점에서, 주인(principal)-대리인(agent) 관계에서 대리인 비용(agency cost)을 줄이는 강점이 있다. 즉, 법원(주인)은 행정청(대리인)으로 하여금 비용편익분석을 실시하도록 하여야 행정청이 발령한 규제의 정보를 보다 더 획득할 수 있게 되고, 그에 따라 행정청을 감독하기 용이해지기 때문이다.

법관은 제너럴리스트이므로 스스로 비용편익분석을 실시하는 데에는 적합하지 않다 하더라도,[66] 법원은 행정청에게 정식 비용편익

---

62) 허성욱, 정치와 법 - 법원의 법률해석 기능에 대한 실증적 고찰에 관하여 -, 서울대학교 법학 46권 2호(2005), 347면
63) Eric Posner, Controlling Agencies with Cost-Benefit Analysis: A Positive Political Theory Perspective, 68 University of Chicago Law Review 1137 (2001), 1167면
64) Eric Posner, Controlling Agencies with Cost-Benefit Analysis: A Positive Political Theory Perspective, 68 University of Chicago Law Review 1137 (2001), 1168면
65) Ibid, 1186면

분석을 요구하게 되고, 투명하게 공개된 행정청의 정식 비용편익분석을 실체적 심사를 함으로써, 행정청이 법원(주인)의 선호에서 벗어나지 못하도록 하게 할 유인을 가지게 된다.[67]

4. 소결

권력분립의 원리에 따라 요구되는 법원의 행정청에 대한 견제 역할, 행정청의 전문성이 발휘되고 있다고 보이지 않는 실제 현황, 민주주의를 보완하고, 편의를 교정하는 법원의 역할, 나아가 정식 비용편익분석에 대한 법원의 충분한 심사 역량과 심사 유인을 종합하여 고려하면, 행정청이 실시한 비용편익분석에 대하여 '법원이 행정청의 판단을 대체할 수는 없지만, 존중할 필요는 없다(행정청 판단 비대체-비존중 방식).'는 것을 사법심사 기준으로 삼는 것이 타당하다.

이하에서는 다소 추상적인 위 기준을 실무에 적용할 수 있도록 구체화하는 작업을 시도해보고자 한다.

V. 행정청 판단 비대체-비존중 방식의 실제적 적용

1. 비용편익분석의 위법 여부에 대한 판단기준

가. 판단기준

1) 행정청 판단 비대체-비존중 방식은 미국에서의 엄격심사 원칙과 그 이념 및 실제가 근접·유사함은 앞서 본 바와 같으므로, 미국의

---

66) Ibid, 1191면
67) Ibid, 1186면

비용편익분석에 대한 판례 중 엄격심사 원칙이 적용된 사례를 살펴 참조할 필요가 있다.

우선, Overton Park 판결(1971) 이후 엄격심사 원칙을 확고히 정립한 State Farm 판결(1983)도 비용편익분석을 심사한 판례로 볼 수 있다.[68][69] 위 판결에서 제시한 엄격심사 원칙의 기준 및 방법은, '① 의회가 고려하기를 의도하지 않았던 요소에 의존하거나, ② 문제의 중요한 측면을 고려하는 데 완전히 실패하거나, ③ 결정에 대한 설명이 행정청 앞에 제시된 증거에 반하거나, ④ 견해의 차이나 전문지식 때문이라고 할 수 없을 정도로 설득력이 없는 경우', 그 행정청의 규제는 '위법'하다는 것이었다. 여기에 더해 엄격심사 원칙이 적용된 연방항소법원의 여타 판례를 추가로 살펴보면, 연방항소법원은 '비용 또는 편익을 고려하지 못한 경우'[70], '비용과 편익을 정량화·화폐가치화하지 못한 경우'[71], '대안의 비용과 편익을 형량하지 않은 경우'[72] 등을 비용편익분석의 하자로 문제 삼고 있음을 알 수 있다.

2) 미국의 엄격심사 원칙의 ①, ③, ④는 별다른 무리 없이 받아들

---

68) Cass R. Sunstein, Cost-Benefit Analysis and Arbitrariness Review, 41 HARV. ENVTL. L.REV. 1 (2017), 13면(각주50)(이 판결이 자의성 심사에 있어 어떤 형태의 비용-편익 형량을 요구하는 것처럼 해석할 수 있다고 한다)

69) 이외에도 앞서 본 주요 판례 중 엄격심사 원칙을 적용한 판결로는 Chemical Mfrs. 판결(2000), Fox TV 판결(2009), Business Roundtable 판결(2011), Inv. CO. Inst. 판결(2013)이 있고, 실질적 증거심사 원칙이 엄격심사 원칙과 구별하기 어렵다는 점을 고려하면 Corrosion Proof Fittings 판결(1991)도 이에 해당한다고 볼 수 있다[다만 앞서 보았듯, Business Roundtable 판결(2011)은 엄격심사 원칙을 적용한다고 기재되어 있지만 실질적으로는 전면적 재심사 원칙을 적용했다는 평가도 있다].

70) Chamber Cmerc USA v. SEC, 412 F.3d 133 (D.C. Cir. 2005), 144; Owner-Operator Indep. Drivers Ass'n v. FMCSA 656 F.3d 580 (7th Cir. 2011), 583; Public Citizen v. FMCSA 374 F.3d 1209 (D.C. Cir. 2004), 1216, 1222

71) Center for Biological v. NHTSA 538 F.3d 1172 (9th Cir. 2008), 1201

72) Center for Auto Safety v. Peck, 751 F.2d 1336 (D.C. Cir. 1985), 1342

일 수 있지만, ②에서 말하는 '중요한 측면'의 의미를 우리나라 법체계 하에서 어떻게 이해할지 문제된다. 살피건대, 사법심사란 결국 심사대상에 대한 규범적 평가이고, 이 책에서 심사대상으로 파악하고자 하는 비용편익분석이 규범적 모습임을 고려한다면, 비용편익분석의 '중요한 측면'의 의미는 비용편익분석에 대한 근거 규제법에서 찾는 것이 가장 타당하고, 적합한 방법이라고 할 것이다. 따라서 국회가 행정청에게 검토하기를 요구(명령)하는 비용편익분석의 각 요소는 적어도 '중요한 측면'라고 봄이 타당하다. 또한 국회의 위임에 따라 행정청이 스스로 설정한 기준이나 지침 또한 이러한 '중요한 측면'에 포함한다고 할 수 있다.

이와 같이 '중요한 측면'의 의미를 규범적 모습으로 한정하고자 하는 이유는, 법원이 행정청의 판단을 임의로 대체하지 않게 하게끔 위함이다. 행정청이 규범에서 자유로운 영역에서 자신의 재량 아래 실시한 비용편익분석에 대하여, 법원이 자신이 독자적으로 판단한 참값에 비추어 이를 재단하려 하는 것은, 행정청의 재량판단(비용편익분석)을 대체하려는 것과 같기 때문이다.

그렇다면, 이 책에서는 행정청 판단 비대체-비존중 심사 기준 및 방법으로, 미국의 엄격심사 원칙을 차용하되, 비용편익분석의 특성(가치판단의 개입)과 심사 기준의 한계 등을 고려하여, 비용편익분석의 위법 여부를 판단하는 기준을 다음과 같이 정립하는 시도를 하고자 한다.

「① 국회가 고려하기를 의도하지 않았던 요소에 의존하거나, ② 문제의 중요한 측면(즉, 국회가 고려하기를 요구했던 요소 또는 행정청이 스스로 설정한 기준이나 지침)을 고려하는 데 실패하거나, ③ 결정에 대한 설명이 행정청 앞에 제시된 증거에 반하거나, ④ 견해의 차이나 전문지식 때문이라고 할 수 없을 정도로 설득력이 없는 경우」

3) 위 기준으로 내용상 하자에 대해서 살펴본다면, 다음과 같이 일응 평가할 수 있다.

가) 우선, 비용·편익 항목, 할인율, 방법론·가정 등 비용편익분석에 쓰일 자료에 대한 조사를 '해태'했거나 '흠결'했다거나, 그 자료를 검토하는 것을 '흠결'한 경우에는, 그 '해태'와 '흠결'이 '국회가 행정청에게 명령한 내용이나 행정청이 스스로 설정한 기준이나 지침을 행정청이 위반한 경우'에 해당할 경우, 그 비용편익분석은 위법하다고 본다.

따라서 비용과 편익이 단순 누락되거나 간과되었다는 사유만으로는 비용편익분석을 위법하다고 할 수 없다. 법원이 임의로 행정청에게 특정 비용 또는 편익을 고려하지 않았다고 비난하는 것은 법원이 행정청의 판단을 대체하는 것에 해당할 것이다. 그러나 만약 법이 행정청에게 고려하기를 요구하는 비용·편익이 있거나 반대로 고려하지 않기를 요구하는 비용·편익이 있다면, 이를 누락·간과하거나 반대로 반영한 경우에는 이를 위법이라고 평가할 수 있을 것이다. 예컨대, 예비타당성조사의 경우, 도로·철도사업의 편익에 대해서 누락되지 않아야 하는 항목(차량운행비용 절감편익, 통행시간 절감편익 등)을 제시되고 있는데(예비타당성조사 수행 총괄지침 제24조), 이는 법의 위임에 따라 행정청이 스스로 설정한 기준이라 할 것이므로, 행정청이 이를 임의로 누락할 경우 이를 위법하다고 평가할 수 있을 것이다.

나) 할인율, 방법론·가정에 대해서도 마찬가지이다. 국회가 법을 통해 행정청에게 명령한 내용이나 행정청이 스스로 설정한 기준이나 지침을 행정청이 위반하였다면 위법하다고 할 것이다. 예컨대, 예비타당성조사의 할인율에 대해서는 4.5%라고 지침에 규정되어 있는 바(예비타당성조사 수행 총괄지침 제50조), 이와 다른 할인율을 적용

할 경우, 행정청은 합당한 근거 자료와 설명을 덧붙여야 할 것이다.

다) 방법론·가정에 대해서도 특별한 규정·지침이 제시되고 있지 않다면, 이에 대해서는 행정청에게 재량의 폭을 넓게 준 것으로 해석할 것이다. 이는 새만금 판결에서 경제성 평가 당시 모든 관련 법률의 목적과 의미, 내용 그리고 학문적 성과가 반영된 평가기법에 따라 "가장 객관적이고 공정한 방법"을 사용하라고 하는 취지와 상통한다. 따라서 법원으로서는 해당 규제법 또는 국회의 위임에 따라 행정청이 마련한 지침 등에서 방법론·가정을 규정하고 있지 않다면, 행정청이 사용한 방법론·가정의 당부를 전면적으로 심사하는 것은 자제해야 할 것이다.

라) 다음으로, 가치의 과소·과대평가 가능성, 방법론·가정에 따른 결과의 편차 가능성 등의 문제(우려), 분배적 정의, 형평 논의 불충분, 정치적 이용(조작) 가능성, 할인율의 비윤리적 설정 등과 관련되어, 행정청이 비용·편익 항목, 할인율·방법론·가정 등 평가를 '오평가'한 경우에는, 이는 가치가 개입되는 영역이므로 기본적으로 법원의 사법심사는 신중해야 함이 타당하나, '비용편익분석의 결과에 대한 설명이 행정청이 그 근거로 제공하는 자료와 어긋나는 경우' 또는 '비용편익분석의 결과가 견해의 차이나 전문지식 때문이라고 볼 수 없을 정도로 현저히 설득력이 없는 경우'에는 법원이 그 비용편익분석을 위법하다고 평가할 수 있을 것이다.

4) 만약 국회가 법원으로 하여금 섬세한 사법심사를 하길 원한다면 법을 상세히 만들어 명령을 구체적이고 세세히 하게 될 것이고, 행정청에게 재량의 폭을 넓게 허용할 의도라면 비용편익분석에 관한 규범을 포괄적이고 추상적으로 하게 될 것이다.

행정청으로서는 재량의 폭을 넓히기 위하여 세부지침을 명시적으로 두고자 하지 않을 유인이 있으나, 우리나라는 감사원 등으로 하여금 행정청에 대하여 미비한 지침을 규정하라는 내용의 견제를 하도록 하고 있다. 예컨대, 감사원은 예비타당성조사의 비용·편익분석을 위한 비용 산정 시 일부 항목이 기준이 없어 실제 소용 비용보다 적은 금액이 산정되는 경우가 발견되자, 기획재정부 등에 개선방안을 마련하도록 통보하여 왔다.[73] 또한, 해상 교량건설이 포함된 5개 도로건설사업에 대하여, 어업권 보상비를 반영할지 여부 및 반영 금액의 규모 등이 사업부처의 의견에 따라 각각 다르게 결정된 사안에 대하여, 감사원은 한국개발연구원에 보상비 산정기준을 일관되게 마련하도록 통보한 바 있다.[74]

만약 해당 사업의 비용·편익분석 세부지침이 마련되지 않았을 경우, 앞서 살펴본 심사 기준에 의하면, 법원이 행정청이 실시한 비용·편익분석에 대하여 위법하다는 판단을 내리기는 어려울 것으로 보이나, 위와 같이 감사원의 지적 등에 따라 지침이 마련된다면, 법원은 그 지침에 의거하여 이를 위법하다고 평가할 수 있을 것이다.

다만, 이러한 심사 기준에 따르면, 비용·편익분석이 명시된 규제영향분석, 예비타당성조사의 경우에는 심사의 준거가 될 비용·편익분석의 규범적 모습을 확정하기가 비교적 용이할 것이지만, 규제영향분석, 예비타당성조사가 적용되는 사안이 아닌 경우에는 구체적 규정의 미비로 인하여 이를 확정하기가 상대적으로 어려운 한계가 있을 것이다.

나. 구체적 판단 방법

1) 법원이 행정청이 실시한 정식 비용·편익분석의 판단 과정과 근거를 행정청이 제시하는 자료를 통해 판단할 수 있고, 외부의 경제

---

73) 감사원, 2018년 감사연보(2018), 68-81면
74) Ibid, 69면

전문가를 감정인의 자격으로 소송에 참여하게 할 수도 있다.

경제전문가의 소송 참여는 새로운 것이 아니고, 현재도 주식매수청구권의 행사 등 '주식의 가치(fair value)'를 평가할 필요성이 있는 사안이나, 표준특허(standard essential patent)의 실시권에 대해서 실시료 수준의 책정 방법 및 산정 등에서 경제전문가가 소송절차에 참여하여 법관의 판단을 돕고 있다.[75]

이미 행정청이 실시한 비용편익분석은 전문가의 검토를 거쳐 도출된 것이므로, 법원이 감정인의 의견을 제출받을 경우, 소송절차가 '전문가 사이의 다툼(battle of the experts)' 양상으로 흘러갈 가능성도 있다. 따라서 법원으로서는 외부 전문가를 활용할 때 일정한 통제를 할 필요가 있다.[76] 법원이 외부 전문가를 활용하는 방법으로는 다음과 같이 세 가지 정도를 상정해볼 수 있다.[77]

2) 첫째, 행정청이 실시한 비용편익분석의 결괏값(순현재가치, 편익/비용 비율, 내부수익률)과 법원이 감정을 맡긴 전문가가 실시한 비용편익분석의 결괏값을 산술평균하는 방식이다. 절차적으로 간단명료하고, 법관이 비용편익분석에 대한 세세한 전문적 지식이 부족하다 하더라도 용이하게 판단을 할 수 있는 장점이 있으며, 공정하다고 볼 수도 있다. 그러나 새만금 판결에서 보듯, 비용편익분석의 결괏값은 전문가들 사이에서도 견해가 나뉠 수 있는바, 산술평균의 방식은 여전히 적정성 논란을 피할 수는 없다. 나아가 이러한 방식의 가장 큰 한계는 사법심사를 대비하여 행정청이 처음부터 비용편익분석의 결괏값을 과장할 유인이 발생한다는 점이다. 이는 비용편

---

75) 고학수, 소송 과정에서의 경제전문가 활용에 대한 시론 -소위군납유 사건의 시사점을 중심으로, 법경제학연구 11(3)(2014), 361면
76) Ibid, 361면
77) Ibid, 378-383면을 참고하여 정리하였다.

익분석이라는 의사결정도구가 가진 가장 중요한 의미(합리성)를 훼손하는 것인 데다, 비용편익분석에 대한 분쟁가능성을 높여주는 결과를 초래할 수 있다.

둘째, 법원이 행정청이 실시한 비용편익분석과 전문가가 실시한 비용편익분석을 검토한 뒤, 가장 합리적인 비용편익분석의 결괏값을 채택하는 방식이다. 행정청과 전문가의 각 비용편익분석의 일부 내용을 선택적으로 법원이 채택하는 것이 아니고, 하나의 비용편익분석 전체를 인정하는 방식이다. 이 방식은 '가장 합리적인 비용편익분석'을 법원이 채택하는 것이므로, 행정청과 전문가로 하여금 가장 합리적이고 설득력 있는 비용편익분석을 실시하도록 하는 유인을 제공한다는 뚜렷한 장점이 있다. 또한 법원을 설득하는 방편으로 비용편익분석의 투명성을 제고될 수도 있다. 다만 하나의 비용편익분석을 전체적으로 선택하게 되므로, 법원 판단이 편파적이거나 부당하다는 비판이 발생할 수 있다.

셋째, 감정인으로 하여금 행정청이 실시한 비용편익분석을 검토하게 한 뒤, 법원에 이를 설명하게 하고, 행정청과 함께 비용편익분석의 내용을 실질적으로 살펴 감정인이 생각하는 바와 행정청이 판단한 바의 차이를 규명하면서 그 괴리를 줄여나가, 최종적으로 행정청이 실시한 비용편익분석과 이에 대한 감정인의 보고서를 법원에 제출하는 방식이다. 이 방식에서 감정인의 역할은 행정청이 실시한 비용편익분석에 대하여 법원의 이해를 도와주는 것뿐만 아니라 행정청과 법원 사이의 의사소통 창구가 되는 것이다. 행정청이 사법심사에서 감정인이 소송 초기부터 비용편익분석을 면밀히 검토할 것을 예상할 수 있다면, 보다 투명하고 설득력 있게 비용편익분석의 전 과정을 거치게 될 것이다. 물론 이 방식은 전문가의 전문성이 기본으로 구비되어 있어야 할 뿐만 아니라, 전문가가 행정청과 법원으로부터 신뢰를 받을 수 있어야 할 것이다.

3) 위 세 가지 방식 중 '행정청의 판단을 대체하지 않으면서 존중하지도 않는 사법심사 기준'에 가장 적합한 방식은 셋째 방식으로 보인다.[78]

첫째 방식은 명확하고 간단하나, 유인체계상 문제가 있어 받아들이기 어렵고, 둘째 방식은 법원이 전문가가 실시한 비용편익분석을 전체로 받아들일 경우 자칫 행정청이 실시한 비용편익분석을 대체하는 것과 다름없는 결과가 발생할 수 있다. 그리고 이는 행정청으로 하여금 결과에 수긍하지 못하게 하고 절차의 공정성을 문제삼게 하는 결과를 초래할 수도 있다.

셋째 방식은 감정인으로 하여금 그 스스로 비용편익분석을 실시하도록 하지 않고, 다만 감정인의 역할을 행정청의 비용편익분석에 대하여 검토하여 이를 법원에 설명하고, 필요한 경우 법원에게 최종 데이터나 분석 모형 등을 제안하는 역할로 제한한다. 이에 따라 행정청과 감정인이 서로 대립 구도를 갖지 않게 하면서도, 감정인의 독립성과 소송과정의 절차적 정당성을 확보할 수 있을 것을 기대할 수 있다.

2. 규제의 취소사유 해당 여부에 대한 판단기준

가. 비용편익분석의 하자와 규제의 취소사유 준별

비용편익분석은 경제적 효율성을 달성하기 위한 기준을 정하고, 당해 규제가 이러한 기준을 충실히 따를 때에 한하여 그 규제를 허용하도록 하는 것이므로, 실체법적 성격 또한 있다고 할 것이지만, 규제를 발령하는 데 거쳐야 하는 절차에 해당하기도 한다. 따라서

---

78) Ibid, 383-384면을 참고하여 정리하였다.

규제의 절차상 하자를 행정행위의 독립된 취소사유로 인정하는 대법원의 일관된 입장79)에 의하면, 비용편익분석의 내용상 하자는 그 자체로 행정행위의 취소사유가 될 수 있다.

그러나 비용편익분석에 하자가 있다고 인정된다 하여 그러한 사유만으로 곧바로 규제를 취소할 수 있다고 보기는 어렵다. 비용편익분석에서 단지 하나 또는 여러 개의 경미한 하자를 발견했다는 이유만으로, 법원이 규제를 취소할 수 있다고 보는 것은 무리가 있다.80) 비용편익분석은 그 자체가 목적이 아니라 경제적 효율성을 달성하기 위한 도구적·봉사적 기능을 수행한다고 볼 수 있으므로, 비용편익분석의 내용상 하자가 인정된다는 이유만으로 곧바로 규제의 취소사유에 해당한다고 보는 것은 정책실패, 사회경제적 비용 낭비에 대한 부담이 따르는 것이다. 연방항소법원에서 엄격심사 원칙이 적용된 판례에서, 행정청의 전체적 결론에 영향을 줄 수 없는 흠 하나(single error)81)로는 규제를 무효화기에는 부족하고, 심각한 흠(serious flaw)을 요구하는 것82)도 같은 취지이다.

그렇다면 비용편익분석의 하자가 어느 정도로 인정될 경우, 이러한 비용편익분석을 토대로 발령된 규제의 취소사유에 해당한다고 평가할 수 있을지 여부가 문제되므로, 이하에서는 두 가지 견해를 상정하여 이를 검토해보기로 한다.

---

79) 대법원 2012. 2. 23. 선고 2011두5001 판결 등
80) Reeve Bull and Jerry Ellig. Judicial Review of Regulatory Impact Analysis: Why Not the Best?, Mercatus Working Paper, Mercatus Center at George Mason University, Arlington, VA, March(2017) 96면
81) Center for Auto Safety v. Peck 751 F.2d 1336 (D.C. Cir. 1985), 1366
82) National Association of Home Builders v. E.P.A., 682 F.3d 1032 (D.C. Cir. 2012), 1040

나. 두 가지 견해 및 검토

1) 첫째, 비용편익분석의 취지를 달성할 수 없을 정도의 하자만을 독립적 취소사유로 보고, 이외에는 재량권 일탈·남용 여부 판단의 한 요소로 보면 된다는 견해(제1설)를 상정할 수 있다.

둘째, 비용편익분석의 내용상 하자가 규제 발령 및 선택의 최종 의사결정에 영향을 미친 경우에 한하여, 이를 규제의 취소사유로 본다는 견해(제2설)를 상정해볼 수 있다.

2) 제1설과 같은 잣대는 환경영향평가의 내용상 하자가 쟁점이 된 사례에서 대법원이 지속적으로 취하고 있는 태도를 차용한 것이다. 대법원은 "환경영향평가법령에서 정한 환경영향평가를 거쳐야 할 대상사업에 대하여 그러한 환경영향평가를 거치지 아니하였음에도 승인 등 처분을 하였다면 그 처분은 위법하다. 그렇지만 그러한 절차를 거쳤다면, 비록 그 환경영향평가의 내용이 다소 부실하다 하더라도, 그 부실의 정도가 환경영향평가 제도를 둔 입법 취지를 달성할 수 없을 정도이어서 환경영향평가를 하지 아니한 것과 다를 바 없는 정도의 것이 아닌 이상, 그 부실은 해당 승인 등 처분에 재량권 일탈·남용의 위법이 있는지 여부를 판단하는 하나의 요소로 됨에 그칠 뿐, 그 부실로 인하여 당연히 해당 승인 등 처분이 위법하게 되는 것이 아니다."고 일관되게 설시하고 있다(대법원 2001. 6. 29. 선고 99두9902 판결, 대법원 2006. 3. 16. 선고 2006두330 전원합의체 판결, 대법원 2015. 12. 10. 선고 2012두7486 판결 등). 그러나 이러한 대법원 판례의 설시는 지속적인 비판의 대상이 되고 있다. '환경영향평가 제도를 둔 입법 취지'가 도대체 무엇인지 의문이 들 뿐만 아니라[83]

---

[83] 윤용희, 환경영향평가의 내용상 하자에 대한 사법심사의 방법, 저스티스 (2012), 301, 303면

환경영향평가로서 독자적 의미를 갖는 실체적 하자를 사업승인 전 과정의 재량권의 일탈·남용 판단요소로 축소시키는 문제점이 도출되고, 재량권 일탈·남용 여부 판단 과정이 모호하기 때문이다.[84]

마찬가지로 비용편익분석 심사에 대하여도 제1설과 같은 잣대를 적용할 경우, '비용편익분석의 취지를 달성할 수 없을 정도의 하자'가 무엇인지 명확하지도 않고, 비용편익분석의 내용상 하자를 재량권 일탈·남용 여부 판단의 한 요소로만 평가하는 결과를 초래한다. 따라서 비용편익분석에 대한 하자를 독립된 취소사유로 보지 못하고, 형량명령 원칙 심사·비례원칙 심사가 마무리되기를 기다려야만 규제의 취소 여부를 결정할 수 있게 된다. 그러나 이는 비용편익분석에 대하여 별도의 사법심사 기준과 방법을 정립하고자 하는 이 책의 목표에 정면으로 어긋나는 것이다. 이러한 기준이 적용될 경우, 비용편익분석의 하자가 있다 하더라도 곧바로 규제가 취소되는 것은 아니므로, 행정청은 비용편익분석을 단지 '통과의례'로 보고 면밀히 실시하지 않을 가능성이 있다. 나아가 행정청이 실시한 비용편익분석의 내용상 하자에 대해서 법원이 이를 제거·치유할 기회가 수축하는 결과 또한 초래하여, 법원의 사법심사가 할 수 있는 역할이 매우 축소된다.

3) 따라서 제2설에서 지적하는 바와 같이 '비용편익분석의 내용상 하자가 규제 발령 및 선택의 최종 의사결정에 영향을 미친 경우' 이를 행정행위의 취소사유로 보는 것이 타당하다.

제2설은 소송절차에서 교정된 비용편익분석을 적용하여 이미 이루어진 규제의 적법성·타당성을 검토하는데, '비용편익분석의 내용상 하자가 규제 발령 및 선택의 최종 의사결정에 영향을 미친 경우'

---

84) 최승필, 환경영향평가와 사법심사-환경영향평가의 하자에 대한 판례의 검토를 중심으로, 경제규제와 법 11권 1호(2018), 166-167면

의 의미는 비용편익분석의 취지이자 핵심 특성인 정량화·화폐가치
화를 고려한다면,「① 순현재가치가 음(-)의 값을 가지거나(순현재가
치 방식), 편익/비용 비율이 1보다 작음에도(편익/비용 비율 방식),
내부수익률이 사회적 할인율보다 작음에도(내부수익률 방식), 규제
가 발령·선택되거나 ② 여러 규제안 중 순현재가치, 편익/비용 비율,
내부수익률 값이 가장 크지 않음에도 그러한 규제안이 선택된 경우」
로 해석할 수 있다.

이와 같이, 제2설은 비용편익분석의 정량화와 화폐가치화라는 특
성을 고려하여 규제의 취소사유에 대하여 객관적이고 명확한 기준
을 제시할 수 있는 강력한 장점을 가진다. 또한 제2설에 의할 경우,
'규제 발령 및 선택의 최종 의사결정에 영향을 미치지 않은 비용편
익분석의 내용상 하자'를 규제의 취소사유로 보지 않게 되고, 이는
행정청이 실시한 비용편익분석에 사소한 내용상 하자가 있다는 이
유만으로, 행정청으로 하여금 다시금 적법한 비용편익분석을 재실
시하게 하지 않게 할 수 있다는 점에서도, 경제적인 방식이 된다.

4) 결국, 규제의 토대가 된 비용편익분석에 앞서 본 바와 같이 위
법사유가 인정될 때, 이에 따른 하자를 바로잡았을 경우, ① 순현재
가치가 음(-)의 값을 가지거나(순현재가치 방식), 편익/비용 비율이 1
보다 작음에도(편익/비용 비율 방식), 내부수익률이 사회적 할인율보
다 작음에도(내부수익률 방식), 규제가 발령·선택되거나, ② 여러 규
제안 중 순현재가치, 편익/비용 비율, 내부수익률 값이 가장 크지 않
음에도 그러한 규제안을 선택한 결과로 귀결된다면, 이를 규제의 취
소사유로 봄이 타당하다.

제8절 소결

제6장에서는 지금까지 살펴본 우리나라 법원이 비용편익분석을 심사한 판례에서 도출되는 쟁점 및 과제에 대하여(제2장), 심사대상 으로서 비용편익분석의 의의·특성 및 사법심사 필요성·타당성·가능 성을 확인한 후(제3장), 미국 연방법원의 논의 흐름을 참고하여(제4, 5장), 우리나라 사법심사 체계 하에서 비용편익분석에 대한 적절한 사법심사 기준 및 방법을 고민하고 정립하는 시도를 해보았다.

요약건대, 비용편익분석에 대한 사법심사를 다음과 같은 순서로 하는 것을 제시해보고자 한다.

첫째, 항고소송의 대상은 비용편익분석을 거친 규제(행정행위)이 나, 심사 대상은 비용편익분석으로 확정한다.

둘째, 비용편익분석에 대하여는 형량명령 원칙 심사·비례원칙 심 사와는 별도의 사법심사 기준 및 방법에 따라 이를 심사한다.

셋째, 비용편익분석이 행해져야 하는지에 대한 법 해석 문제에 있어서는, 법의 문언이 명백한 경우(규제영향분석, 예비타당성조사 등) 그에 따르면 되고, 법의 문언이 모호한 경우 우리나라에서는 적 어도 사업(규제)에 대하여 '효율, 경제성'이 법에서 요구되는 경우, 행정청이 비용편익분석을 실시해야 한다고 본다.

넷째, 비용편익분석이 요구되는 것으로 해석될 경우, 그 정도는 정식 비용편익분석임을 확인한다.

다섯째, 비용편익분석의 하자는 절차상 하자와 내용상 하자로 구 분한다.

여섯째, 비용편익분석을 실시해야 하는 상황에서, 행정청이 비용편익분석 자체를 누락하면 그 규제는 무효라고 보고, 내부적 절차 중 규제영향분석의 입법예고 및 비용편익분석의 과정·근거의 공개가 누락되었다면, 이는 규제의 취소사유에 해당하며, 규제영향분석의 입법예고 및 비용편익분석의 과정·근거의 공개에 일부 하자가 존재할 경우에는, 위 하자에 따라 입법예고·공개의 취지를 달성할 수 없다고 볼 수 없을 때에 한정하여 규제의 취소사유에 해당한다고 본다.

일곱째, 비용편익분석의 내용상 하자에 대하여는, 행정청 판단 비대체-비존중 심사 방식을 취한다. 구체적으로, ① 국회가 고려하기를 의도하지 않았던 요소에 의존하거나, ② 문제의 중요한 측면(즉, 국회가 고려하기를 요구했던 요소 또는 행정청이 스스로 설정한 기준이나 지침)을 고려하는 데 실패하거나, ③ 결정에 대한 설명이 행정청 앞에 제시된 증거에 반하거나, ④ 견해의 차이나 전문지식 때문이라고 할 수 없을 정도로 설득력이 없는 경우, 그 비용편익분석은 위법하다고 본다. 그리고 이러한 위법으로 인하여 규제 발령 및 선택의 최종 의사결정에 영향을 미친 경우, 즉 ① 순현재가치가 음(-)의 값을 가지거나(순현재가치 방식), 편익/비용 비율이 1보다 작음에도(편익/비용 비율 방식), 내부수익률이 사회적 할인율보다 작음에도(내부수익률 방식), 규제가 발령·선택되거나 ② 여러 규제안 중 순현재가치, 편익/비용 비율, 내부수익률 값이 가장 크지 않음에도 그러한 규제안이 선택된 경우, 이를 규제의 취소사유로 봄이 타당하다.

이러한 심사 기준 및 방법을 요약하면 다음 〈표 17〉과 같다. 이와 같이 비용편익분석에 대한 사법심사 기준 및 방법을 정립하는 시도를 해봄으로써, 비용편익분석의 취지를 살릴 수 있고, 법원의 행정에 대한 통제권을 적절히 행사할 수 있게 됨으로써 권력분립에서 정한 '견제와 균형'의 이념을 충실히 달성할 수 있을 것을 기대한다.

〈표 17〉 비용편익분석에 대한 사법심사 정리표

	규제영향분석	예비타당성조사	기타 법	
법 해석	비용편익분석 의무	비용편익분석 의무	효율·경제성 요구시 비용편익분석 의무	비용편익 분석 누락시 무효
▼				
요구 정도	정식	정식	정식	
▼				
절차①	입법예고	-	-	누락시 취소
▼				
절차②	투명성	투명성	투명성	미충족시 취소
▼				
내용	비대체·비존중 심사 비용편익분석의 위법 여부 판단 기준 ① 국회가 고려하기를 의도하지 않은 요소에 의존 ② 국회가 고려하기를 요구한 요소 미고려·행정청이 스스로 설정한 기준 또는 지침 위반 ③ 비용편익분석 결과가 그 근거자료와 어긋남 ④ 비용편익분석 결과가 현저히 설득력이 없음 ▼ 규제의 취소사유 여부 판단 기준 규제 발령 및 선택의 최종 의사결정에 영향을 미친 경우 : ① 순현재가치〈0, 편익/비용〈1, 내부수익률〈 사회적 할인율 ② 최선의 규제안 선택이 아닌 경우			취소사유 여부 판단 기준에 따라 취소

제7장

결 론

수많은 이해관계가 얽힌 사업(규제)을 행정청이 추진할 경우, 그 기저에 놓인 가치관의 대립으로 정치적 갈등이 발생하고, 정치적 해법을 찾기 힘들 정도로 사업에 대한 찬반양론이 극심히 대립하게 되면, 정치적 갈등은 법적 분쟁으로 진화된다. 이때 사업(규제)에 대한 행정청의 의사결정 토대가 된 비용편익분석이 사법심사의 핵심 쟁점이 될 수 있다.

이 책은 위와 같은 배경 하에서, 비용편익분석에 대한 적절한 사법심사 기준 및 방법을 정립하는 것을 연구 목적으로 한다.

제2장에서는 우리나라 법원의 비용편익분석 심사 판례에서 도출되는 쟁점 및 과제를 다루었다. 종래 우리나라 법원은 비용편익분석에 대하여 별도의 사법심사 기준 및 방법을 정립하고 있지 않고, 비용편익분석에 대한 사법심사를 형량명령 원칙 심사 또는 비례원칙 심사로 귀결·통합시켜 왔다. 이러한 질적·정성적 심사 방식은 법원이 비용편익분석의 특성(정량화, 화폐가치화)을 심사하는 데 반드시 적합하다고 볼 수는 없고, 행정청의 비용편익분석을 전면적으로 대체하는 강도 높은 심사를 하거나, 행정청의 판단을 존중한다는 법리 하에 평면적으로 심사를 하게 되는, 양극단의 심사가 이루어진다는 구조적·운용적 문제점을 야기할 수 있다. 따라서 이러한 문제점을 극복하기 위하여, 현재 우리나라의 비용편익분석에 대한 심사 태도가 명확히 정립될 필요가 있다.

제3장에서는 사법심사의 대상으로서 비용편익분석이 가지는 의의·특성과 그를 통해 파악할 수 있는 사법심사 필요성·타당성·가능성을 살펴보았다. 한정된 자원을 효율적으로 분배하여 경제적 타당성을 추구하고자 하는 비용편익분석은, 비판론에 대하여 경제학적·

수학적·공학적 기법 측면에서 방법론을 발전시키며 대응하고 있다. 그러나 행정청의 비용편익분석 활용이 부실하다는 실증적 현황이 확인되고, 법령에서 비용편익분석이 갖추어야 할 규범적 모습을 특정지은 이상, 법원은 이에 근거하여 비용편익분석을 심사할 필요가 있다. 다만 가치판단이 개입되고 정치성을 띠는 행정청의 비용편익분석에 대하여 법원이 이를 사법심사하는 것이 타당한지는 행정청-법원 간 역학관계의 설정 문제와 연결지어 깊이 논의할 필요가 있고, 비용편익분석에 요구되는 전문성을 제너럴리스트인 법관이 심사할 수 있는지에 대해서는, 법원의 역량과 연관 지어 살펴볼 필요가 있다.

제4장, 제5장에서는 개별 규제법과 행정명령을 통해 비용편익분석 제도를 확립하고, 비용편익분석에 대한 사법심사 논의를 심층적이고 단계별로 하여 온 미국의 논의를 살펴봄으로써, 그 시사점을 얻고자 하였다.

제4장에서는 미국 연방법원의 일반적인 행정청의 재량판단에 대한 사법심사의 기준 및 방법을 분석하였다. 이는 비용편익분석도 넓게 보아서는 행정청의 재량판단에 의해 이루어지는 것이고, 비용편익분석 심사는 이에 대한 이해를 전제로 하기 때문이다. 연방대법원이 채택한 행정청의 재량판단에 대한 주된 사법심사 기준 및 강도는 '법원이 스스로의 판단으로 행정청의 판단을 대체할 수 있는지 여부'와 '행정청의 판단 존중 여부 및 정도'를 기준으로 분류가 가능한데, 시대별로 각 시대가 법원에 요구하는 역할에 따라, 즉 행정청-법원 간 역학관계를 어떻게 설정하는지에 따라서 달라져 왔음을 확인할 수 있다[(Skidmore 원칙→) 엄격심사 원칙→ Chevron 존중원칙→전면적 재심사 원칙].

제5장에서는 제4장의 논의를 바탕으로 미국 연방법원이 비용편익분석을 심사한 대표적 판례를 분석해 연방법원의 비용편익분석

심사 흐름을 살펴보았다. 미국에서는 비용편익분석 비판론이 지적하는 한계를 인정하면서도, 한정된 자원 아래에서 최적의 선택을 하게끔 하는 비용편익분석의 유용성을 인정하는 방향으로 비용편익분석의 규범적 지위를 재설정하였다. 이러한 기조에 따라 연방법원도 비용편익분석을 선호하게 되었고, 법원은 '해당 규제법이 행정청에게 요구하는 비용편익분석의 정도'를 해석함에 있어, '약식 비용편익분석 활용이 금지된다.'는 단계에서, '약식 비용편익분석 활용이 필수적이다.'는 단계로 나아갔다. 연방항소법원은 한 걸음 더 나아가 '정식 비용편익분석 활용이 필수적이다.'고 보면서, 행정청의 정식 비용편익분석을 심사대상으로 확정하고, 법원이 이를 실체적 심사하여야 한다는 입장을 취했고, 연방대법원도 그에 보조를 맞추는 듯한 판결을 하였다. 이러한 변화는 최근 미국 연방대법원이 행정청의 재량판단에 대한 사법심사의 기준에 대하여 행정청-법원 간 역학관계 내에서, 법원에 무게중심을 두고, 법원의 역할을 재조명하기 시작한 것과 연관이 깊다.

제6장에서는 지금까지 살펴본 내용을 토대로, 우리나라 사법심사 체계 하에서 비용편익분석에 대한 적절한 사법심사 기준 및 방법을 고민하고 정립하는 시도를 해보았다. 우리나라는 미국과 달리 행정명령이 아닌 규제 기본법 차원에서 비용편익분석 제도를 명시적으로 도입하였으므로, 법원의 비용편익분석 선호는 명확하다. 다만 법원의 심사 기준 및 방법에 대해서는 미국에서의 논의와 마찬가지로 행정청-법원 간 역학관계를 중심으로 하되, 비용편익분석의 특성(정량화, 화폐가치화)을 고려하여 검토할 필요가 있다. 현재 우리나라 사법체계 하에서, 비례입헌주의적 관점, 국회의 의도, 사법심사의 비경제성을 고려하면, 법원은 행정청이 행한 비용편익분석에 대한 심사를 할 때, 그 비용편익분석을 법원 스스로 행한 비용편익분석으로 대체할 수는 없다(행정청 판단 비대체 방식). 그러나 권력분립의 원

리에 따라 요구되는 법원의 행정청에 대한 견제 역할, 행정청의 전문성이 발휘되고 있다고 보이지 않는 실제 현황, 민주주의를 보완하고, 편의를 교정해야 하는 법원의 역할, 나아가 정식 비용편익분석에 대한 법원의 충분한 심사 역량과 심사 유인을 종합하여 고려하면, 행정청이 실시한 비용편익분석에 대하여 법원이 행정청의 판단을 존중할 필요는 없다고 봄이 타당하다(행정청 판단 비존중 방식).

　구체적으로, 이와 같은 행정청 판단 비대체-비존중 심사 방식에 의하면, ① 국회가 고려하기를 의도하지 않았던 요소에 의존하거나, ② 문제의 중요한 측면(즉, 국회가 고려하기를 요구했던 요소 또는 행정청이 스스로 설정한 기준이나 지침)을 고려하는 데 실패하거나, ③ 결정에 대한 설명이 행정청 앞에 제시된 증거에 반하거나, ④ 견해의 차이나 전문지식 때문이라고 할 수 없을 정도로 설득력이 없는 경우, 그 비용편익분석은 위법하다고 볼 것인데, 비용편익분석의 위법으로 인하여 ① 순현재가치가 음(-)의 값을 가지거나(순현재가치 방식), 편익/비용 비율이 1보다 작음에도(편익/비용 비율 방식), 또는 내부수익률이 사회적 할인율보다 작음에도(내부수익률 방식), 규제가 발령·선택되거나 ② 여러 규제안 중 순현재가치, 편익/비용 비율, 내부수익률 값이 가장 크지 않음에도 그러한 규제안이 선택된 경우, 이를 규제의 취소사유로 보면 될 것이다.

　이 책의 제언과 같이, 행정청의 비용편익분석에 대한 법원의 심사 기준 및 방법이 정립된다면, 무엇보다 법원은 행정청의 비용편익분석을 평면적으로 받아들이지 않고 구체적이고 명확하게 실체 심사할 수 있을 것이고, 비용편익분석의 특성이 법원의 심사 과정에서 분명히 고려될 수 있으며, 현재 실증적으로 부실하게 비용편익분석을 실시한다고 비판받고 있는 행정청으로 하여금 사법심사에 대비하여 법과 지침에 적합한 정식 비용편익분석을 충실히 하도록 하는 유인을 제공할 수 있다. 이를 통해, 행정청과 법원이 서로 균형을 이루며 비용편익분석이라는 투명한 의사결정수단을 제대로 활용한다면, 한정된 자원의 효율적 활용을 기대할 수 있고, 종국적으로 국민의 권익 보호가 이루어질 수 있을 것이다.

덧붙여, 비용편익분석은 비용과 편익의 산정, 할인율의 책정 등과 관련하여 법학 이외에도 경제학, 수학·과학, 정치학, 인지심리학 등 다른 학문과도 밀접한 연관을 가진다. 따라서 이들 다양한 학문 분야의 담론을 받아들일 때, 더욱 깊이 있는 비용편익분석에 대한 사법심사가 가능할 것이다. 이 책에서는 이러한 점까지는 다루지 못하였던바, 향후 다른 학문과의 연관성 속에서 이루어진 비용편익분석에 대한 이해를 토대로 사법심사 기준 및 방법에 대한 보다 심도 있는 연구를 할 수 있기를 기대한다.

참고문헌

Ⅰ. 국내문헌

1. 단행본

국회예산정책처, 2007년 정부 규제영향분석서 평가(2008)

국회예산정책처, 2008년 정부 규제영향분석서 평가(2009)

김유환, 행정법과 규제정책, 법문사(2012)

이성엽, 행정부 법 해석권의 재조명, 경인문화사(2012)

이호석, 하광용, 곽시우, 김종화, 비용분석의 이론과 실제, 한국국방연구원
    (2009)

2. 학위논문

김남욱, 경제규제완화의 법리에 관한 연구, 조선대학교 박사학위논문(2000)

박현철, 공공투자사업 선정과정의 정치적 이해관계 분석-예비타당성조사 중
    심으로-, 서울대학교 환경대학원 도시계획학 석사 학위논문(2017)

백윤기, 미국 행정소송상의 엄격심사 원칙(The Hard Look Doctrine)에 관한
    연구: 한국판례와의 비교분석을 중심으로 서울대학교 박사학위 논문
    (1995)

우성기, 공법상의 비례원칙: 프랑스 공법을 중심으로, 서울대학교 박사학위
    논문(1994)

유제민, 독립규제위원회의 판단에 대한 사법심사 기준 및 강도에 관한 연구,
    서울대학교 박사학위 논문(2019)

윤성일, 환경부문 규제영향분석제도의 운영개선에 관한 연구, 서울대학교
    행정대학원, 석사학위논문(2007)

윤현진, 규제행정법과 비용편익분석 - 미국에서의 논의를 중심으로, 이화여
    자대학교 박사학위논문(2015)

임성훈, 불확정법개념의 해석·적용에 대한 사법심사에 관한 연구 : 한국·미
    국·독일법의 비교를 중심으로, 서울대학교 박사학위 논문(2012)

조원경, 행정소송에서의 불확정개념에 대한 사법심사강도: 독일법, 프랑스법, 영국법, 미국법의 비교법적 고찰을 통한 우리나라 판례의 검토, 서울대학교 석사학위 논문(2003)

추효진, 미국 행정법상 실질적 증거심사, 서울대학교 석사학위논문(2013)

허성욱, 공공선택이론과 사법심사에 관한 연구 - 사법심사의 준거기준으로서 공공선택이론의 함의에 관하여 -, 서울대학교 대학원 법학과 박사학위(2008)

홍진영, 행정청이 행한 법률해석의 사법심사 방법론에 관한 고찰: 규칙과 기준의 관점에서 살펴 본 Chevron 판결을 중심으로, 서울대학교 석사학위논문(2013)

3. 논문

강동진, 송병록, 노정현, 실물옵션 기법을 이용한 도로사업의 경제성 평가, 국토연구 72권(2012)

고민조, 박주용, 베이지안 망을 이용한 법적 논증 분석, 서울대학교 법학 55권 1호(2014)

고학수, 소송 과정에서의 경제전문가 활용에 대한 시론 -소위군납유 사건의 시사점을 중심으로, 법경제학연구 11(3)(2014)

구현우, 정책결정의 선택논리, 행정논총 제55권 제4호(2017)

김문현, 김주환, 임지봉, 정태호 공저, 기본권 영역별 위헌심사의 기준과 방법, 헌법재판연구 19권(2008)

김상겸, 사회적 할인율 변화가 편익-비용분석 결과에 미치는 영향에 대한 연구: 예비타당성조사의 사례분석, 사회과학연구, 39(3)(2013)

김상봉, 도시재개발성브이 비용편익분석 탐색-헤도닉 접근법(Hedonic Approach)을 중심으로, 한국정책분석평가학회(2015)

김은주, 미국행정법에 있어서 Chevron 판결의 현대적 의의, 공법연구(2009)

김정훈, 확률론적 시뮬레이션을 이용한 내륙수로 교통안전시설의 경제성 분석, 한국항만경제학회지 25집 4호(2009)

김종구, 미국 연방대법원의 법 해석과 텍스트주의, 미국헌법연구, 21권 3호(2010)

김춘환, 미국 연방대법원의 Overton Park 사건에 관한 판결의 검토, 토지공법연구 18집(2003)

김태윤, 정재희, 허가형, 한국 정부의 규제영향분석의 수준 -평가틀의 도출

및 평가 결과-. 규제연구 17권 2호(2008)

김태윤, 조예진, 예비타당성조사제도의 타당성에 대한 연구: 예비타당성조사 의 지침을 둘러싼 쟁점, 행정논총 제56권 제2호(2018)

김태윤·정재희·허가형(2008), 한국 정부의 규제영향분석의 수준 -평가틀의 도출 및 평가 결과-. 규제연구 17권 2호(2008)

김태호, 행정법상 비례의 원칙, 제148회 한국공법학회, 제12회 대법원 헌법 연구회 공동 학술대회 비례원칙과 사법심사(2009)

김태환, 미국 연방행정절차법에서의 실질적 증거 기준, 행정법연구 18호 (2008)

김현준, 행정계획에 대한 사법심사, 공법학연구 16권 3호(2015)

김홍배, 비용·편익분석론: 계획가와 정책가를 위한 notebook, 홍문사(2000)

문병효, 규제재량과 행정법원의 통제, 공법학연구 15권 1호(2014)

박영도, 한귀현, 주요국가의 입법평가 관련제도(Ⅱ) -미국의 규제영향분석제 도-, 한국법제연구원(2007)

박은정, 정치의 사법화와 민주주의, 서울대학교 법학 51권 1호(2010)

박정훈, 행정법에 있어서의 이론과 실제, 행정법의 체계와 방법론(2005)

서보국, 판단여지이론의 재고, 외법논집 40권 4호(2016)

서성아, 사회적 비용·편익분석 비교조사, 한국행정연구원(2017)

선재성, 예외적 허가의 재량행위성과 그 재량권 일탈·남용 여부에 관한 법원 의 심사방법, 대법원 판례해석 36호(2001)

신가희, 하연섭, 예산심의과정에서 예비타당성조사제도의 정치적 수용에 관 한 연구-예산결산특별위원회 회의록 분석을 중심으로-, 한국정책학 회보 24권 2호(2015)

신석훈, 기업형 슈퍼마켓(SSM) 규제 입법논리의 문제점, 정책연구(2009)

안동인, 비례원칙과 사법판단권의 범위, 행정법연구 제34호(2012)

여차민, 정부 규제영향분석 실태 및 제도 개선과제, 국회예산정책처(2010)

오정일, 비용편익분석의 유용성에 관한 이론적 검토, 정책분석평가학회보 22 권 1호(2012)

오준근, 참여행정과 행정절차-대한민국에 있어서의 행정현실과 공법이론을 중심으로, 공법연구 30집 5호(2002)

유승훈, 베이지안 추정법을 이용한 양분선택형 조건부 가치측정모형의 분석, 자원·환경경제연구 11권 1호(2002)

윤용희, 환경영향평가의 내용상 하자에 대한 사법심사의 방법, 저스티스 (2012)

윤원철, 실물옵션가격결정법을 활용한 에너지 관련 사업의 경제성 평가, 에너지경제연구원(2001)

이영창, 환경소송에서 행정청의 재량에 대한 사법심사의 방법과 한계, 사법논집 49집(2009)

이용만, 헤도닉 가격 모형에 대한 소고, 부동산학연구 14집 1호(2008)

임선, 오동훈, 공공기관 예비타당성조사 제도의 개선방안: 제도적 측면의 운영방식을 중심으로, 감정평가학 논집 17권 2호(2018)

임성훈, 행정에 대한 폭넓은 존중과 사법심사 기준, 행정법연구 52호(2018)

장준경, 예비타당성조사를 위한 CVM 분석지침 개선 연구, KDI공공투자관리센터·한국환경경제학회(2012)

전유택, 조형준. 모형 기반 하이브리드 의사결정나무. 한국데이터정보과학회지, 30(3)

정용관, 조건부가치추정모형(CVM) 개선을 위한 방법론 연구, KDI 공공투자관리센터(2017)

정진욱, 최윤정, 대형마트 영업제한에 대한 분석, 2013 한국규제학회 춘계학술대회 발표논문집, 한국경제연구원(2013)

정창화, 규제영향분석을 위한 분석기법에 관한 연구, 한국행정연구원(2003)

정하명, 미국 행정법상 행정부의 법률해석에 관한 사법심사의 범위, 공법학연구 8권 2호(2007)

조홍식, 리스크 법 -리스크관리체계로서의 환경법-, 서울대학교 법학 43권 4호(2002)

_____, 물경시정치 -비례입헌주의를 주창하며, 서울대학교 법학 Vol.49 No.3(2008)

_____, 민주주의와 시장주의, 법학, Vol.45, No.4(2004)

_____, 법에서의 가치와 가치판단: 원고적격의 규범학(1), 서울대학교 법학 Vol.48 No.1(2007),

_____, 환경법의 해석과 자유민주주의, 법학 51권 1호, 서울대학교(2010)

진창수, 헌법재판소 판례에 나타난 비례원칙, 제148회 한국공법학회, 제12회 대법원 헌법연구회 공동 학술대회 비례원칙과 사법심사(2009)

최계영, 법치주의 구현을 위한 행정소송 심리절차의 강화, 서울대학교 법학 54권 4호(2013)

_____, 항고소송에서의 본안판단의 범위-원고의 권리침해가 포함되는지 또는 원고의 법률상 이익과 관계없는 사유의 주장이 제한되는지의 문제를 중심으로, 행정법연구 42권(2015)

최선웅, 불확정법개념과 판단여지, 행정법연구 28권(2010)

최성락, 이혜영, 규제영향분석서 비용편익분석 부문의 실태에 관한 연구, 규제연구 29권 1호(2020)

최승필, 행정계획에서의 형량-형량명령에 대한 논의를 중심으로-, 토지공법연구 73집 1호(2016)

_____, 환경영향평가와 사법심사-환경영향평가의 하자에 대한 판례의 검토를 중심으로, 경제규제와 법 11권 1호(2018)

최정일, 독일과 한국에서의 비례원칙에 의한 행정작용의 통제, 제148회 한국공법학회, 제12회 대법원 헌법연구회 공동 학술대회 비례원칙과 사법심사(2009)

최종후, 서두성, 데이터마이닝 의사결정나무의 응용, 통계분석연구 4권 1호(1999)

최지은, 박동규, 지방재정투자사업의 타당성조사를 위한 적정 사회적 할인율에 관한 연구, 한국지역개발학회지 29권 5호(2017)

최지현, 증거기반 정책결정과 절차적 정의-에너지 전환과 기후변화영향평가를 중심으로, 사단법인 한국환경법학회 제144회 정기학술대회 및 정기총회 자료집(2020)

하광룡, 김연정, 비용분석의 수행상황과 접근방법의 선택, 국방논단 1771호(2019)

허성욱, 경제규제행정법이론과 경제적 효율성, 서울대학교 법학 49권 4호(2008)

_____, 공법이론과 공공정책(Ⅰ)-공법이론 연구방법론으로서 공공선택이론, 법경제학연구 6권 2호(2009)

_____, 규제행정의 규범적·실증적 목적으로서 경제적 효율성과 정치적 효율성- SSM 규제에 대한 효율성 분석을 중심으로, 법경제학연구 12권 1호(2015)

_____, 위해식품관리에 있어서 사전예방의 원칙과 비용편익분석, 환경법연구 29권 3호(2007)

_____, 정치와 법 - 법원의 법률해석 기능에 대한 실증적 고찰에 관하여 -, 서울대학교 법학 46권 2호(2005)

_____, 행정재량에 대한 사법심사 기준에 관한 소고 -미국 행정법상 쉐브론원칙(Chevron Doctrine)과 해석규범(Canon)의 기능과 상호관계를 중심으로, 공법연구 41편 3호(2013)

허세림, 곽승준, 헤도닉가격기법을 이용한 주택특성의 잠재가격 추정, 주택

연구 2권 2호(1994)

4. 기타

감사원, 2018년 감사연보(2018)
한국과학기술기획평가원, '09 R&D 분야 예비타당성조사 수행을 위한 지침
　　연구-사업비용 추정 및 효과분석(2009)
KDI 공공투자관리센터·한국환경경제학회, 예비타당성조사를 위한 CVM 분석
　　지침 개선 연구(2012)

Ⅱ. 외국문헌

1. 단행본

Daniel A. Farber, Eco-pragmatism: Making Sensible Environmental Decisions in
　　an Uncertain World, University of Chicago Press(1999)
Howard Margolis, Dealing with risk: Why the Public and the Experts Disagree on
　　Environmental Issues, University of Chicago Press(1997)
Phillip J. Cooper, By Order of the President: The Use and Abuse of Executive
　　Direct Action, University Press of Kansas(2002)
Pierre Rosanvallon, Counter-Democracy. Politics in an Age of Distrust,
　　Cambridge University Press(2008)
Viscusi, Kip and Gayer, Ted, Behavioral Public Choice: The Behavioral Paradox
　　of Government Policy, MERCATUS WORKING PAPER(2015)

2. 학위논문

Jeehyun Choi, Proposals for a Sustainable Energy Regulatory Framework: The
　　Case of Carbon Pricing in South Korea, University of California,
　　Berkeley(2018)

3. 논문

Abbc R. Gluck, What 30 Yeas of Chevron Teach US About the Rest of Statutory
　　Interpretation, 83 Fordham L. Rev.(2014)

Abramowicz, M., Toward a jurisprudence of cost-benefit analysis, 100(6) Mich. L. Rev. 1708 (2002)

Ackerman, Frank, Heinzerling, Lisa, Pricing the Priceless: Cost-Benefit Analysis of Environmental Protection, University of Pennsylvania Law Review, Vol. 150, Issue 5(2002)

Adler, Jonathan H. and Cannon, Michael F., King v. Burwell and the Triumph of Selective Contextualism, Cato Supreme Court Review(2014)

Adrian Vermeule, Does Michigan v. EPA Require Cost-Benefit Analysis? (Feb 6, 2017)(Notice & Comment A blog from the Yale Journal on Regulation and ABA Section of Administrative Law & Regulatory Practice.)

A. Mehrez & A. Gafni, Quality-Adjusted Life Years, Utility Theory and Healthy Years Equivalents, 9 Med. Decision Making 142 (1989)

Amy Sinden, Cost-Benefit Analysis, Ben Franklin, and the Supreme Court, 4 UC IRVINE L. REV. 1175(2014)

_____, Formality and Informality in Cost-Benefit Analysis, 2015 Utah Law Review 93(2015)

Anthony W. Mongone, Business Roundtable: A New Level of Judicial Scrutiny and its Implications in a Post-Dodd-Frank World, 2012 COLUM. Bus. L. REV. 746 (2012)

Arthur S. Miller, Separation of Powers: An Ancient Doctrine under Modern Challenge,, Administrative Law Review Vol. 28, No. 3(1976)

Beermann, End the Failed Chevron Experiment Now: How Chevron Has Failed and Why It Can and Should Be Overruled, 42 CONN. L. REV. 779, 782(2010)

Beermann, Jack Michael, Chevron at the Roberts Court: Still Failing after All These Years, Fordham Law Review, Vol. 83, (2014)

Benedict, Rachel A., Judicial Review of Sec Rules: Managing the Costs of Cost-Benefit Analysis. Minnesota Law Review. 339(2012)

Bernard Schwartz, Cost-Benefit Analysis In Administrative Law: Does It Make Priceless Procedural Rights Worthless?, Administrative Law Review Vol. 37, No. 1(1985)

Bradley Lipton, Accountability, Deference, and the Skidmore Doctrine, 119 Yale L.J. (2010)

Bruce D. Fisher, Controlling Government Regulation: Cost-Benefit Analysis

Before and After the Cotton-Dust Case, Administrative Law Review 36(1984)

Cannon, Jonathan Z., The Sounds of Silence: Cost-Benefit Canons In Entergy Corp. V. Riverkeeper, Inc. Harvard Environmental Law Review, Vol. 34(2010)

Carlson, Ann E. and Herzog, Megan, Text in Context: The Fate of Emergent Climate Regulation after UARG and EME Homer, 39 Harvard Environmental Law Review 23(2015)

Caroline Cecot & W. Kip Viscusi, Judicial Review of Agency Benefit-Cost Analysis, 22 GEO. MASON L. REv. 575 (2015)

Cass R. Sunstein, Beyond Marbury: The Executive's Power To Say What the Law Is, 115 Yale L.J. 2580(2006)

_____, Chevron STEP zero. Virginia Law Review, Vol. 92, No. 29(2006)

_____, Cognition and Cost-Benefit Analysis, John M. Olin Program in Law and Economics Working Paper No. 85(1999)

_____, Cost-Benefit Analysis and Arbitrariness Review, 41 HARV. ENVTL. L. REV. 1(2017)

_____, Law and Administration after Chevron, 90 Columbia Law Review 2071(1990)

Cass R. Sunstein, Thomas J. Miles, Do Judges Make Regulatory Policy? An Empirical Investigation of Chevron, John M. Olin Program in Law and Economics Working Paper No. 294(2006)

Catherine M. Sharkey, State Farm with Teeth: Heightened Judicial Review in the Absence of Executive Oversight , 89 N.Y.U. L. REV. 1589 (2014)

Chabot, Christine Kexel, Selling Chevron, 67 Admin. L. Rev.(2015)

Chad M. Oldfather, Universal De Novo Review, 77 Geo. Wash. L. Rev. 308(2009)

Charles Blackorby & David Donaldson, A Review Article: The Case Against the Use of the Sum of Compensating Variations in Cost-Benefit Analysis, 23 CAN. J. EcoN (1990)

Christopher J. Walker, Chevron STEP Two's Domain, 93 Notre Dame L. Rev. 1441(2018)

Connor P. Schratz, Michigan v. EPA and the Erosion of Chevron Deference, 68 Me. L. Rev. 381(2016)

Cynthia R. Farina, Statutory Interpretation and the Balance of Power, Cornell Law Faculty Publications(1989)

Daniel A. P. Farber, Philip P. Frickey, Law and Public Choice: A Critical Introduction, University of Chicago Press(1991)

Daniel Cole, Law, Politics, and Cost-Benefit Analysis, 64 Alabama Law Review 55(2012)

Daniel Kahneman, Jack L. Knetsch, Richard H. Thaler, Experimental Tests of the Endowment Effect and the Coase Theorem, The Journal of Political Economy, Vol. 98, No. 6.(1990)

David M Driesen, Cost-Benefit Analysis and the Precautionary Principle: Can They Be Reconciled, Mich. St. L. Rev. 771(2013)

_____, Is Cost-Benefit Analysis Neutral, University of Colorado Law Review, Vol. 77, Issue 2(2006)

David M. Hasen, The Ambiguous Basis of Judicial Deference to Administrative Rules, 17 Yale J. on Reg.(2000)

E. D. Elliott, Chevron Matters: How the Chevron Doctrine Redefined the Roles of Congress, Courts and Agencies in Environmental Law, 16 Vill. Envtl. L.J. 1(2005)

Egan, M. Michael Jr., Cost-Benefit Analysis in the Courts: Judicial Review under NEPA, 9 Ga. L. Rev. 417(1974-1975)

Elena Kagan, David J. Barron, Chevron's Nondelegation Doctrine, Sup. Ct. Rev. 201(2001)

Elinor Ostrom(윤홍근, 안도경 공역), 공유의 비극을 넘어 - 공유자원 관리를 위한 제도의 진화, 랜덤하우스코리아(2010)

Eric A. Posner, Controlling Agencies with Cost-Benefit Analysis: A Positive Political Theory Perspective, University of Chicago Law Review. 68(4)(2001)

Eric Posner & Matthew D. Adler, Rethinking Cost-Benefit Analysis, 109 Yale Law Journal 165 (1999)

Erik D. Olson, The Quiet Shift of Power: Office of Management & Budget Supervision of Environmental Protection Agency Rulemaking under Executive Order 12,291, 4 VA. J. NAT. Resources L. 1 (1984)

Evan J. Criddle, Chevron's consensus, 88 B.U. L. Rev. 1271 (2008)

Frank Ackerman, Lisa Heinzerling, Pricing the priceless: Cost-benefit analysis of environmental protection, University of Pennsylvania Law Review, Vol. 150, Issue 5 (2002)

F. Owen HoffmanJana S. Hammonds, Propagation of uncertainty in risk assessments: the need to distinguish between uncertainty due to lack of knowledge and uncertainty due to variability, Risk Anaysis Volume14, Issue5(1994)

Garrick B. Pursley, Avoiding Deference Questions, 44 TULSA L. REV. 557(2009)

Gary Lawson, Stephen Kam, Making Law Out of Nothing at All: The Orgins of the Chevron Doctrine, 65 ADMIN. L. REV. 1, 2(2013)

Gary M. Lucas Jr., Slaviša Tasić, Behavioral Public Choice and the Law, 118 W. Va. L. Rev. 199 (2015)

Gary Marchant(장철준 역), 미국에서의 규제분석: 근본적 긴장관계와 정당선 논의, 공법연구 Vol.38 No.1-1(2009)

Gary S. Becker, A Comment on the Conference on Cost-Benefit Analysis, 29 Journal of Legal Studies 1149 (2000)

Grant M. Hayden and Matthew T. Bodie, The Bizarre Law and Economics of Business Roundtable v. SEC, 38 J Corp L 101 (2012)

Hoffer, Stephanie R. and Walker, Christopher Jay, Is the Chief Justice a Tax Lawyer?, Pepperdine Law Review, Vol.(2015)

J. H. Hoper(안경환 역), 사법심사와 정치적 문제 - 지나친 사법심사는 비사법 적일 수 있다 -, 저스티스 21권(1988)

J. Picrce, Jr., The Supreme Court's New Hpertextualism: An Invitation to Cacophony and Incoherence in the Administrative State, 95 COLUM. L. REV.(1995)

Jacob Gersen & Adrian Vermeule, Thin Rationality Review, 114 MICH. L. REV. 1355(2016)

James D. Cox, Iterative Regulation of Securities Markets after Business Roundtable, 78 LAW CONTEMP. PROBS., no. 3(2015)

James D. Cox & Benjamin J. C. Baucom, The Emperor Has No Clothes: Confronting the D.C. Circuit's Usurpation of SEC Rulemaking Authority, 90 TEX. L. REV. 1811 (2012)

Jamie A. Yavelberg, The Revival of Skidmore v. Swift: Judicial Deference to Agency Interpretations After EEOC v. Aramco, 42 Duke Law Journal(1992)

Jan S. Oster, The scope of judicial review in the german and U.S. administrative legal system, 9 German L.J. 1267(2008)

Jean Pariès, Recognizing complexity in risk management: the challenge of the improbable, The Illusion of Risk Control(2017)

Jellum, Linda, The Impact of the Rise and Fall of Chevron on the Executive's Power to Make and Interpret Law , Loyola University Chicago Law Journal, Vol. 44, No. 1(2012)

Jeroen van der Sluijs,Uncertainty, assumptions, and value commitments in the knowledge base of complex environmental problems,Interfaces between Science and Society, Green Leaf Publishing(2006)

Jerry Ellig, Improve ments in SEC Economic Analysis s ince Business Roundtable: A Structured Assessment. Mercatus Working Paper, Mercatus Center at George Mason University, Arlington, VA (2016)

Jerry L. Mashaw, Administrative Law: The American Public Law System: Cases and Materials, West Academic Publishing(2014)

_____, Greed, Chaos, and Governance: Using Public Choice to Improve Public Law (1997)

Jim Rossi, Respecting Deference: Conceptualizing Skidmore Within the Architecture of Chevron, William and Mary law review(2000)

Joe Vladeck, Valuing Regulatory Flexibility: A Real Options Approach to Cost-Benefit Analysis, 103 GEO. L.J. 797 (2015)

Joel L. Fleishman and Arthur H. Aufses, Law and Orders: The Problem of Presidential Legislation, Law and Contemporary Problems Vol. 40, No. 3(1976)

John A. Ferejohn, Barry R.Weingast, A positive theory of statutory interpretation, International Review of Law and Economics Volume 12, Issue 2(1992)

John Ferejohn‧Pasquale Pasquino, Rule of Democracy and Rule of Law, Cambridge University Press, (2003)

John Broome, Cost-Benefit Analysis and Population, 29 Journal of Legal Studies 953 (2000)

John C. Coates, IV, Towards Better Cost-Benefit Analysis: An Essay on Regulatory Management, Law and Contemporary Problems, Forthcoming(2014)

John D. Graham, Saving Lives Through Administrative Law and Economics, 157 U. PA. L. REV. 395, 429(2008)

John, F. Duffy, Administrative Common Law in Judicial Review, 77 TEX. L. REV. 113(1998)

John Ferejohn·Pasquale Pasquino, Rule of Democracy and Rule of Law, Cambridge University Press, (2003)

Jonathan Masur & Eric Posner, Against Feasibility Analysis, 77 University of Chicago Law Review 657 (2010)

_____, Unquantified Benefits and the Problem of Regulation Under Uncertainty, 102 Cornell Law Review 7 (2016)

_____, Cost-Benefit Analysis and the Judicial Role, 85 U. CHI. L. REV. 935 (2018)

_____, Unquantified Benefits and Bayesian Cost-Benefit Analysis, University of Chicago Public Law & Legal Theory Working Paper No. 538(2015)

Robert W. Hahn & Patrick M. Dudley, How Well Does the US. Government Do Benefit-Cost Analysis?, 1 REV. ENVTL. ECON. & POL'Y 192(2007)

Ronald H. Coase, The Problem of Social Cost, 3J.L. & ECON. 1(1960)

Keith Werhan, Principles of administrative law, Thomson/West(2008)

Kent Barnett, Christopher J. Walker, Chevron STEP Two's Domain, 93 Notre Dame L. Rev. 1441(2018)

Lars Noah, Katherine Rhyne & Jonathan Baert Wiener, Regulatory Improvement Legislation: Risk Assessment, Cost-Benefit Analysis, and Judicial Review, 11 DUKEENVTL. L. & POL'y F. 89 (2000)

Lauren Packard, Michigan: An intrusive Inquiry into EPA's rulemaking Process, Colum. J. Envtl. L, Vol. 42:1(2016)

Lederman, Leandra and Dugan, Joseph, King v. Burwell: What Does It Portend for Chevron's Domain?, Pepperdine Law Review Online 72(2015)

Lewis A. Kornhauser, On Justifying Cost-Benefit Analysis, 29 Journal of Legal Studies 1037(2000)

Linda Stadler, Note, Corrosion Proof Fittings v. EPA: Asbestos in the Fifth Circuita Battle of Unreasonableness, 6 Tulane Envir L J 423(1993)

Lisa Schultz Bressman, Chevron's Mistake, 58 Duke Law Journal(2009)

Loomis, J. and M. Feldman, Estimating the Benefits of Maintaining Adequate Lake Levels to Homeowners Using the Hedonic Property Method, Water Resources Research(2003)

M. Oaksford & N. Chater, Bayesian Rationality: The Probabilistic Approach to Human Reasoning, Oxford University Press, (2007)

Martha C. Nussbaum, The Costs of Tragedy: Some Moral Limits of Cost-Benefit Analysis, 29 Journal of Legal Studies 1005 (2000)

McGarity, Thomas O., Regulatory Analysis and Regulatory Reform, Texas Law Review, Vol. 65, Issue 7(1987)

Manning, John F., What Divides Textualists from Purposivists?, 106 Colum. L. Rev. 70(2006)

Matthew D. Adler, Incommensurability and Cost-Benefit Analysis, 146 University of Pennsylvania Law Review 1371(1998)

Matthew D. Adler & Eric A. Posner, Introduction, to Cost-Benefit Analysis, 29 Journal of Legal Studies 837(2000)

_____, Implementing Cost-Benefit Analysis When Preferences Are Distorted, 29 Journal of Legal Studies 1105 (2000)

Matthew Stephenson, Adrian Vermeule, Chevron Has Only One Step, 95 Va. L. Rev. 597(2009)

Maureen B. Callahan, Must Federal Courts Defer to Agency Interpretations of Statutes: A New Doctrinal Basis for Chevron U.S.A. v. Natural Resources Defense Council, 1991 Wis. L. Rev.(1991)

Michael Abramowicz, Book Review, Toward a Jurisprudence of Cost-Benefit Analysis, 100 Mich L Rev 1708 (2002)

Michael C. Blumm, The Fallacies of Free Market Environmentalism, Harvard Journal of Law and Public Policy, Vol. 15, 1992

Michael R. Baye & Joshua D. Wright, Is Antitrust Too Complicated for Generalist Judges - The Impact of Economic Complexity and Judicial Training on Appeals, 54 J.L. & ECON. 1 (2011)

Michael S. Baram, Cost-Benefit Analysis: An Inadequate Basis for Health, Safety, and Environmental Regulatory Decisionmaking, Environmental Science(1980)

Mila Sohoni, King's Domain, 93 Notre Dame L. Rev. 1419(2018)

Molot, Jonathan T., The Rise and Fall of Textualism. GWU Law School, Public Law Research Paper No. 134(2005)

Paul R. Noe & John D. Graham, The Ascendancy of the Cost-Benefit State?, 5 ADMIN. L. REV. ACCORD 85 (2020)

Paul R. Verkuil, The Emerging Concept of Administrative Procedure, 78 Colum. L. Rev. 185(1974)

Pojanowski, Jeffrey A., Without Deference, Notre Dame Law School Legal Studies Research Paper No. 1618.(2018)

Puckett, Gregory, Development of a Parametric Cost Estimating Model for University of Alaska System Renovation Construction Projects, University of Alaska Anchorage(2016)

Ran Hirschl, The Judicialization of Politics, The Oxford Handbook of Political Science(2011)

Reeve Bull & Jerry Ellig, Judicial Review of Regulatory Impact Analysis: Why Not the Best, 69 ADMIN. L. REV. 725 (2017)

Richard A. Merrill, Risk-Benefit Decisionmaking by the Food and Drug Administration, 45 GEO. WASH. L. REV. 994(1977)

Richard A. Posner, Cost-Benefit Analysis: Definition, Justification, and Comment on Conference Papers, 29 Journal of Legal Studies 1153 (2000)

Richard G. Stoll, Cost-Benefit Analysis through the Back Door of Reasoned Decisionmaking, 31 ENVTL. L. REP. News & Analysis 10228 (2001)

Richard Zerbe, The Legal Foundations of Cost-Benefit Analysis, 2 Charleston Law Review 93 (2007)

Robert Glicksman, Richard Levy, Administrative Law: Agency Action in Legal Context, University Casebook Series(2014)

Robert B. Ahdieh, Reanalyzing Cost-Benefit Analysis: Toward a Framework of Function(s) and Form(s), 88 N.Y.U. L. Rev. 1983 (2013)

Robert H. Frank & Cass R. Sunstein, Cost-Benefit Analysis and Relative Position, 68 U. CHI. L. REV. 323 (2001)

Robert H. Nelson, The Economics Profession and the Making of Public Policy, Journal of Economic Literature Vol. 25, No. 1 (1987)

Robert J. Jackson Jr., Comment: Cost-Benefit Analysis and the Courts, 78 LAW & CONTEMP. Probs. 55(2015)

Robert W. Hahn & Cass R. Sunstein, A New Executive Order for Improving Federal Regulation - Deeper and Wider Cost-Benefit Analysis, 150 U. PA. L. REV. 1489 (2002)

Robyn Eckersley, Free market environmentalism: friend or foe?,Environmental Politics, volume 2, issue 1 (1993)

Rogers, William H., A Hard Look at Vermont Yankee: Environmental Law Under Close Scrutiny, 67 Geo. L. J.(1977)

Saltelli, A., Sensitivity Analysis for Importance Assessment, Risk Analysis, 22 (3)(2002)

Scott Anderson, Chemical Manufacturers Ass'n v. Environmental Protection Agency: The D.C. Circuit Demands Proof That Limiting Hazardous Waste Combustion Has Health Benefits. Tulane Environmental Law Journal Vol. 14, No. 1(2000)

Seong-Hoon Cho, Roland K. Roberts, SeungGyu Kim, Negative Externalities on Property Values Resulting from Water Impairment: The Case of the Pigeon River Watershed, Ecological Economics, Volume 70, Issue 12(2011)

Shapiro, Sidney A. Murphy, Richard W., Arbitrariness Review Made Reasonable: Structural and Conceptual Reform of the Hard Look, 92 Notre Dame L. Rev. 331(2018)

Sherwin Rosen, Hedonic Prices and Implicit Markets: Product Differentiation in Pure Competition, Journal of Political Economy Vol. 82, No. 1(1974)

S. O. Funtowicz & J. R. Ravetz, Three types of risk assessment and the emergence of post-normal science, Social Theories of Risk(1992)

Stein, Mark S. Nozick: A Utilitarian Reformulation [comments], Northern Illinois University Law Review, Vol. 18, Issue 2 (1998)

Stephanie Riegg Cellini, James Edwin Kee, Cost-Effectiveness and Cost-Benefit Analysis, Handbook of Practical Program Evaluation(2015)

Stephen Andoseh, Rachel Bahn, Jenny Gu, The case for a real options approach to ex-ante cost-benefit analyses of agricultural research projects, Food Policy 44(2013)

Stephen Breyer, Judicial Review of Questions of Law and Policy, 38 ADMIN. L. REV. 363(1986)

Steve Kelman, Cost-Benefit Analysis: An Ethical Critique, Regulation, Vol. 5, Issue 1(1981)

Stewart, Richard B., Vermont Yankee and the Evolution of Administrative procedure, 91 Harv. L. R. 1805(1978)

Stuart Shapiro, John F. Morrall III, The triumph of regulatory politics: Benefit-cost analysis and political salience, Regulation & Governance 6(2012)

Terje Aven, Risk assessment and risk management: Review of recent advances on their foundation, European Journal of Operational Research(2016)

Thomas J. Miles & Cass R. Sunstein, The Real World of Arbitrariness Review, 75 University of Chicago Law Review 761 (2008)

Thomas W. Merrill, Judicial Deference to Executive Precedent, 101 Yale L. J. 969(1992)

_____, The Origins of American-style Judicial Review, Comparative Administrative Law(2010)

Walker, Christopher Jay, Toward a Context-Specific Chevron Deference, Missouri Law Review, Vol. 81(2016)

W. Kip Viscusi, Monetizing the Benefits of Risk and Environmental Regulation, 33 Fordham Urb. L.J. 1003 (2006)

4. 기타

Asian Development Bank, Cost-Benefit Analysis for Development: A Practical Guide, Institutional Document(2013)

HM Treasury. The Green Book(2020)

OECD, Regulatory Management Systems across OECD countries: Indicators of Recent Achievements and Challenges(2007)

The Rise of Purposivism and the Fall of Chevron: Major Statutory Cases in the Supreme Court, 130 Harv. L. Rev. 1227(2018)

World Commission on the Ethics of Scientific Knowledge and Technology, The Precautionary Principle(SHS.2005/WS/21)(2005)

손 호 영

2004 명덕외국어고등학교 졸업
2007 사법시험 합격(49회)
2009 서울대학교 졸업(학사)
2011 사법연수원(40기) 수료
2011~2014 군법무관
2014~현재 판사(대전지방법원, 의정부지방법원 고양지원, 서울회생법원)
2021 서울대학교 대학원 졸업(박사)(석·박사 통합과정)

학술논문

1. 서로 다른 동산 동산양도담보권의 각 담보목적물이 부합된 경우
   부당이득반환의무자(저스티스, 2016)
2. 환경법에 있어서 공법 규제와 사법 구제의 상호관계(환경법연구, 2018)
3. 일본의 최근(2018년~2020년) 행정판례 동향(행정판례연구, 2020)

기타 단행본 및 저술

1. 손호영의 로하우(동아시아, 2014): 세종도서 교양부문 선정(2015)
2. 대신 정리해주는 5개년 형사판례공보 요약정리(법률저널, 2020)
3. 대신 정리해주는 헌법, 민법, 형법 최신판례정리(법률저널, 2021)
4. 칼럼: 손호영 판사의 판례공부 (법률저널, 2020~현재)

비용편익분석에 대한 법원의 심사 기준 및 방법

초판 인쇄   2022년 12월 9일
초판 발행   2022년 12월 16일

저 자   손호영
펴낸이   한정희
펴낸곳   경인문화사
등 록   제406-1973-000003호
주 소   경기도 파주시 회동길 445-1 경인빌딩 B동 4층
전 화   (031) 955-9300   팩 스   (031) 955-9310
홈페이지   www.kyunginp.co.kr
이메일   kyungin@kyunginp.com

ISBN   978-89-499-6674-8 93360
값 28,000원

서울대학교 법학연구소 법학 연구총서

● 학술원 우수학술 도서
▲ 문화체육관광부 우수학술 도서